Fauchés

Darren McGarvey

Fauchés

Vivre et mourir pauvre

Traduit de l'anglais (Royaume-Uni)
par Madeleine Nasalik

Éditions Autrement

Publié en 2017 par Luath Press Limited, Édimbourg,
et en 2018, en association avec Luath Press Limited,
chez Picador, une collection de Pan Macmillan,
département de Macmillan Publishers International Limited,
sous le titre *Poverty Safari*.

ISBN : 978-2-7467-5255-9

Ce livre, je le dédie à mes frères et sœurs,
Sarah Louise, Paul, Lauren et Stephen,
si beaux et si fragiles. J'ai mis dans ces pages
tout ce que j'ai appris de la vie au cours
de ces dernières années. Je vous demande
pardon pour toutes les fois où je n'ai pas été
à vos côtés, et pour ces moments
où vous vous êtes sentis abandonnés,
que ce soit par moi ou par un autre.
Je vous aime et j'attends fébrilement le jour
où nous pourrons nous asseoir à la même
table, comme une vraie famille.

P.-S. : ne touchez pas à la drogue.

Liason Co-ordinator

efturryd geenuz iz speel
iboot whut wuz right
nwhut wuz rang
boot this nthat
nthi nix thing

a sayzti thi bloke
nwhut izzit yi caw
yir joab jimmy

am a liason co-ordinator
hi sayz oh good ah sayz
a liason co-ordinator

jist whut this erria needs
whut way aw thi unimploymint
inaw thi bevvyin
nthi boayz runnin amock
nthi hoossyz fawnty bits
nthi wummin n tranquilisers
it last thiv sent uz
a liason co-ordinator

sumdy wia digree
in fuck knows whut
getn peyd fur no known
whut thi fuck ti day way it

Tom Leonard

Sommaire

Avant-propos

Le matin du 14 juin 2017, deux jours avant la date de remise de ce manuscrit à mon éditeur, au saut du lit j'ai appris qu'une tour d'habitation dans l'ouest de Londres avait été ravagée par un incendie.

Comme tout le monde, j'ai été assommé par les images diffusées en boucle. Au bout de quelques heures, des informations ont commencé à émerger de la carcasse encore fumante de la tour Grenfell et des histoires à glacer le sang se sont mises à circuler : des gens étaient restés bloqués aux étages supérieurs, ils avaient dû jeter leurs enfants par la fenêtre avant d'être eux-mêmes dévorés par les flammes. On saluait aussi le courage et le sens du sacrifice de certains, des héros qui avaient bravé les flammes pour réveiller leurs voisins, sans se préoccuper des risques. Moi, je n'arrêtais pas de penser aux portables qui devaient sonner sans relâche dans les poches des victimes.

Dans le courant de la journée, les messages d'adieu postés sur les réseaux sociaux par des résidents qui se savaient condamnés ont été rendus publics. J'en avais les larmes aux yeux. Leur courage. Cette horreur inconcevable. Prises au piège du brasier qui avait profité de leur sommeil pour se refermer sur elles, ces âmes vaillantes ont vécu leurs derniers moments avec une dignité qui dépasse l'entendement. J'ai pensé à mon fils et j'ai essayé de me mettre dans la tête des parents acculés à ce dilemme : jeter leur enfant par la fenêtre dans l'espoir, aussi infime soit-il, qu'il survive à la chute, ou le garder dans leurs bras tandis que les flammes se rapprochent. Mon estomac se tordait rien que d'y penser, mais les résidents de la tour Grenfell ont été forcés de prendre ce genre de décision.

Le brasier, qui avait démarré dans un appartement avant de se propager à l'immeuble, n'était pas l'œuvre d'une personne malfaisante, ni la conséquence d'un attentat terroriste. Résultat de la convergence entre l'erreur humaine et la négligence entretenue à chaque niveau de la chaîne hiérarchique, ce désastre aurait pu être évité. Dans les jours qui ont suivi, le Royaume-Uni, déjà déstabilisé par un référendum qui avait gravement affaibli le gouvernement central, a entendu gronder le mécontentement populaire. La Première ministre Theresa May, accusée de ne pas avoir assumé ses responsabilités, a dû être exfiltrée en voiture après avoir été prise pour cible par la population locale. Les bulletins d'infos montraient un quartier profondément traumatisé qui tentait de se reconstruire en l'absence d'un leader digne de ce nom. Sur le terrain, les autorités avaient le plus grand mal à gérer la crise. Personne n'était capable de dire vers qui les rescapés pouvaient se tourner, on ne savait pas non plus combien de victimes étaient à déplorer. La municipalité, comme le gouvernement, était démunie.

Privés d'informations concrètes, des habitants en colère et bouleversés se sont mis à chercher des responsables et ont fait circuler les hypothèses les plus folles. Une foule s'est massée devant les bâtiments du conseil municipal de Kensington et Chelsea avec l'intention de faire bouger les choses mais les dirigeants se sont retranchés derrière les murs de leur Cité interdite où ils sont restés planqués, bien à l'abri, comme à chaque fois que la population réclame des réponses. Malgré les rumeurs d'émeutes, les habitants de Grenfell ont affiché un comportement exemplaire. Une semaine après l'incendie, alors que le bilan ne cessait de s'alourdir, les rescapés dormaient toujours dans leur voiture ou dans les parcs municipaux.

Au fil des années la voix des résidents de Grenfell a été systématiquement étouffée et cela a joué un rôle clé dans la série de décisions qui ont débouché sur cette tragédie – la principale étant le choix, lors de travaux de rafraîchissement, d'un parement inflammable et de matériaux isolants qui ont facilité, et accéléré, la propagation du feu. Par souci d'économies, bien entendu.

> Les matériaux proposés moderniseront l'apparence du bâtiment, en harmonie totale avec le quartier et le paysage auquel il s'intègre. Par sa hauteur la tour se voit depuis le site préservé d'Avondale au sud et celui de Ladbroke, à l'est. Les modifications apportées la rendront plus esthétique aux regards, en particulier depuis

> les quartiers voisins. Ainsi, les sites préservés tireront pleinement avantage de ces propositions.
>
> Permis d'urbanisme daté de 2014,
> pour la revalorisation de la tour Grenfell

Je me sens vraiment lié aux habitants de Grenfell. Le tohu-bohu du quotidien dans ce genre de bâtiment, la cage d'escalier sombre et crasseuse, les ascenseurs capricieux qui puent la pisse et le chien mouillé, le gardien mal embouché, l'appréhension qu'on éprouve en entrant ou en sortant de l'immeuble, surtout la nuit – tout cela, je le connais bien. Je connais aussi ce sentiment d'être coupé du monde, même si on en a une vue à couper le souffle depuis les derniers étages ; cette solitude, alors qu'on est littéralement cerné de toutes parts. Ce que je comprends par-dessus tout, c'est la conviction d'être invisible alors que la tour se voit à des kilomètres à la ronde et qu'on ne peut pas la rater.

Le secteur dans lequel a été édifiée la tour Grenfell ressemble à tous ces quartiers que je connais comme ma poche : ces zones dites « défavorisées » où on nourrit une méfiance pathologique à l'égard des autorités et des personnes extérieures à la communauté, où les habitants sont convaincus qu'il ne sert à rien de participer au processus démocratique car ceux qui détiennent le pouvoir se contrefoutent des préoccupations de la « classe populaire ».

Ce qui a scandalisé l'opinion, c'est la découverte que les occupants de la tour, conscients de la situation, avaient tiré la sonnette d'alarme pendant des années, que par conséquent ce lourd bilan était largement évitable. Le lendemain de l'incendie, à midi, j'ai découvert le blog du Grenfell Action Group et ses dizaines d'articles traitant en détail d'une myriade de problèmes. J'ai appris que les locataires avaient soulevé plus d'une fois les risques d'incendie parce que le plan de prévention et d'évacuation leur semblait inadapté et qu'ils s'étaient aussi interrogés sur la consigne de « rester chez soi », qui avait monopolisé les débats après la tragédie. Le plus troublant, c'est que le blog avait prédit qu'il faudrait une catastrophe pour que les autorités daignent se pencher sérieusement sur le sujet.

Au fil des jours, le public a eu un aperçu de la vie à Grenfell et, par prolongement, de la vie des plus démunis. D'innombrables articles, reportages et émissions de radio ont tenté de reconstituer le quotidien des occupants d'un immeuble de logements sociaux. Soudain, tout le monde s'est pris de passion pour les oubliés de la société, après les avoir dédaignés – et dénigrés – des années durant. La plupart des observateurs, malgré leurs intentions louables, ne faisaient qu'un passage express. Pour eux c'était en quelque sorte un safari où ils pouvaient étudier la population indigène à une distance respectable, pas trop longtemps, avant que la fenêtre se referme, faisant à nouveau sombrer tout ce petit monde dans l'obscurité et dans l'oubli.

Je ne compte plus les fois où j'ai vu ce schéma se répéter dans mon propre quartier. J'ai écrit *Fauchés* avec l'objectif qu'il trouve un écho chez les sans-visage et les sans-voix, qu'il leur serve de forum et leur permette d'exprimer leur ressenti, leurs inquiétudes. D'abord projet parallèle à mes activités de rappeur et de chroniqueur, ce livre a pris une place de plus en plus importante dans ma vie, jusqu'au jour où j'ai dû limiter mes autres engagements afin de le mener à son terme. Ce travail m'a occupé plus d'un an et demi. Les thèmes et les problèmes abordés au fil des pages concernent les quartiers – Grenfell en fait partie – où la population est systématiquement mise à l'écart par des responsables convaincus d'avoir la science infuse, même quand ils vont droit dans le mur. Les territoires que j'explore vont peut-être permettre de remettre en perspective l'explosion de rage qui a suivi l'incendie de la tour Grenfell et, plus important encore, démontrer que ses racines sont multiples. Dans ces zones où l'accès aux soins, au logement et à l'instruction est aussi limité que l'accès à la représentation démocratique, oui, la colère couve. Et cette colère ne va pas disparaître de sitôt, à moins d'un changement radical. Dans *Fauchés*, je m'inspire de ma propre expérience pour tenter d'apporter des éléments de réponse et montrer à quoi peut ressembler ce changement.

Préface

Les types comme moi n'écrivent pas de livres – en tout cas, c'est ce que mon cerveau me répète à longueur de temps. « Écrire un bouquin ? ricane-t-il par-dessus mon épaule. Tu n'en as pas lu assez pour te lancer dans une entreprise pareille. » Je ne lui donne pas tort. Je ne suis pas un grand lecteur, c'est vrai, mais un consommateur vorace de mots. Depuis tout gamin, je suis captivé par leur texture, leurs sonorités, leur portée. Chaque occasion était bonne pour discuter avec les « grands » et enrichir mon vocabulaire. On m'a raconté qu'à l'âge de 5 ans, déjà, je corrigeais la syntaxe bancale de ma mère, ce qui l'agaçait au plus haut point. À 10 ans je composais mes premières nouvelles, largement inspirées de mes deux influences majeures à l'époque : ma grand-mère et Batman.

Malgré tout, je ne garde pas le souvenir d'une lecture précise. Je me rappelle qu'il m'arrivait de tenir un livre dans les mains, de le feuilleter un instant ou d'y chercher une information précise, la capitale de la Turquie par exemple – pas Istanbul, attention, piège !

Il ne me semble pas avoir vécu ce moment qui a laissé une trace indélébile chez pas mal de monde, celui où ils tournent la dernière page d'un bouquin qui bouleverse à jamais leur existence en faisant d'eux des bibliophages. En revanche, je garde un souvenir très net de toutes les fois où j'ai vécu l'enfer à cause d'un bouquin ; les gros pavés dont la simple vue m'intimidait. Je me sentais abattu à la simple vue d'un pavé.

Au collège, quand mes talents d'écriture m'ont permis d'intégrer la classe des meilleurs élèves, j'étais complètement largué dès qu'on parlait littérature. On me serinait que je n'avais pas encore trouvé le bon livre, qu'il fallait que je m'accroche et que je fasse travailler mon cerveau, comme un muscle, si je voulais que la lecture ne soit plus une corvée. En mon for intérieur, j'avais envie d'envoyer bouler tout le monde – les conseils comme les conseilleurs. Au lieu de cela, j'ai fini par me convaincre qu'il existait une barrière invisible qui m'empêchait d'établir un rapport avec les livres. Et je n'étais pas le seul du collège à galérer dans ce domaine. Les élèves qui avaient l'habitude de lire se comptaient sur les doigts d'une main. La lecture n'était pas considérée comme un loisir à part entière mais plutôt comme un mal nécessaire, une épreuve à traverser. Là où je me distinguais d'une bonne partie de mes camarades, c'est qu'au fond de moi je mourrais d'envie de me plonger dans tous les bouquins qui croisaient mon chemin. Malheureusement, à peine avais-je mis le nez dans un livre que je me rendais compte que je n'aurais jamais la force d'aller au bout. Au début ça m'a énormément frustré, puis j'ai fini par m'y résoudre.

Les livres de poche étaient des leurres : ils m'appâtaient souvent avec une couverture prometteuse mais je les rendais très vite aux rayonnages quand je découvrais qu'ils ne comportaient aucune illustration. Il y avait tellement de mots dans ces pages qu'elles me paraissaient saturées – et j'éprouvais face à elles cette appréhension que peut déclencher la perspective d'un déménagement quand on y pense un peu trop longtemps. Ces caractères minuscules associés à des paragraphes ultra-serrés catalysaient en moi un sentiment d'impuissance qui n'a fait que s'aggraver avec le temps. Il suffisait de quelques pages du *Seigneur des anneaux* pour que j'aie le moral dans les chaussettes. Tout le monde me rebattait les oreilles de la célébrissime quête de Frodon à travers la Terre du Milieu. J'avoue que je décrochais toujours avant la fin de la fête d'anniversaire de Bilbon, et je n'en suis pas fier.

Les livres reliés me paraissaient beaucoup plus faciles d'accès, grâce à la taille des lettres, mais leur format me décourageait, ainsi que leur volume. Mon professeur d'anglais m'a tanné pour que je rédige un compte rendu d'*Une prière pour Owen*, le roman de John Irving, dans le cadre du contrôle continu. 617 pages ! Qu'il me croie capable d'un exploit pareil m'a flatté, mais ça ne m'a pas empêché d'y aller à reculons. Mon prof se mettait le doigt dans l'œil quant à mes capacités ; il aurait pu me demander d'escalader l'Everest. Après moult tractations on s'est mis d'accord sur *Un tramway nommé Désir*, qui me faisait moins peur parce que c'était une pièce de théâtre, avec des pages plus aérées. Il y avait eu une adaptation au cinéma, un atout non négligeable quand ma motivation commençait à flancher.

Les sagas à tomes multiples, façon *Harry Potter*, n'étaient pas envisageables pour moi. Si je devais prendre part à une discussion qui tournait autour de *Fantastique Maître Renard*, de Roald Dahl, ou de *Bébés de farine*, d'Anne Fine, je m'en sortais en compilant des détails dans quelques paragraphes pris au hasard.

J'absorbais des mots nouveaux en permanence, glanés en majorité dans la presse, et j'en suis venu à écouter de plus en plus souvent des échanges et des débats, ce qui était une façon d'appliquer mes lectures à la réalité. Voilà comment j'ai pu développer mon sens critique et commencer à examiner mes propres opinions, ainsi que celles des gens autour de moi – ce qui ne m'a pas attiré que des amis.

Je préférais l'interactivité et la stimulation permise par les échanges oraux à l'épreuve d'endurance qu'était la lecture. En écoutant les autres, en étant attentif au contenu de leurs paroles et à leur mode d'expression, j'ai pu développer un certain talent pour m'adapter à mon interlocuteur et à ses centres d'intérêt, et j'arrivais même à passer pour un lecteur insatiable. L'acte de lire, et même toute forme de réussite scolaire, était considéré par une majorité de collégiens comme un « truc de filles » ou comme la chasse gardée des « bourges », des « bouffons ». Si j'avais fréquenté un établissement où l'intelligence n'était pas un critère qui vous rangeait dans la catégorie Tête de Turc, peut-être que j'aurais été bon en lecture.

La poésie n'apportait qu'insatisfaction et désarroi. Métaphores opaques, ponctuation erratique, sujets sans queue ni tête : tout me déboussolait. La langue aussi, tellement châtiée qu'elle semblait me prendre de haut. J'avais du mal à croire qu'on puisse y trouver du sens, ou du plaisir. Ma lutte pour comprendre ce que disaient les poèmes du programme scolaire – l'objectif étant de passer dans la classe du dessus – m'a conduit à adopter une attitude hostile vis-à-vis de la poésie et des poètes, proportionnelle à la méfiance qu'éveillait en moi la lecture. Toutefois, ce comportement camouflait une souffrance, la tristesse d'être exclu de la fête et le sentiment accablant d'avoir échoué. La chose imprimée était un univers réservé à une élite, hors de ma portée, et à force j'ai éprouvé en présence des livres une peur mêlée d'angoisse, en dépit de ma passion pour leur ingrédient principal : les mots. À un moment, je me suis mis en tête que la lecture, c'était un truc pour les élèves des écoles de bourges, avec une baraque de bourge, un accent de bourge et de la bouffe de bourge.

Fausse croyance.

Ayant intégré cette fausse croyance à mon identité, il a bien entendu fallu que j'invente de quoi me justifier. Je refusais de reconnaître que lire ou, dans le même ordre d'idées, me concentrer, était au-dessus de mes forces, que j'avais besoin d'un soutien que j'étais tout à fait en droit de demander – d'autant plus que les rédactions que je rendais récoltaient des notes dont je n'avais pas à rougir. Ainsi, à cause d'un orgueil mal placé, j'étais tiraillé entre mon fantasme (j'étais d'une intelligence prodigieuse) et la réalité (j'étais incapable de finir un livre).

Au lieu d'y voir une leçon d'humilité, j'ai commencé à monter de toutes pièces un scénario alambiqué. Mon impuissance devant un livre n'était pas un signe de bêtise, mais bien la preuve de mon indépendance d'esprit. Ces bouquins qu'on m'imposait, et qu'on présentait comme des chefs-d'œuvre, n'étaient en réalité que des grosses daubes prétentieuses pondues par des rupins qui ne parlaient ni de mon quartier ni de mon vécu. J'ai fini par me convaincre que ma valeur en tant qu'individu était fonction de mes facultés à mémoriser et répéter ce que j'avais lu et ce que les profs m'avaient inculqué, lesquels professeurs avaient accédé à leur poste parce qu'ils rentraient sans broncher dans le moule culturel.

Il y avait peut-être du vrai dans ces délires. Cependant, je n'avais pas le recul nécessaire pour m'en assurer. Cela n'avait rien à voir, contrairement à ce que j'ai cru à l'époque, avec une pensée critique ou l'indépendance d'esprit. Il s'agissait essentiellement de détourner l'attention de mes lacunes et de mes défauts et, si quelqu'un l'avait pointé du doigt, je l'aurais pris comme une insulte. Entre la frustration causée par mon rejet des livres et ce sentiment d'être exclu d'un pan entier de la culture, j'ai adopté une mentalité qui allait m'amener au conflit avec la majorité des gens, des lieux et des idéologies croisés sur ma route. J'ai longtemps conservé cet état d'esprit, jusqu'au matin où je me suis réveillé dans une cellule de dégrisement, complètement soûl. Là, j'ai pris conscience que ma vie devait changer radicalement.

J'ai lu beaucoup de livres, avec une approche pas très orthodoxe, et j'imagine que cela va se sentir dans le cheminement de ma pensée, dans mon écriture. Ce préjugé selon lequel les types dans mon genre n'écrivent pas de livres résonne encore à mes oreilles. Peut-être ai-je rédigé une série de diatribes qui s'enchaînent approximativement et qui donnent l'illusion d'un livre – un peu comme moi, je donne l'illusion d'un lecteur. J'y ai mis beaucoup de moi-même. Quand j'écris, j'ai en tête des gens qui me ressemblent : ceux-là ne viennent pas spontanément à la lecture, et je les invite à se servir au hasard, à piocher des bouts dans le désordre ou à s'attaquer aux chapitres isolément. Je suis resté fidèle à moi-même dans mes réflexions, dans ma façon de m'exprimer à l'oral comme à l'écrit, et je déploie ici toute l'étendue de mon vocabulaire, les mots recueillis durant une vie entière.

Des œuvres plus puissantes ont été écrites sur la pauvreté, j'en ai conscience. Simplement, je n'en ai lu aucune.

1. Crime et châtiment

Haut violet et bas de jogging gris, les détenues s'avancent en file indienne. Il faut absolument montrer qu'on est sûr de soi dès la première prise de contact : les regarder droit dans les yeux, leur serrer la main et, si l'une décline la politesse, enchaîner. Lorsque la dernière fait son entrée le grand gaillard en uniforme qui leur a servi d'escorte verrouille la porte, et sans traîner. Une fois qu'il a bouclé les lieux, il va rejoindre son collègue au poste de surveillance à l'arrière de la salle et j'invite les cinq femmes à prendre place sur des chaises disposées en cercle face à un tableau à feuillets détachables, encore vierges.

Le centre des arts vivants, en plein cœur de la prison, est une belle réussite. À la fois théâtre entièrement équipé, espace de répétitions et salle de spectacle, il peut accueillir ateliers, conférences et projections de films. Ce qui frappe à l'arrivée, c'est la fraîcheur et la pénombre qui y règnent, en total contraste avec le reste du bâtiment qui est soit gris, soit blanc. À disposition dans un coin, tout un assortiment d'instruments de musique, et c'est la guitare acoustique qui rencontre le plus de succès auprès des détenus. Une scène surélevée a été installée au centre de la salle, la modeste rampe d'éclairage se complète d'un matériel de sonorisation dernier cri et de plusieurs enceintes. Pas mal du tout, pour une administration. En temps normal, un équipement aussi complet et aussi high-tech doit se louer mais ici, pour des raisons évidentes, il a fallu se tourner vers une solution plus adaptée : franchir la porte principale de la prison, c'est comme passer un contrôle douanier. Personne n'y coupe, pas même ceux qui y travaillent, aller et retour. Pour un intervenant extérieur, moi par exemple, l'expérience peut déstabiliser – et c'est d'autant plus vrai si on a déjà eu affaire à la police ou au système judiciaire. Du coup, quand on a pris en pleine face la tension qui imprègne cet environnement oppressant, cette hostilité latente, arriver devant la porte du centre des arts vivants vous donne une grande bouffée d'air frais – même si deux ou trois visites à quelques jours d'intervalle suffisent pour prendre le pli et s'acclimater. D'ailleurs je soupçonne une grande partie des femmes qui participent aujourd'hui à l'atelier d'écriture rap de s'être inscrites dans l'unique but de profiter de cet endroit. Dans le contexte carcéral, c'est ce qui se rapproche le plus d'une oasis : difficile, ici, de croire qu'on se trouve derrière les murs d'une prison.

Je détends l'ambiance avec quelques observations générales puis j'essaie d'entrer dans le vif du sujet même si, en toute franchise, je ne sais pas trop par quel bout commencer. Alors je me jette à l'eau.

« Qu'est-ce qui m'amène ici, à votre avis ? » L'expérience m'a appris que cette question est un moyen imparable de briser la glace, parce qu'elle remplit simultanément plusieurs fonctions tout en paraissant vague, presque trop facile. Déjà, elle déplace les projecteurs qui étaient braqués sur ma personne, ce qui m'arrange vu que je débarque un peu les mains dans les poches. Plutôt : j'ai sous-estimé à quel point je serais dérouté, scruté ainsi par un public que je ne connais pas. Je navigue à vue et je suis à deux doigts de torpiller ce qui doit être une simple introduction.

« Qu'est-ce qui m'amène ici ? » Cette question me fait gagner quelques précieuses minutes et me permet de retrouver mes repères et mon sang-froid tout en camouflant mon côté dilettante et mon léger trac. Non seulement elle me donne une chance de sauver ma peau mais elle présente un autre atout, capital, qui explique pourquoi j'y ai recours quasi systématiquement. Si mes interlocuteurs acceptent de jouer le jeu, cette entrée en matière donne lieu à des échanges qui m'en disent beaucoup sur eux. Ces interactions lèvent le voile sur la personnalité des gens, leurs talents, la façon dont ils s'expriment et dont ils retiennent les choses, et tout cela me donne une idée de la hiérarchie qui organise le groupe. Cela m'aide aussi à sentir plus précisément ce qu'ils attendent de moi – à supposer qu'ils attendent quoi que ce soit.

L'établissement où je me trouve aujourd'hui s'adresse aux délinquants juvéniles et il est conçu pour accueillir 830 individus, mais c'est compter sans la surpopulation carcérale. L'âge moyen oscille entre 16 et 21 ans. Les détenus – surnommés « YO » (acronyme de « *youthful offender* ») par les professionnels du milieu pénitentiaire – y sont répartis en fonction de leur âge et de la nature du délit qu'ils ont commis. Certains sont en détention provisoire, ce qui signifie qu'ils doivent être renvoyés devant un tribunal mais qu'un juge a refusé de les remettre en liberté entre-temps. On les reconnaît à la couleur de leur t-shirt, rouge en règle générale, quand les autres sont en bleu foncé. On croise aussi des délinquants sexuels qui, à l'instar de ceux qui bénéficient d'une « protection », vivent séparés des autres. Les « protégés » sont placés là pour leur propre sécurité ; le plus souvent ils ont reçu des menaces, ils s'estiment en danger ou on leur a collé l'étiquette de « balance ». Mis dans le même sac que les hommes condamnés pour affaires de mœurs, par contagion, ils sont traités de « violeurs », de « pédophiles » et de « pointeurs ». Derrière les barreaux les mecs n'opèrent aucune distinction entre les mouchards et les agresseurs sexuels. Pour la majorité, une « balance », c'est quelqu'un qui franchit la ligne rouge. Donner aux policiers des informations qui déboucheront sur une condamnation, c'est le crime absolu.

La promiscuité causée par la surpopulation fait que nombre de jeunes condamnés à des peines courtes pour des délits mineurs – possession de drogue ou vol à l'étalage – cohabitent avec des détenus de longue durée, brutaux, qui atterrissent en taule pour meurtre ou tentative de meurtre. Cette pollinisation croisée entre petite et grande criminalité ne fait que nourrir la violence et aucun secteur de la prison n'est épargné. L'ironie veut que les agresseurs sexuels comptent parmi les détenus les moins agressifs et les plus coopératifs avec les autorités ; leur groupe présente un contraste saisissant avec les autres taulards.

Dans un environnement aussi délétère, la moindre altercation peut dégénérer et virer au chaos. Conçue à des fins de réinsertion (en plus de la sanction), la prison est un microcosme où la violence atteint des niveaux inimaginables ailleurs. Elle imprègne tout et tout le monde, de sorte qu'un séjour a tôt fait de déteindre sur les gens, voire de les déformer : tous s'y adaptent rapidement, certains en devenant plus violents, plus agressifs, d'autres en trouvant refuge dans le Valium, l'héroïne ou, plus récemment, le K2, le cannabis de synthèse. Mais le détenu finit par se cuirasser, contrairement à ceux qui ne mettent les pieds en prison que de façon occasionnelle. Cette ambiance de poudrière reproduit l'atmosphère des communautés et des familles au sein desquelles la plupart des détenus ont grandi, où les actes violents sont si fréquents qu'on en rigole en se les racontant, comme on commenterait la météo du jour.

Il y a quelques mois, dans le réfectoire, un prisonnier s'est pris un coup de couteau en plein visage pour une histoire de tartine grillée. Dans un climat aussi hostile, l'agressivité n'est pas seulement la manifestation d'une force brute, elle sert aussi de mode de communication. Un individu qui choisit d'éviter la confrontation subira forcément d'autres intimidations et d'autres violences de la part des codétenus qui auront flairé sa vulnérabilité. Se servir d'une tartine grillée comme prétexte pour taillader un visage peut paraître exagérément brutal, gratuit et barbare, mais, d'un autre côté, on peut y voir une façon, certes tordue, de se mettre à l'abri de la violence à long terme. En effet, les risques qu'on vienne s'embrouiller avec un type qui n'a aucun scrupule à vous planter à cause d'un pauvre bout de pain ne sont pas très grands et ce raisonnement, pathologique dans certains groupes, s'applique autant à la survie qu'à la fierté ou la réputation. Quand on y réfléchit, l'orgueil et l'ego ne sont souvent que le versant socialement accepté de l'instinct de survie le plus élémentaire : si l'on fait abstraction du contexte, leurs fonctions, à la fois concrètes et performatives, se recoupent. Ils permettent de se dérober aux agresseurs potentiels tout en éliminant les menaces immédiates. Ceux qui débarquent en prison ne sont pas tous violents mais ils se feront tous, ou presque tous, aspirer par la culture de la violence durant leur séjour. Il arrive souvent qu'un petit délinquant vire au criminel endurci une fois sa peine purgée. Cette tendance concerne également les toxicomanes, qui perdent totalement pied lorsque leur apparaît la réalité de la vie carcérale.

En règle générale, les femmes sont moins enclines à la violence. Celles qui constituent le groupe de ce matin sont arrivées tout récemment, à la suite de la fermeture de Cornton Vale, le seul centre pénitentiaire pour femmes en Écosse qui tournait avec un budget annuel de 12 millions de livres sterling et hébergeait près de 400 prisonnières et délinquantes mineures. En 2006, 98 % des détenues de Cornton Vale luttaient contre des problèmes de drogue, 80 % contre des troubles mentaux ; 75 % d'entre elles avaient été victimes de sévices.

Le hic, c'est que l'établissement dans lequel elles ont été transférées se focalise sur la réinsertion des délinquants juvéniles, alors qu'elles n'ont plus 18 ans depuis longtemps. Certaines sont mères, leurs enfants ont été pris en charge par des proches ou par l'administration. D'ailleurs, peut-être est-ce à leurs rejetons qu'elles pensent, les deux ou trois qui ont le regard dans le vide, décontenancées par ma question et les réponses qu'elle appelle.

Il m'est arrivé de démarrer un atelier sur les chapeaux de roue, mais pas ici. Parfois la prise de contact se passe en douceur et les interlocuteurs me mangent dans la main, mais aujourd'hui, je me sens gagné par ce doute que je perçois vaguement chez ces femmes. Personne n'est obligé de répondre à mon entrée en matière mais, en mon for intérieur, je croise les doigts pour que l'une d'elles ose prendre la parole. En fonction de qui se lance, je peux récupérer des indices précieux sur cette personne et, plus largement, sur le groupe. Exemple : certains lèvent la main avant de parler, réflexe qui témoigne soit d'une bonne éducation, soit d'une tendance à courber l'échine devant l'autorité. D'autres vous coupent d'entrée, débordés par l'enthousiasme, la confiance ou le besoin d'établir des limites très nettes. Il vaut mieux éviter d'émettre des hypothèses parce qu'ils se comportent de telle ou telle façon au départ. Quelqu'un qui ne cesse de vous interrompre souffre peut-être de surdité ou de difficultés d'apprentissage. Évidemment, une parfaite neutralité n'est pas réaliste, mais je peux choisir d'observer mes pensées à mesure qu'elles traversent mon esprit, sans chercher à influer dessus. Ces pensées m'en apprennent autant sur moi que sur la personne que je juge.

Dans l'environnement carcéral, quand je mène une discussion, j'essaie de tenir compte de toutes les prises de parole, du moins dans un premier temps. Il est capital de ne pas imposer de règles de façon prématurée – surtout si on ne sait rien des gens qu'on a face à soi. À ce stade, mon objectif, c'est de bâtir une relation fondée sur un respect mutuel, lequel m'aidera, avec un peu de chance, à me faire accepter. Le secret pour l'atteindre, c'est de m'adresser à mes interlocuteurs comme s'ils avaient toujours voix au chapitre.

« Qu'est-ce qui m'amène ici, à votre avis ? », c'est une question qui place notre échange sur le terrain de la collaboration et qui rend mes intentions plus claires. La plupart de ces femmes (et les détenus dans leur ensemble) sont habituées – formatées, pour ainsi dire – à recevoir la parole de l'autorité sans la remettre en question. Et il arrive souvent, même en dehors de la prison, que l'autorité oublie de prêter une oreille attentive à ceux qu'elle finit par considérer comme ses subalternes. Le gouffre se creuse et les malentendus, que rien ne peut plus dissiper, se multiplient. C'est une des données qui expliquent le côté grégaire et moutonnier de l'être humain.

En amorçant les débats, je signale aux membres du groupe que cette dynamique dominant/dominé est provisoirement en sommeil. Que la circulation habituelle du pouvoir est interrompue. Loin d'avoir en main toutes les cartes en vertu d'une supposée supériorité, j'indique que je suis dans le noir et que je compte sur leur participation. Ces femmes vont peut-être déduire de ma question que je reconnais la valeur de leur expérience et de leur point de vue.

« Tu es le mec siphonné qui fait du rap, déclare l'une d'elles, le bras labouré de cicatrices – signe qu'elle s'automutile.

— On est là pour écrire des chansons », ajoute une autre, la voix traînante, gavée de méthadone ou de tranquillisants.

Les contours du tableau commencent à se préciser.

« En effet. » J'enchaîne, je leur demande comment elles s'appellent et je donne quelques informations à mon sujet, ce que je fais à chaque fois, par l'intermédiaire d'une courte performance rap. J'ai composé ce morceau, intitulé *Jump*, dans l'objectif précis d'attirer immédiatement l'attention, ce qui est vital quand on travaille avec un public dit difficile – des personnes incapables de se concentrer, qui n'ont aucune estime d'elles-mêmes. Plus vite mes interlocuteurs se sentent à l'aise, mieux ça augure pour la suite. S'ils comprennent assez tôt qu'ils ont tout à gagner à s'impliquer dans la vie du groupe, ils rueront moins dans les brancards et ne sombreront pas non plus dans l'apathie. Bref : si le bouquin que je leur file les captive, ils auront beaucoup plus de mal à le lâcher.

L'appréhension, voire la terreur, liée à l'idée de devoir accomplir une tâche est souvent confondue avec une tendance à la paresse ou un esprit de contradiction. Au fil du temps, j'ai bricolé quelques trucs pour ne pas perdre les gens en cours de route. L'une de ces astuces, c'est de ne pas être radin sur les commentaires positifs. Chaque échange compte, parce qu'il fournit une occasion de mettre le doigt sur une qualité chez le participant. C'est encore plus simple quand on aborde un domaine dans lequel ils ont fait leurs preuves : une compétence, un trait de personnalité bien installé qu'ils ne doivent qu'à eux-mêmes. S'ils ont l'impression d'avoir quelque chose à perdre, ils lâcheront moins facilement l'affaire. Complimenter quelqu'un sur son écriture, sur son sens de l'humour, sur une remarque intéressante qu'il a faite ou une formulation originale, cela peut vous mener très loin. Si un autre se mure dans le silence, peut-être que son tatouage ou son style vestimentaire fournira un angle d'approche. Ce genre de détails suggère une vraie personnalité, une richesse intérieure et une liberté de ton qui méritent qu'on s'arrête dessus. Dans l'univers carcéral, des broutilles prennent une place considérable : une tartine grillée peut vous valoir d'être défiguré à vie mais quelques mots bienveillants peuvent faire basculer votre journée du bon côté :

« Tu as vraiment une écriture soignée. »

À la seconde où vous formulez une remarque positive, peu importe le sujet, d'instinct votre interlocuteur va l'esquiver, habitué qu'il est à la critique :

« Moi ? C'est soigné, mon écriture ? Vous déconnez. Chuis trop con. Chais pas écrire. »

Mais vous remarquerez, si vous êtes un minimum observateur, que son visage s'est éclairé et qu'il est devenu tout timide : c'est l'effet du compliment. Plus tard, les bons jours, il reviendra dessus et osera se dire que c'est peut-être vrai. Voilà l'une des nombreuses stratégies qui permettent à l'intervenant comme aux participants d'instaurer une forme d'empathie, de s'assurer que le courant passe et de bâtir une relation de confiance.

Les personnes qui souffrent d'un handicap social – illettrisme, mauvaise opinion de soi – sont souvent, pas toujours cependant, issues d'un milieu où leurs compétences ne sont ni reconnues, ni cultivées, ce qui les a bloquées dans leur parcours. Le simple fait de lire à voix haute ou d'exprimer une opinion s'apparente à l'ascension de l'Everest et il faut rester à leur écoute, les encourager, si on veut qu'elles s'aventurent en dehors de leur zone de confort. La situation des taulards n'est pas plus enviable : à force d'être muselés, ridiculisés ou piétinés, leurs talents deviennent pour eux une source de gêne et de honte. Au fil du temps ils ont appris à dissimuler des pans entiers de leur personnalité, ceux qui risquent d'être perçus comme des points faibles, et ils se sont convaincus de leur stupidité. Si une séance de travail s'embourbe, les participants décrochent parce qu'ils se croient responsables, eux et leur bêtise crasse – alors que la faute en revient souvent à l'intervenant qui s'est pointé en mode dilettante, pour reprendre mon exemple. Cette conviction profondément ancrée se traduit en général par une attitude agressive, conflictuelle ou provocatrice. Une conduite antisociale qui sert à écarter tout échange susceptible de mettre au jour leur peur, leur fragilité ou leur talon d'Achille.

Lorsque j'anime un atelier, je brise la glace en interprétant *Jump*. Voici le début : « Gamin j'étais paumé, personne à qui parler, je matais le monde derrière la vitre du bus, des bonbecs plein la bouche, l'école ça me dérangeait pas, ça me faisait sortir de chez moi. »

Un morceau autobiographique qui parle de l'époque où j'allais à l'école et de la mort prématurée de ma mère. J'y ai volontairement exploité les références culturelles et le langage des couches populaires en glissant des allusions au MD 20/20 et au Buckfast (des vins de liqueur bon marché), et à des rappeurs dans la veine de Tupac Shakur. Les thèmes abordés – les familles décomposées, l'abandon, l'alcoolisme et le deuil – et les moqueries sans méchanceté adressées à la classe moyenne et au système judiciaire renvoient mes interlocuteurs à leur propre expérience et, plus important encore, les valorisent. Ce morceau, comme la culture dans laquelle ils baignent, les interpelle parce qu'il révèle la richesse et la poésie de leur vie, là où la société dans son ensemble ne voit souvent que vulgarité et laideur.

Faire appliquer une sanction, c'est le rôle de l'État. Moi, mon boulot consiste à aider ces gens à exprimer leur humanité au sein d'un environnement où cette humanité peut leur être fatale.

Les participants, que ce soit dans un contexte carcéral ou socialement défavorisé, ont souvent tendance à me scanner du regard pendant que je monologue, histoire de vérifier que je suis digne de confiance, que je suis « réglo ». Ils dissèquent ma manière de parler, les mots que j'emploie, l'argot dans lequel j'ai choisi de m'exprimer. Spontanément ils essaient d'évaluer la distance qui sépare qui je suis de qui je prétends être. L'authenticité leur sert de mètre étalon. On croise rarement parmi eux des types issus des catégories plus privilégiées, ceux qui maîtrisent le langage de leur caste – à moins qu'ils soient entourés de gardes du corps, ou qu'ils incarnent une forme d'autorité. Les gens qui viennent travailler en milieu carcéral se forgent souvent un personnage qui, pensent-ils, leur attirera la sympathie, oubliant bien vite que les détenus sont la plupart du temps de fins observateurs de la nature humaine, et de fins manipulateurs.

Ces mêmes détenus qui ont atterri en prison pour toutes sortes de raisons ont cependant un dénominateur commun : ils ont subi des violences – sexuelles, physiques, psychologiques, émotionnelles – qui, dans l'immense majorité des cas, sont à l'origine de leur carrière criminelle. Un enfant victime de sévices ou de négligences aura plus de risques, en grandissant, de cumuler certains facteurs qui l'enverront sur la mauvaise pente : mauvaise opinion de soi, faible bagage éducatif, consommation de drogues et désocialisation.

Un peu avant la fin de l'atelier, une femme sort de son silence pour nous raconter sur le ton de la conversation que ses deux parents et sa sœur sont récemment décédés après avoir acheté du Valium au marché noir. Ce qui ne l'empêche pas de continuer à en consommer. Elle est en taule parce qu'elle s'est accusée à la place de son petit ami – petit ami lui aussi sous les verrous, qui carbure à l'héroïne depuis le meurtre de son meilleur ami, lequel s'est fait tuer sous ses yeux dans son propre appartement. Une histoire de drogue. Elle répétera son récit à plusieurs reprises au cours des séances suivantes, presque comme si elle avait oublié d'une fois sur l'autre qu'elle me l'a déjà raconté. La quatrième semaine, elle versera une larme. Elle me dira que c'est la première fois qu'elle pleure en prison, sans se cacher. Sa manière à elle de me dire qu'elle me fait confiance. Quand elle éclate en sanglots, les autres la réconfortent avec la même bienveillance qu'on verrait au sein d'une famille, alors que la plupart n'ont jamais connu ça.

À Cornton Vale la majorité de la population carcérale se compose de récidivistes. Ils sont coupables, ils doivent payer. Ils se sont attaqués à des citoyens innocents qui, eux, respectent la loi, et ils ont été condamnés. Quand on travaille dans ce milieu, il est facile d'oublier les véritables victimes. Sans essayer d'inverser les rôles, on ne peut s'empêcher de constater qu'une grande partie du comportement antisocial et destructeur des délinquants s'enracine dans leur enfance. Prenez à peu près tous les détenus de Cornton Vale, en excluant les psychopathes et ceux qui sont déclarés pénalement irresponsables : si vous déroulez la pelote de leur existence, la probabilité est grande qu'ils aient été victimes enfants d'une forme ou d'une autre de violence.

2. A history of violence

À l'âge de 10 ans j'avais parfaitement intégré la menace de la violence. Une violence qui s'exprime est d'une certaine façon largement préférable à une violence latente. Quand on vous frappe ou quand on vous court après, votre esprit se déconnecte en partie de ce que vous êtes en train de vivre. Ce phénomène porte le nom de dissociation. Vous vous détachez mentalement pendant que la violence se déchaîne. La dissociation peut anesthésier, mais aussi inhiber les réactions et les émotions. Le corps se met en mode survie, en attendant que l'orage passe. Par chance, les gens qui pètent un câble se fatiguent facilement. La clé pour survivre lorsqu'on ne peut ni se défendre ni riposter, c'est courber l'échine et espérer s'en sortir sans rien de cassé.

Bien sûr, les accès de violence sont terrifiants, mais la menace permanente des coups peut être bien pire. Dans les situations de violence domestique, l'air en est saturé. Les membres de la famille s'adaptent à cette menace en aiguisant leur vigilance. Cet état amplifié de conscience fonctionne à petites doses mais quand l'angoisse s'installe sur la durée, il devient un mode de fonctionnement par défaut et on ne connaît plus un seul instant de répit.

Dans un foyer où la violence, latente ou manifeste, surgit à intervalles réguliers, on apprend à faire avec dès le plus jeune âge. Décrypter les mimiques et le langage corporel de son bourreau, capter la moindre modulation dans sa voix pour y déceler et neutraliser des menaces potentielles, tout cela devient une seconde nature. On passe maître dans l'art de la manipulation émotionnelle afin de tenir à distance la colère de l'autre : rester en phase avec ses besoins et modifier son comportement en conséquence. Ces stratégies de survie, bricolées par tâtonnements, se transforment en automatismes. De nombreuses personnes les conservent, enkystées dans leur propre personnalité, longtemps après les faits. Pourtant, ces stratégies ne fonctionnent que dans un temps limité. Par ailleurs, quand on se plie en quatre pour anticiper les exigences de la personne qui nous terrorise, on nourrit l'angoisse qui alimente cette hypervigilance. Dans ce genre de contexte, l'angoisse peut se définir comme l'attente anxieuse qui précède l'acte violent. On perd à tous les coups : d'un côté, on veut l'éviter à tout prix ; de l'autre, on sait qu'on ne pourra pas y couper, alors autant en finir.

Un souvenir me revient. Je devais avoir dans les 5 ans, on venait de s'installer à l'autre bout de Pollok. Pollok est ce que l'on appelle un quartier défavorisé au sud de Glasgow, c'est là que j'ai grandi ; au début des années 1990, il comptait parmi les zones les plus misérables d'Europe. On occupait un pavillon mitoyen avec trois chambres à coucher et un jardinet à l'avant et à l'arrière. Ce soir-là j'étais dans mon lit, à l'étage, et je n'arrivais pas à dormir à cause du bruit qui montait du salon. Ma mère avait organisé une petite soirée, les gens buvaient, riaient et écoutaient de la musique. Je me souviens que je m'étais planté à l'entrée du salon. J'avais l'espoir que ma mère m'autorise à rester parce qu'elle était ivre. Je l'aimais mieux quand elle avait bu. Au bout de quelques verres elle était détendue, joviale et affectueuse. Sauf que ce soir-là elle n'était pas d'humeur et elle m'a dit de remonter me coucher. On s'est un peu disputés. J'imagine que je faisais le malin devant les invités, la forte tête, je la narguais à ma manière, comme un gosse. Alors le ton de sa voix a changé, son attitude aussi, et elle m'a averti une dernière fois. Je lui ai tenu tête.

Elle a soutenu mon regard quelques instants avant de bondir de son siège et de foncer dans la cuisine. Là elle a ouvert un tiroir, elle en a sorti un long couteau à pain, à lame crantée, elle a pivoté sur ses talons et elle m'a couru après. Elle était imprévisible, je le savais déjà, mais c'était la première fois que je la voyais dans cet état. J'ai quitté le salon à toutes jambes, bêtement j'ai foncé vers l'escalier et j'ai gagné l'étage aussi vite que mes jambes le permettaient – pas assez pour lui échapper : elle m'a rattrapé dans le couloir en moins de deux. Je me suis réfugié dans ma chambre, j'ai claqué la porte derrière moi mais elle s'est ruée à l'intérieur, le poing crispé sur le couteau, comme un monstre dans un cauchemar.

Si seulement j'avais eu la présence d'esprit de partir en sens inverse et d'aller dehors... Quelques secondes plus tôt elle m'avait semblé d'excellente humeur et j'ai cru que je ne risquais rien à la provoquer en public. Et voilà que j'étais piégé dans ma chambre, plaqué contre le mur, une lame sous le menton. J'ai oublié ce qu'elle m'a dit mais, ce que je n'ai pas oublié, c'est la haine au fond de son regard. Je n'ai pas oublié non plus les horreurs qui me sont passées par la tête, elle allait m'égorger, je vivais mes dernières secondes. À l'instant où elle a approché le couteau de mon visage mon père l'a attrapée par-derrière, projetée à l'autre bout de la chambre et maintenue fermement pendant qu'un invité me cueillait dans ses bras et m'installait sur la banquette arrière d'une voiture.

Cette soirée, ma mère n'en a jamais reparlé, ni personne d'autre d'ailleurs. En toute honnêteté, je l'ai moi-même effacée de ma mémoire et ce n'est que des années plus tard qu'elle m'est revenue, sous la forme d'un flash-back.

Difficile d'estimer l'impact qu'une expérience pareille peut avoir sur un enfant, plus difficile encore de mesurer les répercussions à long terme, sur une vie entière. Ce que je peux dire, c'est que ce genre d'incidents, très courants quand j'étais gamin, a façonné mes convictions sur le monde et sur l'être humain. Imaginez : si vous êtes en danger sous votre propre toit, entre les mains de votre propre mère, dans quel endroit serez-vous en sécurité ?

Après une agression de cette nature, qu'elle vise l'intégrité physique ou mentale, la victime nourrit toujours le vague espoir que son bourreau finira par éprouver du remords et rectifier son comportement, même si tout indique le contraire. D'ailleurs ledit bourreau ne sera pas avare en promesses qui exerceront un attrait pervers sur sa proie. Dans ces moments-là il affiche une fragilité, une sensibilité et une franchise si touchantes qu'on lui donnerait le bon Dieu sans confession. On n'aspire qu'à une chose, être aimé, et on s'accroche, au mépris de son équilibre psychologique et de sa santé physique.

Chez nous la violence n'était pas quotidienne mais ma mère était capable de péter les plombs pour un rien et cela me mettait dans un état d'angoisse constant. Parfois je me sentais triste, ou j'avais peur, et c'était un crime qu'elle me faisait chèrement payer. Un jour elle a balancé mon vélo dans le fleuve parce que je n'arrêtais pas de pleurer. Pour moi, son fils, son attitude était une énigme mais, aux yeux des habitants du quartier, elle répondait à un profil bien connu : celui de la poivrote incontrôlable.

À Pollok on est obligé de cohabiter avec la violence. On pouvait se prendre un coup – même à l'amour-propre – simplement en descendant à l'épicerie. Il y avait différents degrés de violence, de la simple échauffourée à la baston en bonne et due forme, et une vaste gamme d'instruments pour s'y livrer selon le moment – poing, arme blanche, etc. N'importe quelle situation pouvait partir en vrille d'une seconde à l'autre et on vivait dans un sentiment d'insécurité permanent.

La menace est omniprésente dans les zones à risques et les habitants sont constamment sur le qui-vive, en état d'hypervigilance, même s'ils n'ont aucune raison de l'être ; et l'activité la plus banale est une source considérable de stress. Dans n'importe quel contexte, chez soi, dans la rue, la menace de la violence plonge les gens dans une peur indescriptible. Il n'y a pas plus horrible, plus dangereux et plus terrifiant que la castagne. À l'école, la violence est perçue comme un spectacle. Quand j'étais gamin les gosses conjuraient cette menace en la dirigeant vers un copain et, à force de souffler sur les braises, la cour de récré se transformait en une arène chauffée à blanc jusqu'à ce que le premier coup parte. Se bagarrer, c'est terrifiant, mais j'ai appris assez tôt que la violence est inévitable, que je devais l'accepter et filer doux. Par conséquent j'ai essayé de choisir mes combats judicieusement et j'ai gagné mes galons en primaire en me battant contre un gamin si souvent qu'à la fin, nos bagarres n'intéressaient plus personne.

Ce gamin habitait à proximité de l'école et je devais passer devant chez lui à l'aller comme au retour. Je me souviens qu'un jour, j'étais tellement effrayé et tellement fatigué de me battre que je m'en suis rendu malade. Le soir, j'ai fait l'erreur de tout raconter à ma mère. Au lieu de me consoler, elle n'a rien trouvé de mieux que de me choper par la manche de mon blouson pour me traîner jusqu'à la maison du gamin, où elle s'est expliquée avec sa mère à lui, et j'ai failli me battre une fois encore – histoire de prouver que je n'avais pas peur. Elle a eu le même type de réaction à d'autres moments, y compris face à des gamins plus âgés que moi. Un jour elle a déboulé en pleine salle de classe pour menacer un instituteur qui m'avait forcé la main pour que je m'accuse d'un truc avec lequel je n'avais rien à voir. Ce qu'elle ne supportait pas, manifestement, c'était que j'aie peur de quelqu'un d'autre. Admettre qu'on a peur, c'est s'humilier, d'une certaine façon. J'essaie de me persuader, sans doute naïvement, qu'elle m'aimait tellement qu'il lui était intolérable de voir son fils dans cet état, d'où ses réactions disproportionnées. Peu importe la cause de sa colère, au bout du compte : le désir de me punir était plus fort que le reste. La solution qu'elle apportait au problème de la violence, c'était encore et toujours plus de violence.

Si j'ai réussi à surmonter la peur que m'inspiraient les petites brutes à l'école, c'est que ma mère me terrorisait encore plus. Elle a fini par disparaître du paysage, elle, mais pas la menace de la violence, qui a subsisté à l'adolescence, quand je suis entré au collège. Même certains profs – deux ou trois – se montraient agressifs. Dans ces conditions, on consacre une grande partie de son mental et de son énergie à convaincre les autres qu'on n'a peur de rien tout en regardant constamment par-dessus son épaule.

Je déconseille vivement à quiconque de se battre sur un terrain que son adversaire aura choisi, car cela lui offre un avantage tactique. Ma hantise, quand j'étais obligé de me bagarrer, c'était de prendre le dessus trop tôt et de forcer l'autre à jouer son va-tout, à me mordre, à me mettre un coup de boule. Quand je me lançais dans la bagarre, j'avais toujours quelque chose à perdre. La majorité des gamins que j'ai affrontés n'étaient pas ralentis par ce boulet et ça leur donnait une arme supplémentaire. Ils avaient la même angoisse que ma mère : perdre la face devant les autres. Si les gens étaient sincères ils reconnaîtraient qu'il n'y a rien d'amusant, au contraire, à se mettre sur la tronche. Malheureusement, fuir la bagarre ou avouer qu'on n'a pas envie de se battre font de vous une cible de choix pour les brimades et les attaques. Dans les milieux vérolés par la violence, la crainte de devenir un objet de risée, un paria ou une victime influe subtilement sur le mode de pensée et le comportement.

3. L'appel de la forêt

Lorsqu'on est menacé de toutes parts, difficile de s'exprimer, sinon par l'agressivité. Le ressenti est bridé, soit par les moqueries, soit par l'intimidation. Ainsi, grandir au sein d'un quartier défavorisé, ou considéré comme tel, c'est grandir asphyxié. L'individualité suffoque, les moyens d'exprimer sa singularité aussi. Ce qui explique pourquoi tout le monde ou presque parle et s'habille de la même manière. Choisir l'anticonformisme, c'est se dessiner une cible sur le dos.

Gare à celui qui se démarque parce qu'il a plus de deux poches à son jean – culotté ! – ou plus de dix mots à son vocabulaire. Flash-back : un après-midi d'été, je suais à grosses gouttes dans le car scolaire qui devait nous amener, comme chaque semaine, au terrain de foot, et les profs faisaient monter tant bien que mal les élèves qui chahutaient. Au bout de deux minutes il est devenu clair que les gamins n'allaient pas déroger à leurs habitudes : ils ricanaient comme des hyènes et se flanquaient des bourrades dans une ambiance qui sentait l'érotisme homo à plein nez – alors même qu'ils qualifiaient de « pédé » tout ce qui n'entrait pas dans leur schéma de pensée.

Cela faisait longtemps qu'ils m'avaient démasqué et ce jour-là, j'ai lâché une remarque sur une des filles de la classe, qui avait changé de coiffure.

« Hé, vous avez vu c'que Nicola a fait avec ses cheveux ? Trop beau, putain. »

Cette phrase peut choquer les oreilles délicates mais c'est comme ça qu'on parle à Pollok. Quand on a l'audace de prendre la parole, il vaut mieux préparer dans un coin de sa tête ce qu'on s'apprête à dire si on veut éviter que ça tourne au vinaigre. Par chance, à ce stade je maîtrisais les différents registres de discours sur le bout des doigts et j'étais capable d'improviser en fonction de la situation. Dans la salle des profs ou en présence de figures d'autorité, j'élevais le niveau d'un cran et je glissais une allusion à la politique et aux affaires en cours – à condition qu'il n'y ait aucun autre élève aux environs. J'adaptais ma parole à mon public et cela me venait naturellement. Je voulais que les enseignants sachent que j'avais oublié d'être bête, ça comptait beaucoup pour moi. Dans un collège comme le mien, gangrené par la méchanceté gratuite et la violence, si on veut finir ses journées en un seul morceau, on apprend à camoufler son intelligence. Quand l'occasion d'étaler ma culture se présentait, je sautais dessus.

Tout dépendait des personnes auxquelles je m'adressais. Pas la peine de dérouler ses connaissances en géopolitique quand on échange quelques mots avec le gardien ou la dame de la cantine. Pas parce que la politique les laissait de marbre (il n'y a qu'eux pour pouvoir le dire) mais, plus simplement, parce qu'ils ne donnaient pas dans l'intellectuel – c'est du moins ce que je pensais à l'époque. Le domaine d'expertise du gardien, c'était le gardiennage. En dehors des questions pratiques relatives au collège, nos discussions étaient limitées. Chez nous le gardien était un type corpulent, qu'on traitait de gros lard derrière son dos, et taciturne. Cet homme, qu'on sentait profondément malheureux, n'ouvrait la bouche que pour nous faire rentrer dans le rang, nous jetait des regards mauvais et nous mettait mal à l'aise. Quand il ne tirait pas la tronche à côté du portail pendant les pauses ou dérivait dans les couloirs comme un glacier détaché de sa banquise pour remplacer un carreau cassé ou purger un radiateur, il était assis dans sa loge, près de l'entrée, et buvait du thé à petites gorgées, son visage chevalin enfoui dans un tabloïd. Qui sait, peut-être qu'il s'intéressait vraiment à la politique ? Peut-être qu'il était consumé par le désir de se présenter aux élections municipales ? Peut-être que son torchon dissimulait un numéro du *National Geographic* auquel il était abonné ? Mais il y avait un je-ne-sais-quoi dans son attitude qui suggérait qu'il n'avait pas envie de discuter avec moi, du moins c'était mon interprétation. Parfois il vous répondait sans même lâcher son journal, il se bornait à grogner et il montrait d'un geste la clé des toilettes.

Les dames de la cantine étaient beaucoup plus sympas et rigolotes. Elles donnaient au déjeuner une touche personnelle et, en plus de distribuer les assiettes, elles prenaient de nos nouvelles. Pourtant, même si elles étaient mille fois plus causantes que le gardien, à aucun moment il ne m'aurait traversé l'esprit de faire appel à leurs lumières. Ça m'aurait paru surréaliste de les imaginer dans un autre contexte, en plein lèche-vitrines par exemple, ou à l'arrêt de bus. Dans ma tête c'étaient les dames de la cantine, point. L'idée de m'instruire à une source autre que les professeurs me semblait parfaitement absurde à l'époque.

Quand j'adressais la parole à une fille, ce qui m'est arrivé plus d'une fois, un champ d'autres possibles s'ouvrait à moi car la pression retombait. Les filles étaient généralement plus mûres que leurs congénères masculins et je les sentais excédées par le bordel qu'ils mettaient en permanence. Discuter avec une fille, c'était l'occasion d'exprimer une autre facette de ma personnalité, la chance de m'affranchir temporairement des normes étouffantes de la virilité.

Tout l'inverse de ce car scolaire grouillant de mâles téléguidés par leurs hormones.

Ici, impossible d'être moi-même. Impossible de réfléchir à ce qu'être moi impliquait. Mon désir tout simple de formuler un compliment sur la nouvelle coiffure d'une jolie fille n'avait rien de simple, en réalité. Paradoxalement, cette question exigeait d'être traitée avec la plus grande prudence. Lâcher un « beau » au milieu du bus, ça ne se faisait pas. La secousse était trop forte pour ces cerveaux rudimentaires ; il fallait une sorte de diversion linguistique, de tampon, d'où le « putain ».

Inconsciemment je savais que je prenais un risque. Un mot nouveau, un concept inédit, et une peur panique s'emparait de ces gamins, déclenchait des réactions déroutantes. Ce qui explique mon choix, mûrement réfléchi, de ponctuer ma phrase d'un terme plus rude, plus vulgaire, histoire d'amortir le choc.

« Hé, vous avez vu c'que Nicola a fait avec ses cheveux ? Trop beau, putain. »

Étais-je bête au point d'espérer que l'emploi d'un mot qui ne faisait pas partie du vocabulaire courant passerait inaperçu ? À la seconde où ce « beau » a franchi mes lèvres, le chahut a cessé. Les autres ont échangé des regards interloqués, comme des primates qui voient du feu pour la première fois. Dans ce genre de situation personne ne sait comment réagir. Chacun a sa petite idée sur la marche à suivre et, en même temps, le bon sens de ne pas la mettre en application, de peur d'être rejeté par la meute. Certains étaient sans doute du même avis que moi mais ils attendaient un signe qui leur en donnait l'autorisation. D'autres n'y voyaient qu'un commentaire digne de mépris mais, comme les autres, il leur fallait le feu vert de la bande. Et dans le tas il y en avait forcément un qui n'avait pas compris, parce qu'il avait mal entendu, ou peut-être que c'était la première fois qu'il entendait ce mot dans la bouche d'un homme. Alors que leur image dépendait tout entière de leur talent à jouer les gros durs, à cet instant ils se faisaient dessus à la perspective de dévoiler leurs pensées et leurs impressions les plus intimes. Cette peur, qui les marquait à la culotte, expliquait le comportement qu'ils adoptaient entre les murs du collège – et en dehors.

Lors d'épisodes aussi absurdes que celui qui vient d'être rapporté, on courait le risque d'être « accusé » d'être pédé – comme s'il s'agissait d'un crime – quand on exprimait ouvertement un intérêt vis-à-vis du sexe opposé. En prime, on pouvait devenir la cible d'une fausse accusation lancée par une meute de gamins qui ne trouvaient leur bonheur que sur un terrain de foot, dans une mêlée de rugby ou sous les douches d'un gymnase municipal, où ils fouettaient le cul des copains à grands coups de serviette. Cette crétinerie collective a dominé ma scolarité entre 1996 et 2001. Difficile de décrire l'appréhension et le dégoût qu'éveillaient en moi ces courts trajets en bus. Ils me suffoquaient autant que l'ambiance au collège. Les gamins étaient tellement bâillonnés par le rôle que leurs potes leur assignaient que le simple fait de décrire la réalité, dans le cas présent les cheveux d'une fille, prenait des allures d'acte politique radical.

« Hé, vous avez vu c'que Nicola a fait avec ses cheveux ? Trop beau, putain.

— Beau ? Ha ha ha. Il vient de dire "beau". Ha ha ha mec, t'es pédé. »

Le concert de ricanements qui a suivi m'a soulagé, paradoxalement. C'est toujours une expérience pénible de faire rire toute la classe quand ce n'est pas le but, mais mon amour-propre allait survivre à cette humiliation. Ce que ce rire collectif démontrait, c'était que j'avais mis en péril le comportement habituel des autres élèves en leur présentant un concept, tout bête à mes yeux, qui leur était étranger et qu'ils semblaient envisager comme une menace. À chaque fois que cela se produisait, le résultat était différent : à certains moments les gamins me tressaient des lauriers parce que je m'étais illustré avec une vanne bien sentie, ou que j'avais cloué le bec à un mec qui me cherchait, à d'autres un simple mot, une allusion, faisait tout partir en vrille et j'étais obligé de me battre. Ceux qui en viennent aux poings facilement peuvent devenir hargneux – très hargneux – s'ils se sentent rabaissés.

Est-ce le terme « beau » qui avait catalysé cette tension chez les gamins, ou ses implications ? Ou les attentes qu'il avait placées en eux, alors ? L'angoisse d'avoir une réaction qui irait à l'encontre de celle de leurs copains, même s'ils étaient infoutus de dire quelle réaction était appropriée ? La peur d'exprimer son accord ou, au contraire, son désaccord, avec le risque de trop en révéler – une passion secrète, une marotte insolite, une faille quelconque – par un rictus narquois ou un hochement de tête involontaire ? Je vais peut-être chercher loin. Je me souviens seulement que la coiffure de Nicola m'avait tellement tapé dans l'œil que la menace des représailles était passée au second plan. Remarquez, avec la mère que j'avais, mon seuil de tolérance à la peur, aux insultes et à l'agressivité était déjà douloureusement élevé.

4. Ces messieurs du West End

Quand ma mère est partie pour de bon, je devais avoir dans les 10 ans. Je me rappelle qu'un jour je suis rentré de l'école et je l'ai vue plantée devant la maison avec ma sœur, elle revenait d'une absence de deux semaines. Elles sont rentrées quelques instants, elle s'est disputée avec mon père, elle est ressortie (toujours en compagnie de ma sœur) et elle n'est plus jamais revenue. Ce n'était pas la première fois que mes parents se séparaient. Enfant, on a le réflexe déroutant de se croire responsable de ces choses-là. On amalgame sans doute un narcissisme puéril à une tendance à prendre ses désirs pour la réalité, et on se persuade que papa-maman auraient pu recoller les morceaux s'ils avaient eu un enfant à la hauteur. Après cela, on a revu ma mère de manière sporadique. Avec elle, on pouvait passer des moments géniaux, mais aussi cauchemardesques. Parfois elle était ivre, ou alors elle cherchait à se procurer de l'alcool. J'étais trop jeune pour comprendre, j'avais mis en place une certaine distance pour que la situation soit plus vivable. Je garde le souvenir d'une brève lune de miel après son départ, une vie beaucoup plus paisible. J'ai pu resserrer le lien que j'avais tissé avec mon petit frère grâce au foot et à la lutte gréco-romaine. Ce n'est qu'à mon entrée au collège, quelques années plus tard, que je me suis pris en pleine face les conséquences de cet abandon. Et j'ai perdu pied.

Mon instabilité psychologique prenait plusieurs formes et, dans les pires moments, elle provoquait en moi une douleur intolérable. La conviction que personne ne m'appréciait, ou que j'étais en danger, générait de terribles crises d'angoisse. Les symptômes étaient apaisés par les relations que j'arrivais à nouer et je m'attachais fortement aux gens – aux filles, en particulier – qui me jetaient ne serait-ce que quelques miettes d'attention. Comme ma mère m'avait conditionné à la solitude et au rejet, j'étais toujours sur le qui-vive et je m'attendais à être trahi ou quitté à chaque instant. L'abandon était un thème prégnant dans ma vie et je cherchais activement, à un niveau inconscient, à reproduire le schéma maternel dans toutes mes relations ; d'ailleurs, mes premiers émois amoureux se sont confondus avec cette insécurité psychologique profondément ancrée.

Ces problèmes insolubles, couplés à la violence qui gangrenait mon environnement, m'empêchaient de me concentrer pleinement sur mes études. Mon esprit était parasité par un incessant dialogue intérieur axé sur mes craintes et mes angoisses. Je répétais méticuleusement les conversations à venir, je ressassais les conversations passées. La peur semblait monopoliser mon énergie mentale. D'où mes difficultés d'apprentissage, dans certaines matières plus que d'autres. J'étais loin, très loin d'être le seul à rencontrer ces soucis au collège, et cela ne facilitait pas la situation.

Construit au début des années 1950, l'établissement d'enseignement secondaire Crookston Castle a été conçu dans l'idée de pouvoir être reconverti, si besoin, en hôpital militaire. À l'époque – l'aube de la guerre froide –, personne n'aurait pu prévoir que c'est l'école qui se transformerait en zone de conflit. C'est Crookston Castle, la forteresse médiévale toute proche, qui a donné son nom au collège. Cerclée de douves, elle se dressait à un demi-kilomètre de la cour de récréation, au point culminant de Pollok. Bien que remarquablement préservé, ce monument historique n'intéressait pas grand monde – ce désintérêt m'a toujours fendu le cœur parce qu'au sommet on iouit d'une vue imprenable sur les environs, qui vaut le détour malgré les aspects moins pittoresques.

Au centre du quartier, le Pollok Centre avait été inauguré en 1979. Modeste zone commerciale, cette voie piétonne s'étirait sur un peu moins d'un kilomètre et accueillait une multitude d'enseignes et de supermarchés. L'attraction principale, c'était une horloge géante qui a ébloui des générations d'enfants avec un petit spectacle de musique et d'automates tous les quarts d'heure. À son pied étaient installés des bancs pour les gens qui voulaient souffler un peu, manger un morceau, s'en griller une.

Le Pollok Centre était situé à moins d'un kilomètre d'un autre endroit intéressant, à la frontière du quartier : Pollok Park, un immense espace vert offert aux habitants de Glasgow par la famille Maxwell au début du XXe siècle.

Depuis le sommet du château médiéval, on se rend compte que la ville a pour l'essentiel été implantée dans un paysage de campagne. Au fil des décennies les zones urbaines de Glasgow se sont développées pour finir par fusionner mais, comme Pollok se trouve en périphérie, le lien avec son passé rural n'a pas été rompu – sur le plan architectural, du moins. En dépit des zones arborées, des terrains de football et des aires de loisirs, la qualité du logement n'est pas la même de part et d'autre du fleuve : l'une des deux rives est beaucoup plus délabrée. Pas parce qu'on y loge une population plus modeste, contrairement à ce que l'on pourrait penser ; votre adresse ne dépend que du hasard, c'est la loterie quand la municipalité attribue les logements. Sans cesse on construit de nouvelles maisons, sans cesse on réhabilite les plus anciennes et on « revitalise » des zones entières.

La plupart des habitants de Pollok, moi y compris, avaient beau être locataires dans le parc social, cela ne les empêchait pas de vivre comme si l'argent poussait sur les arbres. J'imagine que la honte qui rongeait pas mal de gens – et l'irrésistible envie de camoufler leur dénuement – expliquait la popularité jamais démentie du Pollok Centre. Là-bas, on pouvait se procurer la panoplie nécessaire pour donner le change : baskets neuves, joggings, chaînes, bagues, maillots de foot et crampons. Des articles et des accessoires aussi recherchés coûtaient un bras mais avoir l'air pauvre coûtait toujours beaucoup plus cher. Les catalogues de vente par correspondance comme Littlewoods ou Kay's et les crédits à la consommation proposés par la banque Provident, entre autres, venaient à la rescousse de plus d'un parent célibataire au cours de l'année scolaire. Il y avait aussi le type louche au coin de la rue qui avait toujours quelques billets à vous prêter – à la seule condition de le rembourser dans les délais.

Certains secteurs, sortes d'avant-postes ayant adopté (ou conservé) un autre nom, hébergeaient une population plus aisée. À Pollok, par exemple, la zone appelée « Old Pollok », accolée au parc, offrait un cadre de vie nettement plus agréable qu'ailleurs. Les habitants n'avaient aucun scrupule à vous rappeler que vous n'étiez pas du même monde et observaient une distinction très nette entre eux et le périmètre qualifié de « défavorisé ».

Sur la rive gauche s'alignaient des bâtisses au toit plat, habillées de crépi gris et flanquées de vérandas bleues qui servaient de terrasses panoramiques, de séchoirs à linge et de coins fumeurs. Sans surprise, l'humidité posait un énorme problème : au lieu de s'écouler le long d'une pente jusqu'au système d'évacuation, la pluie s'accumulait sur les surfaces planes des toits et provoquait des infiltrations. La rive opposée semblait beaucoup moins encombrée : vastes clairières, terrains de football, bosquets, parcs et boulevards ponctués de pavillons mitoyens soigneusement agencés, quatre par pâté de maisons, qui, vus depuis le sommet du château, donnaient l'impression de s'enrouler autour de la colline comme le cône d'une glace italienne.

De ce point d'observation, il était possible d'étudier les différentes étapes de l'urbanisation du secteur, à mesure que la ville gagnait sur la campagne pour répondre à la croissance démographique : les chantiers en cours, menés à leur terme ou inachevés. Pour chaque construction flambant neuve, il y avait toujours un édifice qui s'effondrait ailleurs – et on retrouvait souvent des gens sous les décombres. Cela donnait à Pollok des allures de gigantesque capharnaüm. On aurait dit un prototype de vrai quartier, et on avait du mal à en tirer un quelconque sentiment d'appartenance. Préserver l'ordre et la propreté, c'était aussi une tâche impossible : les gens préféraient jeter leurs ordures dans la rue que chercher une poubelle. Rien ou presque ne semblait construit pour durer et des rues entières devaient être rasées alors que les logements qui la composaient étaient de construction récente. Mon collège – l'exception à la règle – semblait déterminé à survivre à tous ses voisins, et à la plupart des gamins qui le fréquentaient. Il était localisé sur la rive gauche de la Levern, moins une rivière qu'une masse mouvante de sacs plastique qui finissait par se jeter dans un cours d'eau digne de ce nom : la Clyde. La Levern, on l'avait rebaptisée « le ruisseau ». Elle avait pour principale fonction de tracer une frontière entre les territoires de telle ou telle clique. De génération en génération, des bandes majoritairement masculines se sont retrouvées de part et d'autre des nombreux ponts bâtis sur toute la longueur de la Levern pour se provoquer les unes les autres jusqu'à la bagarre générale. Cette tradition remontait aux années 1970. La plupart du temps ce n'était pas méchant, des types soûls beuglaient des insultes ou des menaces et se prenaient en chasse avant de battre en retraite. Il arrivait pourtant que la situation dégénère et qu'il y ait des blessés, même des morts.

Ces factions violentes devaient cohabiter dans l'enceinte du collège, avec le reste des élèves, trente-cinq heures par semaine. Les jours de grisaille l'endroit évoquait une prison ou une usine et le grillage à perte de vue parachevait ce tableau. Le genre d'architecture qui avait dû paraître ultramoderne, voire carrément futuriste, à l'époque de sa construction. Le bâtiment avait un toit horizontal, comme les immeubles que la démolition guettait de l'autre côté de la rue. Il était tellement moche que ça nous faisait rire, mais on en tirait aussi une certaine fierté. Tout ce qui constituait notre cadre de vie, on le voyait comme délabré, crasseux ou vétuste. C'était parfois cruel et injuste mais certaines insultes – « trou à rats », « repaire de camés » – revenaient à une telle fréquence que savoir si elles reflétaient ou non la réalité n'avait plus aucune importance.

Je suis entré au collège en 1996, l'année où *Trainspotting* – l'adaptation que Danny Boyle a tirée du roman d'Irvine Welsh – est sorti au cinéma. En quatre ans, je ne me suis pas vraiment aventuré en dehors de Pollok car c'était une vraie galère d'aller dans le centre de Glasgow – quarante bonnes minutes en bus – et les élus, dans l'espoir de désenclaver le quartier, ont donné leur aval à la construction d'une voie rapide, déclenchant la fureur d'une grande partie des riverains. Vers la fin de ma scolarité, je me risquais au-delà de Pollok et je franchissais la Clyde pour me rendre dans le quartier célèbre, presque mythique, de West End, où j'avais ma séance hebdomadaire chez la pédopsychologue. Je trépignais toujours avant ce rendez-vous car, en plus de casser la monotonie de ma journée, il m'offrait deux ou trois heures de liberté totale et l'occasion d'explorer la ville sans chaperon. C'était le jeudi, je me barrais du collège à la pause déjeuner et je prenais le bus jusqu'au district de Govan, puis le métro qui m'amenait à Hillhead.

À la sortie de l'escalator, je m'en souviens encore tellement ça m'a frappé, je me relâchais complètement. Les rues fourmillaient de gens différents de chez moi, dans leur façon de s'exprimer et dans leur apparence. Là où j'ai grandi, c'était hyper rare de croiser des gens à la peau plus ou moins foncée, sauf derrière la caisse d'un magasin, mais au centre de Glasgow les cultures se mélangeaient, comme le monde décrit en cours d'éducation civique. À Pollok les trottoirs servaient souvent de décharges mais, ici, tout était nickel, rien à voir avec les rues immondes auxquelles j'étais habitué. Les chiens étaient tenus en laisse, surveillés par leur propriétaire, à la différence des bâtards à moitié sauvages qui traînaient sans collier devant l'épicerie, en bas de chez moi.

La première fois, après une courte pause pour reprendre mon souffle et accoutumer mes yeux à ce kaléidoscope fascinant, je m'étais fait la réflexion : « Alors c'est comme ça qu'on s'habille quand on n'a pas peur de se prendre un coup de couteau ? »

Le Centre Notre-Dame, où consultait ma psychologue, se trouvait à cinq minutes à pied de Byres Road, l'artère cossue de la ville. Vous voyez quand on imite un « bourge » devant ses potes, en forçant bien le trait ? Nous, on prenait pour modèle les habitants de Byres Road. Sur Byres Road, il n'est pas rare de voir un de ces micro-chiens à la mode attendre sagement dans le panier en osier délicieusement rétro d'une bicyclette d'occasion que sa maîtresse finisse de se plaindre à Felix (le barista) qu'elle a payé scandaleusement peu cher sa saucisse confectionnée par un petit producteur Byres Road, c'est là que j'ai appris qu'il existait un éventail étourdissant de cafés et que le café peut se boire dans un verre. Là que j'ai découvert que les fruits étaient de vrais plaisirs gustatifs, pas une alternative sans intérêt aux bonbons Haribo. Mais, plus important encore, là que j'ai fait connaissance avec cette notion étrange que subir la violence au quotidien n'était pas, contrairement à ce que j'en étais venu à croire, une fatalité. Aussi irréel qu'il puisse paraître, ce quartier où la vie semblait facile me captivait dans la mesure où il défiait toute logique à mes yeux. L'ironie de la chose, c'est que je devais me rendre dans ce havre de paix pour apprendre à gérer ma colère.

En me dirigeant grâce à l'unique repère culturel à ma disposition (la célèbre chaîne de boulangeries Greggs), je me suis enfoncé en territoire inconnu. Non sans avoir fait l'acquisition de l'incontournable friand à la saucisse, avec une bouteille de Coca et un donut au caramel. Pas mécontent de moi, j'ai remonté une rue bordée d'arbres et je suis passé au pas de charge devant des gamins qui grignotaient de la salade.

Bien que la zone soit densément peuplée, des arbres séculaires encadraient des immeubles un peu de guingois qui montaient maladroitement la garde, comme des vigiles dégingandés. J'avais déjà vu ce type de bâtiments mais en aussi grand nombre, jamais. L'attention accordée au moindre détail frappait le regard. Plus une construction était vieille et plus elle semblait avoir de valeur, on ne la considérait pas comme un tas de ruines.

Ici c'était le long terme qui comptait et l'architecture semblait refléter cette priorité. Les urbanistes n'avaient pas prévu que chaque foyer finirait par posséder au moins deux voitures mais cette impression d'exiguïté, loin de poser problème, ne faisait qu'accentuer le caractère élitiste et le prestige du quartier – et, par ricochet, le standing de tous les résidents.

Le plus saugrenu, pourtant, c'était qu'on ne voyait jamais personne sortir ou entrer dans l'un des bâtiments, pas plus qu'on ne voyait des voisins discuter. Le quartier semblait désert : on aurait pu croire que les habitants avaient simplement envie de voir leur nom sur la sonnette, les logements restaient vides toute la journée parce qu'ils étaient au boulot. Un truc de dingue.

Tandis que mes pas me rapprochaient du Centre Notre-Dame, les gamins d'une école locale sont arrivés dans ma direction, sur le trottoir d'en face. J'ai immédiatement senti qu'ils ne présentaient aucune menace et, arrivé à leur hauteur, j'ai surpris des bribes de conversation. Je n'ai pas tout saisi mais ce que j'ai entendu m'a suffi pour comprendre qu'ils se servaient de ce vocabulaire châtié que j'avais toujours trop peur d'utiliser, même si je le gardais en permanence dans un coin de ma tête. Ils osaient s'exprimer, dire leur opinion haut et fort. Au fond de moi, je crevais d'envie de m'approcher d'eux et de m'incruster dans leur discussion, certain qu'on aurait pas mal de points communs, mais à l'instant où nos trajectoires se sont croisées ils ont subitement arrêté de parler. Pas étonnant : ils passaient à côté de quelque chose qui leur inspirait de l'inquiétude et ils ont suivi leur instinct. Se taire, baisser la tête : deux façons de témoigner le respect en présence d'une menace potentielle, de signaler qu'on ne cherche pas d'ennuis et qu'on souhaite tracer sa route. Je ne compte plus les fois où je me suis livré à cette manœuvre dans mon propre quartier. Un pari risqué car on informe notre agresseur potentiel qu'on ne cherche pas la bagarre, du coup il se sent souvent autorisé à passer à la vitesse supérieure. Dans une inversion de ma propre expérience, un basculement des rôles, j'étais devenu une menace pour ces gamins. Déstabilisé, j'ai hésité entre fierté (on me craignait) et ressentiment (on m'avait mal compris).

Tout en approchant du Centre Notre-Dame j'ai rejoué la scène dans ma tête, la collision des deux univers, et j'ai imaginé d'autres scénarios dans lesquels j'avais le beau rôle, où je laissais un souvenir impérissable à ces idiots avant de reprendre ma route. J'ai cherché les raisons qui avaient pu pousser ces gamins à réagir comme ils l'avaient fait, la vantardise m'est montée à la tête et j'en suis arrivé à la conclusion que j'avais été stigmatisé par des petits snobinards à qui une bonne taloche aurait donné un avant-goût de la « vraie vie ». La vraie vie, autrement dit la mienne, dont ils ne connaissaient rien ou presque. Je me suis juré que si jamais le hasard remettait sur mon chemin cette bande de fils à papa, je prendrais ma revanche et je n'hésiterais pas à les traiter de « pédés ».

5. Le procès

Durant mon enfance, les incidents de cette nature – moi qui essaie de me mêler à un groupe socialement supérieur et qui me prends un vent – se sont comptés sur les doigts d'une main. En grandissant, j'ai eu régulièrement l'occasion de sortir de Pollok et ces contacts laborieux sont devenus plus fréquents. Pris isolément ils sont sans conséquence mais, à la longue, ils ont pu façonner ma mentalité et influencer le regard que j'allais porter sur le monde. Ces occasions ratées ont planté en moi des graines qui ont germé et instillé un profond sentiment d'injustice. Dans mon quartier certains se prenaient la tête sur le football, d'autres sur la politique ou la religion. Moi, ma rancœur, quand elle n'était pas dirigée contre ma mère, je la destinais à ceux qui semblaient s'en sortir mieux que nous, ceux qui traversaient l'existence dégagés des entraves de la pauvreté, des privations et des doutes qui allaient avec.

Je raconte tout ça comme si je m'étais réveillé un matin prêt à foutre le système en l'air, comme si j'étais devenu le défenseur des opprimés d'un claquement de doigts. Peut-être que j'aurais aimé que ça se passe ainsi, mais non. À vrai dire le processus s'est fait étape par étape : mon expérience personnelle et le destin de mon quartier, auquel j'étais viscéralement lié, se sont recoupés à la fin de mon adolescence. J'étais sans doute trop vert pour saisir pleinement des enjeux aussi complexes mais, ce que je recevais cinq sur cinq, c'est que les personnes que je connaissais depuis tout gamin en avaient plein le dos et que moi aussi, je devais en avoir plein le dos. En fait, c'était presque malpoli – tabou, même – de ne pas être en colère, peu importe la cible de cette colère, et on trouvait toujours des gens pour faire cause commune. Cette révolte légitime vis-à-vis de la situation, que ce soit au sein du quartier ou de ma propre vie, débouchait systématiquement sur des reproches adressés à un autre groupe social que j'avais désigné coupable et, dans ma logique, le coupable idéal, c'était la classe moyenne. Les gens que je soupçonnais d'y appartenir me tapaient sur les nerfs : je pouvais être agacé par une opinion, un accent, un accessoire ou un vêtement. Ce qui m'exaspérait, c'était leur aisance financière et leur position privilégiée, ou du moins l'idée que je m'en faisais et, par contagion, tout en eux devenait exaspérant et sujet à caution. Il ne fallait pas trop chatouiller ma propension à caricaturer les gens et, en cette fatidique journée du mois d'avril, je suis retombé dans mes travers à cause d'un événement qui m'a glacé le sang. Il m'a suffi d'allumer la télé, comme souvent : j'ai mis une chaîne au hasard et je me suis posé devant.

L'actualité tournait autour d'une seule et unique information : l'épreuve que traversaient les Platt, un couple qui s'était pris une amende pour avoir emmené leur fille en vacances en dehors des dates fixées par l'Éducation nationale. L'administration les avait prévenus, ils savaient à quoi ils s'exposaient s'ils contrevenaient à la règle. Mais ça ne les avait pas découragés, ces dangereux délinquants, d'où la prune. Jon Platt ayant refusé de mettre la main à la poche, l'affaire a fini devant un juge. Pas inintéressant, comme information, bien qu'un peu fade. Ce n'était pas tant son contenu qui me hérissait que l'attention disproportionnée que les médias, presse écrite, Internet et télévision, lui accordaient, avec le portrait d'un papa intrépide et d'un État-providence tyrannique qui s'immisçait dans l'éducation de son enfant, en mode David contre Goliath.

La rédactrice en chef du *Sunday Times* avait même reçu les honneurs de BBC News, où elle s'était lancée durant plus de cinq minutes dans une harangue enflammée pour nous expliquer qu'il fallait, dans le cas présent, privilégier une application raisonnable de la loi. Le « raisonnable » suggérait que la loi devait être interprétée de manière à prendre en compte les subtilités et la complexité de chaque dossier – tout le contraire d'une approche systématique, qui efface les particularités individuelles.

J'ai failli recracher mon café, tellement ça m'a fait marrer.

C'est justement ce que reprochent au système ceux qui ont déjà eu affaire à la justice, des tueurs en série aux voleurs à la tire. Il est rarissime qu'une personne reconnue coupable considère qu'elle a bénéficié d'un jugement équitable. Comme la plupart des gens sont incapables de prendre leurs responsabilités, tous s'estiment lésés. Il suffit de penser à ces conducteurs qui se prennent un PV pour excès de vitesse : ils s'en indignent, même si le PV est mérité. Ils ont toujours une bonne raison de croire qu'ils sont l'exception à la règle, qu'ils méritent une dérogation, que dans leur cas la loi devrait être beaucoup plus souple. La différence entre l'immense majorité des gens qui se collettent avec le système judiciaire et la famille Platt, c'est leur catégorie sociale, et il n'y a pas de débat là-dessus.

Avant de plonger dans le vif du sujet, je vais préciser ce qu'englobe le concept de « classe moyenne », sinon on va me lancer des tomates. Certains membres de la classe dite moyenne – qui le sont jusqu'au bout des ongles – ne s'identifient pas à cette étiquette, du coup ils y voient comme une injure. Ils exigent une définition, pas par rigueur scientifique ni par souci d'exactitude, mais dans le but de s'exclure préventivement de cette catégorie. Que le lecteur se rassure, je suis extrêmement sensible à ces questions et je souhaite ménager la susceptibilité de chacun. Dans cet ouvrage, je m'inspire de la définition suggérée par le comique Stewart Lee.

Si les sketchs de Stewart Lee nous ont fait hurler de rire pendant plus de vingt ans, c'est précisément parce que son public reconnaissait le spécimen de la « classe moyenne » qu'il incarnait sur scène sans qu'il soit nécessaire de lui fournir une explication de texte. Aux dernières nouvelles, personne n'a interrompu un de ses sketchs pour exiger de lui qu'il précise les contours de la classe moyenne avant de reprendre le fil de son spectacle. Et il y a une raison à cela : Stewart Lee appartenait à la classe moyenne, par conséquent il savait de quoi il parlait. En revanche, quelqu'un dans mon genre – quelqu'un de moins fréquentable – est contraint d'en définir le sens avant de risquer une opinion. D'où mon choix de me placer sous l'égide de l'emblématique Stewart Lee.

Reprenons : qu'est-ce qui me garantit que les Platt, qui se sont pris une amende pour ne pas avoir respecté les dates des vacances scolaires, font partie de la classe moyenne, ou d'une classe favorisée ? Rien du tout, à vrai dire. Certains éléments peuvent nous mettre la puce à l'oreille. Le premier, c'est la montée au créneau du *Sunday Times*. Le journal ne s'est pas contenté de traiter l'information, il a servi la cause du couple. Au risque de paraître cynique, je dirais qu'il s'est emparé de l'affaire parce que les Platt reflètent leur lectorat, puisé majoritairement dans la classe moyenne.

Peut-être que je prends trop de raccourcis. Voyons donc qui lit le *Sunday Times*, et ce que cela peut nous apprendre sur les origines sociales des Platt.

Le lectorat du *Sunday Times* relève de la catégorie ABC1, l'une des nombreuses catégories de la nomenclature dont se sert l'industrie des médias britanniques pour ses études de marché. Détail cocasse : cette classification sociale est si peu politiquement correcte qu'elle aurait fait rougir Karl Marx *himself*. Selon la définition du *Cambridge Dictionary*, ABC1 désigne « une des trois tranches socio-économiques les plus nanties, composées d'individus qui bénéficient d'études et d'emplois mieux rémunérés que les autres tranches ».

Ce système a été mis au point par la National Readership Survey – après une étude nationale menée sur les lecteurs de presse écrite –, qui a jonglé avec les lettres et les chiffres pour cataloguer les catégories sociales. Quand la majorité de la population, qui relève des catégories les moins flatteuses, celles qui lisent les tabloïds, découvre que même son torchon préféré fait entrer son lectorat dans ce genre de cases, la surprise peut être amère.

Catégorie	Activité du chef de famille	Proportion en 2008
A	cadres administratifs, commerciaux et techniques supérieurs	14 %
B	cadres intermédiaires	23 %
C1	employés et professions intermédiaires civils, de commerce et techniques	29 %
C2	ouvriers qualifiés	21 %
D	ouvriers semi et non qualifiés	15 %
E	manœuvres, chômeurs, retraités, personnes qui dépendent des aides de l'État	8 %

Source : Wikipédia

Ceux de la dernière catégorie sont considérés comme des personnes aux goûts simples et à l'esprit borné. Cela explique que les journaux qui sont destinés à ce public arborent des photos pleine page en couleurs et qu'articles et chroniques soient rédigés en partant du principe que leur vocabulaire est réduit et qu'il leur faudra chercher « pérorer » et « prolixité » dans le dictionnaire. Journalistes et rédacteurs ne les prennent pas pour des demeurés, non, détrompez-vous. Simplement ils les croient assez naïfs pour ne pas remarquer qu'on leur sert l'équivalent presse d'un menu pour enfants. Ils pensent que leur horizon se limite au prochain cordon-bleu surgelé. Soit dit sans le moindre mépris de classe, bien sûr.

J'entends souvent répéter qu'on vit dans une société où les classes n'existent pas. Envoyez l'info aux médias, alors, parce qu'ils n'ont pas l'air très au courant.

Comme l'illustre le tableau p. 74, ABC1 désigne la classe moyenne supérieure, la classe moyenne et la classe moyenne inférieure. Lorsqu'un journal, au hasard le *Sunday Times*, se rue au secours d'un quidam, il y a des chances que ce quidam fasse partie, comme son lectorat, de la classe moyenne.

Vous trouvez l'argument un peu faible ? Mes conclusions hâtives ? Très bien, j'ajoute un détail qui vaut son pesant de cacahuètes : les Platt sont allés en vacances en Floride, une région universellement connue pour offrir asile aux miséreux du monde entier. Une région des États-Unis où les habitants entretiennent une telle indifférence envers la politique que les élections présidentielles ne tiennent le plus souvent qu'au caprice de quelques milliers de privilégiés bronzés 365 jours par an et qui se déplacent à rollers. Le prix des billets d'avion pour s'y rendre dépasse celui d'un séjour tout compris en Europe pour une famille lambda de quatre personnes. Mais peut-être que les Platt ont passé quarante-cinq longues années à amasser des coupons de réduction, ou qu'ils ont signé un crédit à la consommation pour s'offrir les vacances de leurs rêves ? Qui est en mesure de le dire ? Et qui suis-je pour répandre des calomnies à leur sujet ? Alors, classe moyenne ou pas ? Quelles autres preuves pour venir étayer mon hypothèse ?

Éliminons d'abord l'éventualité que les Platt appartiennent aux classes laborieuses. Le premier signe, c'est le fait que Jon « Je suis plus malin que les juges » Platt a employé le mot « discrétionnaire » pour décrire la façon dont les enseignants appliquent les règles touchant à l'assiduité scolaire. Jamais un type issu du peuple n'aurait pris le risque de s'exprimer ainsi en public – ça fait trop « pédé ». Le second signe, c'est que cette mascarade a débuté à partir du moment où Jon « C'est pour le principe » Platt a refusé de s'acquitter d'une amende de 60 £. Quel genre d'individu se présenterait de son plein gré devant un juge pour une somme aussi dérisoire ? Un représentant de la classe populaire aurait soit ignoré l'amende, soit négocié un versement échelonné.

Enfin, les Platt vivent sur l'île de Wight. Je n'irais pas jusqu'à dire que c'est un endroit qui grouille de millionnaires, mais il est évident qu'une partie des insulaires s'en sortent plutôt bien et ce n'est pas leur banquier qui dira le contraire. 41 % des ménages sont propriétaires de leur logement et ont remboursé leur emprunt en totalité, en plus des 29 % qui ont un prêt immobilier en cours. En bref, 70 % des ménages sont propriétaires – battant le record des 68 % du sud-est de l'Angleterre, région la plus prospère de Grande-Bretagne. En résumé, il y a plus de propriétaires là où vit Jon « C'est vraiment trop injuste » Platt que dans le coin le mieux loti du pays.

Autre indicateur : si Jon « Je suis victime du système » Platt semble ne pas avoir les mêmes valeurs qu'un spécimen C2DE qui se cure le nez, rêve de paris sportifs, chie dans des toilettes de chantier, conduit une pelleteuse, porte un casque de sécurité et lit les tabloïds, c'est non seulement parce que Jon Platt part en vacances en Floride, dit tout haut des mots qui sortent du dictionnaire et habite l'une des zones les plus cossues du pays, mais aussi parce que Jon « Je fais ça pour la collectivité » Platt gère un cabinet d'ADI (assurance décès invalidité). Les cabinets d'ADI, c'est la plaie des petites gens qui veulent passer leur soirée tranquilles. Des sociétés prédatrices qui pratiquent le démarchage téléphonique, exploitant l'inculture financière des gens pour les convaincre que leur banque les a arnaqués sur leur contrat d'assurance. Elles proposent ensuite à leur proie de remplir quelques imprimés en son nom et de les envoyer à son établissement bancaire – moyennant plusieurs milliers de livres. Et si le doute subsiste dans l'esprit du lecteur, comment expliquer que Jon « À bas l'État-providence ! » Platt ait réussi à obtenir l'aide juridictionnelle – alors que c'est lui qui a décidé d'instrumentaliser la justice ? Oui, pour la faire brève, M. Platt a enfreint les règles en toute connaissance de cause avant d'aller faire son malin au tribunal, et c'est le contribuable qui a casqué. Jon Platt est tellement gonflé qu'il pourrait s'envoler à tout moment.

À ce stade, j'imagine que le lecteur commence à toucher du doigt cet agacement que j'ai mentionné plus haut, et ce qu'il provoque. Je suis certain que chacun a dans le collimateur un groupe qui fait naître en lui des réactions aussi épidermiques qu'irrationnelles. Les types comme moi, par exemple, qui font ouvertement preuve d'un snobisme inversé ? Et chacun a sous la main un arsenal d'arguments pour désamorcer les accusations d'hypocrisie. Voici un échantillon des miens :

Ce qui a échappé à l'opinion publique qui accordait son attention pleine et entière à Jon « Les enfants apprennent plus de choses pendant des vacances en Floride qu'à l'école » Platt, c'est que, le même jour, des nouvelles règles fiscales ont été mises en vigueur. Les réductions d'impôts liées aux enfants sont une aide attribuée en Grande-Bretagne aux personnes à faibles revenus ; elles complètent leur salaire. Mais depuis la crise économique de 2008, dans ce règne de l'austérité permanente, de nombreuses prestations sociales ont été suspendues, rabotées ou retirées afin de réduire le fameux « déficit ». Le jour où les Platt accaparaient l'actualité, le législateur a décidé que dorénavant, les revenus modestes bénéficieraient d'une réduction d'impôts plafonnée à deux enfants. C'est déjà problématique en soi, mais ce n'est pas tout. Dans la foulée, certaines dérogations ont été annoncées, rendant possible dans certains cas un allégement fiscal pour plus de deux enfants. Parmi ces dérogations, celle qui a récolté le petit nom de « clause de viol » autorise une femme à demander un abattement si le troisième de ses enfants est le fruit d'une agression sexuelle. Oui, incroyable mais vrai, avec la nouvelle loi les femmes se voyaient accorder le droit de réclamer de l'aide à la condition expresse que le père du troisième enfant soit aussi leur violeur.

C'est là l'une des zones grises de nos politiques publiques : il faut bien tracer une limite, et l'endroit où on place le curseur en dit long sur le manque de repères au sein de notre société.

Étrangement, la fameuse « clause de viol » n'a pas mis le monde médiatique en émoi. À leurs yeux l'info devait manquer de piquant, de paillettes, ou alors leur flair les a lâchés. Cela s'explique sans doute par le fait qu'une immense majorité du personnel médiatique appartient à la catégorie ABC1 : il est donc peu probable qu'ils soient touchés par ces réformes. On peut imaginer les cris scandalisés qui auraient retenti dans les rédactions si un couple aisé et respectable – comme les Platt – avait dû subir ce type d'avanie. Franchement, si une amende de 60 £ suffit à mobiliser la presse britannique au grand complet et à lui faire prendre le parti de gens qui se vantent d'avoir enfreint la loi, je vois d'ici la levée de boucliers qu'une décision analogue à la « clause de viol » provoquerait si elle devait s'appliquer à l'irréprochable caste des ABC1. L'immense différence entre les Platt et les femmes concernées par cette clause, ou plus généralement les gens qui touchent des prestations sociales, c'est que l'un des deux groupes n'hésite pas à monter au créneau. Pas seulement à monter au créneau, mais aussi à exploiter ses connaissances, ses ressources et son carnet d'adresses pour se faire entendre et, plus important encore, être pris au sérieux. Chaque jour des milliers d'individus se prennent des amendes, des avis d'expropriation ou des peines de prison mais le nombre de cas qui attirent l'attention des médias représente une proportion infime. Ceux qui font la une se comptent sur les doigts d'une main.

À ce stade, je préfère préciser qu'on peut concevoir que ces deux cas ne sont pas liés, ça ne me choque pas. Certains penseront même que le parallèle est de très mauvais goût. C'est précisément sur la base de ce genre de rapprochements qu'une grande partie de la population se forge ses opinions. Et ma démonstration reflète le cheminement mental des gens quand ils tombent sur les infos à la télé : ils observent à distance des situations confuses et tirent des conclusions à l'emporte-pièce sur la nature de la société et la place qu'ils y occupent. Ces conclusions forment les fondations d'un nouveau système de pensée. Pas une journée ne se passe sans qu'on allume son poste, qu'on prenne un journal et qu'on fasse exactement ce qui vient de se passer ici : on décrète que tel ou tel groupe jouit toujours de privilèges plus importants que nous. Que ces chanceux bénéficient d'un tas d'avantages inconnus dont l'existence ne fait aucun doute. On a l'impression soit que les gens qui font l'information – et les règles – sont complètement détachés de la réalité, donc incapables de dépeindre notre vie, soit, et c'est pire, qu'ils la représentent délibérément sous un faux jour et que tout cela fait partie d'une vaste conspiration. On analyse le pourquoi et le comment des choses et cette analyse devient la fenêtre par laquelle on regarde le monde.

Parfois on vise juste, parfois non. Mais si ces conclusions nous amènent à croire que contribuer au système n'a aucun sens ? Si on a décidé que le processus civique était conçu à tous les niveaux dans le seul but d'exclure un certain type de citoyens ? On associe souvent la désaffection électorale aux classes laborieuses mais le phénomène est peu étudié. Les rares fois où quelqu'un daigne se pencher dessus, les pauvres se retrouvent accusés d'indifférence ou d'étroitesse d'esprit. Peut-être que dans bien des cités, l'apathie politique est le fruit direct des inférences que font les gens, comme je viens d'en faire moi-même, et qui les amènent à dire qu'on vit dans un système biaisé. Le jour où la loi a obligé les femmes à fournir la preuve de leur viol pour toucher des prestations sociales, les médias se focalisaient sur une famille offusquée par une amende de 60 £ liée à des vacances en Floride. Je ne suis pas en train de dire que les deux parties n'ont pas le droit de se sentir chiffonnées mais est-ce que l'une des deux situations ne mériterait pas plus de visibilité dans l'opinion, mine de rien ?

Voici l'autre « déficit », l'autre gouffre qui est rarement mentionné, et encore moins reconnu : le gouffre dans nos expériences respectives, qu'on soit issu de la classe populaire ou de la classe moyenne, et le gouffre dans la façon dont cette expérience est représentée, relatée et scrutée. De ce gouffre, qui me semble s'aggraver au fil du temps, est née une culture dont semblent bannies un certain nombre de personnes qui se désintéressent de la chose politique ou s'en méfient, ayant perdu leurs repères ou s'estimant lésées par le portrait que l'on fait d'elles. Victimes du stress et de la violence, ces gens-là vivent souvent dans des conditions déplorables ; ils allument leur poste de télé et tirent leurs propres conclusions sur les Platt. Ils sont convaincus que le système est manipulé en leur défaveur, que toute tentative pour s'insurger ou bousculer les choses est vaine. Que les décisions qui influent sur leur vie sont prises dans les coulisses par un groupe d'inconnus qui leur cachent des choses. Ils ont la conviction d'être exclus d'un débat qui les concerne pourtant à 100 %. Ils en sont intimement persuadés et ils n'ont pas tort : c'est bien ce qui se passe.

6. Peur sur la ville

L'information et la culture sont généralement deux secteurs dans lesquels les inégalités se manifestent de façon concrète. Il existe un autre révélateur : les disparités apparentes dans les conditions de vie. Je ne dis pas qu'un logement de qualité est un droit inaliénable, ni que les logements sociaux n'arrivent pas au niveau de ce qu'on trouve dans le parc privé. Je ne fais qu'identifier un autre domaine dans lequel on observe un abîme entre les possédants et les démunis. Identifier ces abîmes est essentiel, quel que soit le domaine touché, parce qu'ils expliquent pourquoi les personnes d'un certain milieu socioculturel ont une perspective, un ressenti et un comportement différents. Comprendre la façon dont le cadre de vie oriente notre état d'esprit ou notre parcours est fondamental si on veut approcher les subtilités des inégalités sociales. Subtilités souvent mises en doute, tant on les perd en essayant de les rendre intelligibles à l'autre rive du fossé qui ne cesse de se creuser.

Pas la peine d'enseigner l'architecture pour remarquer les disparités historiques en matière de logement :

à Glasgow, les immeubles à loyer modéré sont synonymes de misère. Comme la plupart des stéréotypes qui touchent les catégories défavorisées, l'idée que vivre dans une tour est un cauchemar a du vrai, même s'il y a aussi beaucoup d'exagération : les exemples de quartiers florissants ne manquent pas et toutes les cités ne sont pas des repaires de toxicos et de criminels. Ces endroits qui souffraient d'une image calamiteuse avaient aussi leurs bons côtés. Pas tous, mais certains – aujourd'hui encore –, et leur réputation, justifiée ou non, les précède.

Il n'est pas certain que l'homme entrera dans l'histoire pour ses décisions judicieuses et son souci du bien commun. Avec le recul, il est facile de pointer du doigt les candides qui ont validé un programme d'aménagement qui deviendrait le symbole du délabrement urbain et de la fragmentation du tissu social : entasser les gueux à la verticale avait dû sembler une idée géniale au mitan du XXe siècle, alors que la croissance démographique, facilitée par les révolutions industrielles successives, devait donner le coup d'envoi à une nouvelle série de problèmes qui déboucheraient sur une paupérisation galopante.

Aveuglé par le décollage de l'économie à la fin du XIXe siècle et ce confort matériel qui attisait les convoitises – ainsi que les emplois à foison –, bien malin qui aurait pu prévoir le retour de bâton qui se profilait alors que la civilisation occidentale entrait de plain-pied dans l'ère moderne, auréolée par la vapeur, les mugissements et la fumée des machines qui tournaient à plein régime. C'était la toute première fois qu'on notait une amélioration du niveau de vie et des salaires et la production de masse, rendue possible par la mécanisation, a révolutionné l'industrie autant que l'émergente économie globale. Mais ce changement a surtout été sensible dans le quotidien du travailleur ordinaire, chamboulé par la technologie.

Cette phase de croissance, dopée par l'aventure des colonies, a atteint un plateau puis ralenti, inévitablement. Alors que l'Empire britannique s'effritait après la Première Guerre mondiale, les conséquences de la croissance démographique, que personne n'avait anticipées, ont commencé à se faire sentir d'une part dans l'économie, d'autre part dans la qualité de vie, la santé et le comportement des classes populaires : la situation s'est dégradée sur tous les fronts.

À Glasgow, connue comme la « deuxième cité de l'Empire », des banlieues industrielles jadis prospères à l'instar des Gorbals, où la population composée d'autochtones et d'immigrants avait explosé au XXIe siècle, étaient devenues invivables, rongées par la maladie et les tensions communautaires. Les ouvriers, lassés d'un cadre de vie qui allait en se détériorant et de conditions de travail à l'avenant, se sont associés pour contraindre le gouvernement à prendre des mesures qui fixeraient les droits fondamentaux du citoyen en matière d'emploi ou de logement. Parmi ces mesures, une réduction du nombre d'heures travaillées par semaine ainsi que la première loi Logement, datée de 1919, qui garantissait un niveau de vie minimum avec des commodités considérées aujourd'hui comme allant de soi – électricité, eau courante et tout-à-l'égout.

Malgré ces bonds en avant, la descente aux enfers des Gorbals s'est poursuivie tout au long des années 1930 et le quartier s'est très vite transformé en coupe-gorge, jusqu'à gagner le titre d'endroit le plus dangereux du Royaume-Uni. Des logements sociaux ont été bâtis à la va-vite, histoire de répondre à la demande, et à Glasgow, où il fallait trouver un toit en urgence pour grosso modo un demi-million de personnes, la situation est devenue intenable. Des familles de cinq, six personnes, voire plus, s'entassaient souvent dans une seule pièce dans des immeubles délabrés qui couraient sur des rues entières.

Les responsables politiques avaient plusieurs solutions sous le coude. L'une suggérait le lancement de « programmes sociaux » : des zones d'habitation aménagées en périphérie de la ville grâce à l'exploitation de vastes terrains, loin des quartiers en déshérence. Cela allait permettre de désengorger des secteurs comme les Gorbals, qui étaient au bord de l'implosion, et de tirer parti d'espaces vacants. Les familles allaient être relogées dans des habitations modernes et bénéficier d'aires de loisirs. Malheureusement, la Seconde Guerre mondiale a éclaté et ces projets sont restés de très longues années dans les tiroirs. Après-guerre le gouvernement s'est engagé, via sa plateforme de reconstruction, à bâtir 50 000 logements neufs par an. Objectif : éradiquer les taudis. Et si certains programmes – Pollok, Easterhouse et Castlemilk – ont pu s'implanter à la périphérie de la ville, dans Glasgow même les terrains constructibles étaient une denrée rare, un vrai défi pour les urbanistes.

Dans les années 1950 les tours HLM, importées d'Europe, ont été vendues comme la solution miracle à ces quartiers défavorisés au cœur de la ville et, au début des années 1960, des architectes de renom comme Sir Basil Spence ont été parachutés dans la région avec la mission de repenser ces zones. « Quand vous manquez de place, vous devez construire en hauteur », pour citer un reporter de l'époque repris dans un documentaire sorti en 1993, *High Rise and Fall.* Construire en hauteur : le documentaire illustre bien cette tendance. Des cendres des vétustes bâtisses ont jailli des bâtiments emblématiques, témoignage des aspirations de plus en plus audacieuses des citadins. Il n'a pas fallu attendre longtemps avant que l'euphorie des débuts cède la place à la désillusion, chez les élus comme chez les habitants : à peine dix-huit mois plus tard, les tours Reine-Elizabeth avaient été rebaptisées Alcatraz, Barlinnie et Carstairs – deux prisons rongées par la violence et un hôpital écossais accueillant de dangereux malades mentaux.

Malgré les promesses initiales, de nombreuses tours d'habitation ont en effet fini par être considérées comme des endroits insalubres et dangereux. Aux problèmes structurels – humidité, fenêtres qui ne résistaient pas aux bourrasques – s'ajoutaient les dealers qui rôdaient aux alentours, en quête de nouveaux territoires et de nouveaux clients. Les industries traditionnelles comme l'acier ou le charbon ont baissé le rideau et le chômage s'est installé, suivi de près par l'oisiveté et la démotivation. L'échec indéniable de ce type de logements dans le quartier des tours Elizabeth – et dans d'autres – a créé une onde de choc chez les responsables politiques mais surtout chez les résidents, arrachés à leur taudis pour démarrer une nouvelle vie dans les « gratte-ciel » du futur.

Ces « jardins suspendus » et les principes socialistes qu'ils incarnaient étaient une tentative monumentale, aussi ambitieuse que sincère, d'élever sensiblement le niveau de vie de la classe ouvrière. Les concepteurs avaient même fait l'effort d'intégrer la riche histoire locale dans la silhouette des bâtiments. Spence, l'architecte des tristement célèbres tours Reine-Elizabeth qui allaient devenir la caricature des tours HLM, pensait que les trois immeubles, côte à côte, auraient l'allure majestueuse de goélettes toutes voiles dehors.

Séduisant sur le papier mais, comme l'a observé un habitant : « La seule façon de les voir comme ça, c'était de les regarder depuis Richmond Park », un espace vert situé à plus d'un kilomètre. Cet hommage à l'utopisme européen, censé inspirer admiration et respect et célébrer le mariage réussi de la vision artistique et des contraintes sociales, devait être contemplé avec un kilomètre et demi de recul : l'absurdité de la chose saute aux yeux. Autrement dit : plus on s'éloignait des immeubles, mieux on les voyait – d'où le dilemme des habitants. Basil Spence avait des gens du quartier une connaissance très limitée. Ses préjugés lui ont fait prendre un cap que rien, ni son savoir-faire, ni son talent, ni la noblesse de ses intentions, n'aurait pu corriger. Les personnes concernées par le programme n'ont jamais été consultées et la phase de conception a été menée par quelques privilégiés bourrés d'a priori sur la classe laborieuse. Résultat, moins de vingt ans plus tard, la plupart de ces structures ultramodernes étaient soit rasées, soit destinées à la démolition, soit modifiées en surface pour adoucir leur aspect. Dans les Gorbals, comme dans d'autres quartiers, les habitants se rassemblaient pour voir leur histoire réduite à un tas de gravats, ils en venaient même à appeler cette destruction de leurs vœux. Une tradition qui se perpétue à ce jour.

En matière de rénovation urbaine, les tours du quartier des Gorbals ont constitué une leçon d'humilité qui a coûté très cher à la collectivité et l'héritage culturel de ces erreurs n'a pas fini de peser sur la ville. Des milliers de familles qui avaient déjà du mal à joindre les deux bouts ont été exposées à un tel surmenage qu'elles ont subi des bouleversements sur tous les plans – physique, psychologique et affectif. L'économie locale en lambeaux a dû s'adapter pour répondre aux nouvelles demandes des habitants : magasins de spiritueux, pubs, baraques à frites, salles de bingo et, un peu plus tard, dealers – tout ce qui fournit un palliatif éphémère à la triste réalité du détricotage du tissu industriel. Mais ces activités en apparence inoffensives ont tourné très vite au vice et eu tôt fait de se répandre comme une épidémie sanitaire. Devant l'étendue du marasme, les gens en sont venus à nourrir une méfiance extrême à l'égard des institutions publiques et des figures d'autorité – policiers, travailleurs sociaux – chargées de contenir la déferlante des problèmes qui survenaient l'un après l'autre.

Pendant ce temps, planqués dans ce qu'on peut appeler les bas-fonds de ces quartiers déjà peu recommandables, vautrés dans l'alcool et la drogue, s'enfonçant dans une existence sordide, des gens tâchaient d'élever des enfants.

L'un de ces enfants s'appelait Sandra Gallagher. C'était ma mère.

7. 1984

Mes parents se sont rencontrés dans un studio d'enregistrement à Glasgow l'été de l'année 1983. Âgé de 19 ans, mon père était un aspirant musicien qui caressait l'espoir de signer avec un label. Un soir, après les répètes, la petite amie d'un autre membre du groupe s'est pointée en compagnie d'une copine. Avec mon père, ça a tout de suite collé. Peu de temps après, les tourtereaux ont décidé de partir camper ensemble sur l'île d'Arran. À la fin de leur week-end en amoureux, ils se sont retrouvés les poches vides et ils ont dû s'éclipser sans régler le camping. Une anecdote romantique, en un sens, mais qui augurait mal de la suite.

Peu de temps après leur retour ma mère a voulu présenter son petit ami à ses parents, qui vivaient dans le quartier des Gorbals. La soirée a commencé comme une soirée normale : un accueil chaleureux, une bonne ambiance, à manger, à boire. Mais plus l'alcool coulait et plus la tension devenait palpable, et il n'a pas fallu attendre longtemps avant qu'une dispute éclate entre ma mère et sa mère à elle. Mon père, qui avait des alcooliques dans sa propre famille à Pollok, était habitué aux montagnes russes. Pourtant, il y avait autre chose à l'œuvre du côté de ma mère. Quelque chose d'imprévisible, de dangereux. Les frontières morales étaient brouillées. Alors que la visite touchait à son terme, tout est parti en vrille. À tel point que ce soir-là, mon père s'est juré de rompre avec ma mère.

Le jour prévu, ma mère l'a pris de vitesse en lui annonçant qu'elle était enceinte. Je suis né en avril de l'année suivante. Mes parents m'ont appelé Darren parce qu'apparemment, « Arran » sonnait « un peu trop américain ». Ma mère a vécu avec nous à Pollok jusqu'à mes 10 ans. Dix années durant lesquelles elle aura semé dans son sillage traumatisme et désolation ; au fil du temps son comportement est devenu plus étrange, plus erratique.

Par un après-midi ensoleillé, un peu avant son départ définitif, j'ai débarqué à la maison avec deux ou trois copains : elle avait balancé une grosse partie de nos affaires dans le jardin avant d'y mettre le feu. Je ne sais plus quelle explication j'ai sortie à mes potes, même si j'imagine qu'ils n'en avaient pas besoin. Ils avaient déjà leur petite idée sur la question. Quand on vit dans un foyer à problèmes, pas moyen de le cacher aux voisins. Et on finit par se blinder – peut-être pour s'épargner la honte, ou la gêne. Tout le quartier est au courant, tout le quartier se permet de juger, et on finit par s'y habituer. L'intimité devient un luxe, encore un, qui reste hors d'atteinte.

La dignité, c'est un truc de riches.

Cacher sa pauvreté sous le tapis, c'est une chose. Il suffit d'un jeu de cartes de crédit, d'un catalogue de VPC et d'une propension à ne pas regarder la réalité en face. Pour être plus crédible, n'oubliez pas, en cas de visite, de planquer la grosse caisse bleue de ragoût en boîte envoyée par l'Union européenne dans sa grande générosité – l'un des avantages à être un crève-la-faim. En revanche, masquer un problème mental, c'est une autre paire de manches. D'abord, vous pouvez n'avoir aucun contrôle dessus si ça concerne un parent, un frère, une sœur. Ensuite, moins on en a conscience, plus c'est difficile à cacher. Comme la pauvreté, un trouble psychologique peut provoquer une difformité qui sautera aux yeux de tout le monde, sauf aux vôtres. La vérité, c'est que dans une famille à problèmes, on est le dernier à se rendre compte que ça ne tourne pas rond.

Lorsqu'il devient évident que notre vie n'est pas tout à fait comme celle des autres, les masques sont déjà tombés. Les voisins, aux premières loges, entendent tout à travers les murs. Les enseignants, les médecins, les travailleurs sociaux et les professionnels de santé sont bien au fait de votre situation. Mais, pour chaque personne qui se préoccupe de votre bien-être ou qui vous tend la main, une autre attend patiemment le moment d'exploiter la faille. Comme ces détenus qui se plantent pour des histoires de tartine grillée, j'étais contraint d'affronter les prédateurs qui me tournaient autour, ou de me soumettre ; le parfum d'instabilité mentale qui flottait autour de moi, auquel s'ajoutaient les conséquences indéniables de nos galères financières, faisait de moi une cible de choix dans la cour de récré.

Parfois, le matin, je devais m'habiller sans l'aide de personne et les autres me faisaient amèrement regretter mes choix vestimentaires. Une fois, mon père a quitté son boulot en pleine journée pour m'amener une tenue correcte. Je devais avoir une drôle de dégaine. Il m'est aussi arrivé d'attendre à l'accueil de l'infirmerie ou de l'école qu'un adulte veuille bien venir me chercher, longtemps après l'heure de la sortie.

Je me souviens aussi qu'un matin, dans la cuisine, j'ai dû grimper sur le plan de travail pour accéder à un placard et me préparer mon petit-déjeuner tout seul. Trop jeune pour savoir comment m'y prendre, j'ai versé de l'eau froide sur mes flocons d'avoine et j'ai mangé cette mixture avant de me préparer pour l'école. À l'époque, ça ne me semblait pas si tragique ; je n'avais aucun élément de comparaison et j'avais déjà intégré que ma mère était incapable de s'occuper de moi. Le problème, c'est que ce qui me paraissait normal ne l'était pas aux yeux des autres, en particulier des gamins, qui se montraient d'une cruauté sans nom.

Par chance, la nature m'a doté d'une tignasse rousse et d'un teint pâle, constellé de taches de son, grâce à quoi j'étais à peu près sûr de finir mes journées plus ou moins indemne. Même si ce n'était pas toujours tout rose, je préférais mille fois l'école au chaos qui régnait à la maison, où je rasais les murs de peur de déclencher un accès de rage chez ma mère.

De temps en temps je fonçais dans le jardin, à l'arrière de la maison, pour jeter ses bouteilles vides de l'autre côté du grillage. Dans mon souvenir, ma mère me présentait ça comme un jeu. Je pense que je n'étais pas dupe, mais j'avais sans doute envie de lui faire plaisir. Cela me rappelle l'après-midi que j'avais passé à m'amuser tout seul dans une voiture miniature qui restait au point mort pendant qu'elle bazardait l'argent du ménage dans une machine à sous avec son regard de démente. Ce jour-là, elle m'avait promis de m'emmener au parc d'attractions. Attendre désespérément qu'elle mette une pièce dans une voiturette, balancer des cadavres de bouteilles par-dessus le grillage, c'était ce qui se rapprochait le plus d'un bon moment passé en sa compagnie. Des années plus tard, je suis allé explorer les bois derrière notre ancienne maison et le nombre de bouteilles vides que j'y ai trouvé m'a laissé K.-O. Pour dissuader les cambrioleurs, la municipalité avait peu de temps auparavant fait édifier une clôture de deux mètres cinquante de haut qui courait sur toute la longueur de notre rue. Mais, s'ils avaient été assez demeurés pour visiter notre maison, les monte-en-l'air n'auraient pas eu grand-chose à se mettre sous la dent : ma mère avait vendu ou mis en gage tous les objets de valeur. Elle avait même commencé à emprunter de l'argent aux voisins, en cachette de mon père. Son sévère problème d'addiction l'empêchait de prendre soin de ses enfants au quotidien et nous mettait vraiment en danger. Assez vite, des seringues ont fait leur apparition dans le jardin.

Un après-midi, j'ai réussi à escalader la fenêtre de ma chambre – qui se trouvait à l'étage de la maison – et je me suis perché sur le rebord. J'aurais pu tomber et me fracasser le crâne sur les dalles en béton mais, à mes yeux, c'était une aventure comme une autre. Pas pour la voisine, qui s'est mise à hurler : « Darren McGarvey, descends de là tout de suite ! » Je n'en étais pas à mon premier coup. Deux ou trois ans plus tôt, dans notre second appartement, j'avais réussi je ne sais comment à pousser un chat de la fenêtre du troisième étage, le plus élevé. Pour une raison qui m'échappe, ma mère était bouleversée par la souffrance animale alors qu'elle restait parfaitement indifférente à la mienne. Elle a dévalé l'escalier, hystérique. Il a fallu emmener le chat chez le vétérinaire, qui a piqué la pauvre bête. Que son fils fasse le mariole à côté d'une fenêtre ouverte, elle s'en moquait ; en revanche le chat avait droit à toute son attention.

C'est dans ce second appartement que mon père a compris que sa femme donnait la priorité à la boisson. Il l'avait chargée du remboursement de l'emprunt immobilier, lui confiant son chéquier, et elle a entrepris de prélever sur son compte de grosses sommes pour se ravitailler en alcool et stupéfiants. On a dû rendre cet appartement pour retourner en logement social à Pollok, car ma mère nous avait mis sur la paille et, naturellement, elle s'était bien gardée de rembourser l'emprunt. On n'a pas tenu longtemps non plus dans le logement suivant – le troisième en trois ans. Mon père a continué à travailler et à ramener sa paie, ma mère a continué à boire en essayant de donner le change. Peu après la naissance de ma sœur en 1987, ma mère s'est procuré de l'héroïne dans l'intention de la revendre mais, à force de taper dans le stock pour la fumer ou se l'injecter, elle l'a fini, avec l'aide de quelques amis, et s'est retrouvée endettée jusqu'au cou. Dans les semaines qui ont suivi les dealers de Pollok sont venus agresser et menacer mon père devant chez nous : remboursez ou on vous descend, tous jusqu'au dernier. Ma mère, qui s'était entre-temps terrée dans les Gorbals, a eu vent de ce qui s'était passé et elle a pris contact avec des types peu fréquentables, des connaissances à elle, pour qu'ils aillent dire deux mots à ses créanciers. On a redéménagé à l'autre bout de Pollok, cette fois-ci en pleine nuit. Ça n'a pas empêché mon père de se convaincre que les trafiquants finiraient par retrouver notre trace et organiser une expédition punitive. En attendant il n'y avait pas trente-six solutions, à part continuer à vivre. Certains jours mon père restait là, à regarder les heures défiler. Par chance, les dealers ne se sont jamais manifestés. Il faut croire que ma mère pouvait se montrer utile, de temps en temps, et qu'elle avait su régler cette situation mal embarquée en chargeant ses « amis » de les convaincre d'effacer la dette.

Si mon père avait tenté d'abréger son calvaire, ce n'est pas moi qui lui aurais jeté la pierre.

8. Une question de loyauté

Dans ces conditions, il peut être difficile de rester optimiste. Les habitants des quartiers qui fonctionnent sur le même modèle que Pollok sont tous ou presque atteints par la sinistrose, même ceux qui s'en sortent plutôt bien, et cette mentalité a un effet corrosif sur le moral et l'image collectifs. Quand on entend les gens parler à longueur de journée d'actes de violence, ou se plaindre que les élus locaux se désintéressent totalement des problèmes de leurs administrés, on finit par se convaincre qu'on vit dans une zone ravagée, oubliée des pouvoirs publics. Il faut qu'une catastrophe se produise pour que votre quartier fasse, enfin, la une des journaux.

Dans les milieux défavorisés, la conviction que la situation n'évoluera jamais et que les représentants du pouvoir et de l'autorité ne servent que leurs propres intérêts est très largement répandue. On pourrait y voir une forme d'autosabotage et, sur de nombreux plans, c'est bien de cela qu'il s'agit. Mais il suffit de passer quelques semaines parmi ces abandonnés de la société pour découvrir qu'ils sont littéralement livrés à leur sort.

Il n'y a pas que leurs problèmes qui vous sautent au visage : il y a aussi la quantité d'obstacles qui se dressent sur leur route quand ils décident de prendre leur destin en main. Le système est ainsi fait que dans ces quartiers, il a vite fait de faire passer aux habitants l'envie de se mobiliser. Dans l'opinion publique, pauvreté et indifférence vont toujours de pair : si les crevards restent dans la dèche, c'est parce qu'ils refusent de se retrousser les manches. En réalité, c'est tout l'inverse. L'enthousiasme et le souhait de s'impliquer, de se rendre utile, s'émoussent très vite quand on se rend compte qu'on est mis à l'écart du processus démocratique : le système est conçu avant tout de façon à ce que des éléments extérieurs à la communauté gardent le contrôle de la population locale.

À l'échelle locale, les personnes qui partagent un même centre d'intérêt et veulent concrétiser une ambition commune choisissent souvent de fonder une association. Dans les quartiers à dominante ouvrière, l'objectif visé est modeste : ce que les habitants appellent de leurs vœux, c'est un espace où ils pourront exercer une activité qui leur soit agréable ou utile. Seulement, « monter une asso » tourne le plus souvent au parcours du combattant. À ceux qui veulent tenter l'aventure, il est d'abord demandé de réunir un « conseil d'administration ». Pour ça il faut au moins trois personnes, une constitution écrite approuvée par le conseil et un compte bancaire. Pas de conseil d'administration ? Pas d'accès au pognon. Pas de texte fondateur ? Impossibilité d'ouvrir un compte en banque. Pas de compte en banque ? Pas de subventions pour la location d'un lieu de rencontre. Et ce n'est que la partie émergée de l'iceberg bureaucratique. Attention, je ne dis pas que vous n'avez pas le droit de vous affranchir des règles et de fonder votre propre association à la cool, sans conseil d'administration si l'envie vous prend - mais vous pouvez tirer un trait sur les subventions. Et quand vous aurez réussi à vous mettre en conformité avec la loi et ses innombrables exigences, vous gagnez le droit de vous frayer un chemin dans la jungle des aides financières.

Certaines associations peuvent trouver des fonds mais, à l'échelle du quartier, personne n'a le moindre levier sur la façon dont cet argent est attribué. On peut cependant s'accorder à dire que les critères favorisent, en priorité, les bons petits soldats, ce qui crée sur le terrain associatif une dynamique de soumission à l'autorité. Les gars se prennent des regards interloqués quand on leur demande quels sont les enjeux de leur collectif et qu'ils répondent qu'ils veulent juste un endroit où les anciens peuvent venir boire du thé et du café, un lieu pour les jeunes, des cours de cuisine pour les parents isolés, des parties de foot ou du matériel pour la pêche. Ces ambitions sont souvent si simples que la classe moyenne a du mal à les entendre. Un gouffre énorme s'est creusé entre le programme d'ingénierie sociale souhaité par les dirigeants et les aspirations modestes, mille fois plus terre à terre, des gens du peuple, dont l'écrasante majorité ne maîtrise pas les éléments de langage.

Des « médiateurs culturels » ou « facilitateurs » sont chargés d'« encadrer » les habitants des quartiers populaires et de réécrire leurs demandes, afin que les ambitions collectives s'alignent sur les vœux de ceux qui tiennent les cordons de la bourse. Dans ce système, le fameux conseil d'administration n'est rien d'autre qu'un mécanisme qui permet de mater une association quand elle commence à ruer dans les brancards. Tom Leonard, poète et essayiste originaire de Glasgow, décrit parfaitement ce phénomène dans son poème satirique « Liason Co-ordinator » – agent de médiation. Ce poème dit comment les démunis sont mis au pas, tout au long de leur vie, par la classe moyenne, comment le langage agrandit le fossé entre les différentes catégories sociales dans un monde où l'intitulé « agent local de médiation », pour prendre un exemple de jargon socialement connoté, suffit à éveiller la méfiance. Le poème montre aussi les préjugés entretenus par les plus démunis sur les catégories dites aisées, considérées comme vénales et arrogantes. Il y a du vrai là-dedans, du faux aussi, mais il est clair que le grand défi de notre époque, c'est de réduire les fractures économiques qui fragilisent notre société. Car les inégalités qui se creusent entretiennent la suspicion, et les idées reçues et l'absence totale de dialogue sont très loin de rendre justice à la richesse et à la complexité des parcours individuels, ce qui rend la notion de classe difficile à manipuler.

Peu importe le camp auquel vous appartenez, celui des démunis ou celui des plus fortunés : il est fort probable que votre inconscient alimente votre structure idéologique et façonne votre position sur le sujet des classes sociales. Pour ma part, j'ai toujours été persuadé que les gens issus de la classe moyenne, les « bourges », ont la vie facile ; qu'ils naissent avec une cuillère d'argent dans la bouche et qu'ils bénéficient de pléthore d'avantages mystérieux dont moi, je ne vois pas la couleur. Vous, vous êtes peut-être convaincu qu'être pauvre ou riche, c'est une question d'effort et de volonté personnelle, que le système en place est équitable et que l'individu ne peut s'en prendre qu'à lui-même. C'est une façon parmi d'autres de rendre le monde plus intelligible. Notre manière de voir, ou ce que l'on croit voir, est d'une importance capitale ; véritable clé de voûte de notre système de pensée, elle nous conditionne et influence nos comportements, jusque dans la sphère de la participation citoyenne – l'un des rares domaines où des gens issus de classes sociales différentes peuvent encore avoir des échanges constructifs.

Le souci, c'est que ces convictions bancales, souvent nourries par des images réductrices et des fantasmes entretenus d'une génération à l'autre, font de l'échange politique un terrain escarpé. Pire, lorsque les tentatives de dialogue échouent, cela renforce la tension et l'hostilité. À Pollok, ce tiraillement palpable entre les préoccupations de la classe ouvrière d'une part et d'autre part la culture des personnes issues de milieux aisés, occupant des postes d'influence et d'autorité, a marqué au fer rouge le début de mon expérience politique. Au lieu de tout remettre à plat, la confrontation a aggravé la fracture sociale. Et à son point critique, elle a littéralement modifié le visage de notre communauté.

9. Sur la route

« Les terres susmentionnées resteront à perpétuité des espaces boisés qui serviront à l'embellissement du secteur et, autant que faire se peut, à l'agrément des citoyens de Glasgow. » C'est ainsi que Sir John Maxwell s'est exprimé en 1939, le jour où il a fait don de sa propriété, connue sous le nom de Pollok Park, aux habitants de la ville. Pourtant, en 1974, le National Trust for Scotland, en charge de la protection du site, a décidé d'assouplir les conditions de l'accord scellé avec l'ancien propriétaire pour donner son feu vert à la construction d'une voie rapide à travers le parc.

Dans un article intitulé « Imaginer la résistance : l'État libre de Pollok et l'expérience de la politique post-moderne » (dont je m'inspire largement, et que je cite tout au long de ce chapitre), Paul Routledge, activiste et universitaire, détaille les événements qui ont mené à une campagne d'opposition citoyenne :

> Les premières manifestations contre la voie rapide (la M77), qui engageaient le Corkerhill Community

> Council et d'autres conseils municipaux préoccupés par la situation, ont eu lieu en 1978.
>
> En 1988, une enquête publique étalée sur trois mois fit entendre un concert de voix opposées à la M77. La contestation était menée par le conseil général de Glasgow, par des groupes d'habitants directement touchés par l'arrivée de la M77 et par diverses associations, au nombre desquelles Glasgow for People. Malgré cette levée de boucliers massive, le chantier démarra en 1992. On amputa le côté ouest de Pollok Park d'une large bande de terre et on posa les fondations de la route.

Les habitants se sont mobilisés en masse mais, pendant près de trente ans, leur voix a été écartée du débat. On leur a servi un florilège d'arguments : la voie rapide allait accélérer le développement économique, permettre aux usagers de gagner du temps sur leurs trajets, améliorer la fiabilité des transports urbains tout en préservant l'environnement et en réduisant le nombre d'accidents de voiture... Du coup, les adversaires au projet ont contre-attaqué par d'autres arguments : la M77 allait aggraver la pollution sonore et atmosphérique, causer des dommages irréparables aux zones boisées et à la faune sauvage au cœur de Pollok Park et densifier le trafic.

Sans compter que l'argent consacré à la construction de la M77 aurait dû être injecté dans la modernisation du réseau de transport public, et que la voie rapide allait faciliter la vie des conducteurs venus des quartiers aisés, car à Pollok peu de gens possédaient un véhicule. Redonnons la parole à Routledge :

> Par ailleurs, la percée de la voie rapide couperait l'accès à Pollok Park – une aire de jeux sécurisée pour les enfants – et placerait une source de pollution et de bruit à proximité immédiate d'écoles primaires et de collèges. Au niveau citoyen, cette décision ferait de Pollok Park une zone enclavée, fermée aux habitants et ouverte aux promoteurs désireux de développer une « ceinture verte ».

En réponse, un groupe de militants écologistes qui s'était surnommé l'État libre de Pollok planta ses tentes dans le Pollok Country Park, qu'ils revendiquaient comme propriété inaliénable du peuple. Mené par Colin Macleod, artisan qui s'était illustré au début des années 1990 en s'installant pendant neuf jours au sommet d'un arbre qui devait être abattu pour faire place à la M77, l'État libre de Pollok est très vite devenu un bastion de résistance, symbole de la prise de pouvoir par les citoyens et de la démocratie.

L'État libre poursuivait deux objectifs : primo, faire capoter le projet de voie rapide ; deuzio, démontrer que les administrés avaient un droit de regard sur l'usage qui était fait de l'espace public. C'était une composante de « Non à la M77 », une coalition qui englobait plusieurs groupes parmi lesquels le Scottish Militant Labour, Earth First et Glasgow for People.

Le campement était un microcosme qui illustrait l'ingéniosité collective dont peut faire preuve un groupe d'individus rassemblés sous la même bannière. Macleod, un gars du coin, a pris les rênes d'une résistance qu'il a fini par incarner, resserrant les liens au sein d'une communauté déchirée par la misère et l'apathie. Symbole de la remise en cause de la légitimité des élus et des urbanistes, le QG de l'État libre proposait un style de vie alternatif ; grâce à lui, les habitants de Pollok, jusque-là bridés par l'image que leur renvoyait la société, par le désœuvrement et la drogue, allaient retrouver leur voix et leur dignité.

Mais on n'était pas dans l'utopie, loin de là. Se greffant aux habitants mobilisés par les questions locales, des militants et des universitaires ont afflué à Pollok avec dans leur besace des sujets environnementaux et économiques plus larges, ce qui a créé des frictions internes. Les gens du cru ont reproché aux nouveaux venus de récupérer leur lutte, d'écarter ou de minorer leurs préoccupations pour imposer leur propre projet, qu'ils jugeaient hors-sol. La consommation de certaines substances posant également problème, l'alcool et la drogue ont fini par être bannis. Afin d'apaiser les tensions, on a dû établir des règles strictes : pas de critique, pas d'a priori. Macleod s'est avéré aussi bon artisan que meneur d'hommes : charismatique et intuitif, il savait comment tirer le maximum d'un individu au profit du collectif. Universellement respecté, il pouvait effectuer des arbitrages et mettre tout le monde d'accord.

L'État libre de Pollok faisait partie d'un petit nombre de mouvements de plus en plus actifs qui opéraient dans cette zone – au grand dam des politiques et des grosses entreprises. Un bataillon de jeunes socialistes, futurs fondateurs du Parti socialiste écossais, s'était déjà élevé contre les impôts locaux, avant l'État libre de Pollok. On avait là une constellation de militants et de leaders jeunes, dynamiques et malins.

Dans la foulée, les habitants de Pollok ont peu à peu repris leur destin en main et des personnes autrefois indifférentes au débat citoyen ont développé un instinct politique auquel elles ont appris à se fier, une fois débarrassées de cette mauvaise estime de soi qui les plombait. Pourquoi prendre la parole quand personne ne vous écoute ? Le dénigrement laissait peu à peu place à une nouvelle confiance collective. Les militants socialistes ont réussi à mobiliser une partie de la population au service d'un certain nombre de croisades contre différentes décisions gouvernementales : la fermeture de plusieurs écoles, de foyers municipaux ou encore l'organisation de « ventes forcées » (des gros bras dépêchés par l'administration pour faire main basse sur les biens des contribuables qui ne s'étaient pas acquittés de leurs impôts).

Ces démarches d'abord dissociées, avec d'une part l'État libre de Pollok et de l'autre les germes de ce qui deviendrait le Parti socialiste écossais, fusionnèrent par la suite, aboutissant au renouvellement, parfois tumultueux, de l'esprit communautaire. Je me souviens d'une réunion publique à l'hôtel de ville, où un élu conservateur avait tellement peur de ses administrés qu'il s'était mis à gribouiller une feuille de papier pour détourner l'attention de ses mains qui tremblaient.

Plutôt que de courber l'échine, les habitants se sont mis à occuper les terrains publics et les foyers voués à la destruction, en s'opposant à la fermeture de salles de classe. L'une des écoles qui devaient être passées au bulldozer était la mienne, ainsi qu'une autre cinq kilomètres plus loin. Trois collèges dans un rayon de trois kilomètres devaient être rasés.

Enhardis par ces mouvements localisés, les enseignants, le personnel et les élèves engagés dans le processus de consultation ont suggéré que deux des collèges avaient besoin d'une remise à neuf et que leur fermeture provoquerait un séisme dans le quartier. En définitive, les gamins allaient devoir s'entasser dans un bâtiment beaucoup plus petit et éloigné de chez eux. L'école principale du quartier voisin, Penilee, serait fermée elle aussi mais avant cela, elle allait fusionner avec un autre établissement. Parmi les solutions proposées : convoyer les élèves en taxi d'une école à l'autre pendant les pauses récré pour qu'ils puissent assister au cours suivant cinq kilomètres plus loin – il y avait de quoi rire. Les enfants avaient déjà d'énormes difficultés à se concentrer, ils n'avaient pas besoin de cela pour rater leur scolarité. Les parents et le personnel éducatif se sont opposés avec virulence à ce projet absurde, convaincus qu'ils réussiraient à arracher des concessions à l'administration locale.

Progressivement, les militants se sont substitués aux autorités municipales et ils ont pris les manettes du pouvoir via des élections ou des occupations de locaux. Non seulement ils étaient à l'origine d'un nouveau niveau de conscience citoyenne qui inspirait toutes les générations à Pollok, mais ils proposaient aussi un programme d'activités estivales, des concerts avec des musiciens de la région, des tournois de foot qui rassemblaient les jeunes en gommant les rivalités territoriales. Subitement, Pollok se réveillait et la jeunesse des quartiers qui avait été abandonnée par les gouvernements successifs se mobilisait à nouveau. La qualité de vie était en net progrès, pas parce que l'argent coulait à flots – loin de là –, mais parce que les habitants prenaient enfin leur existence à bras-le-corps. La vie reprenait du sens et l'ambiance s'améliorait, même si rien ne changeait au niveau des conditions matérielles.

Malgré ces trois décennies de lutte collective, le projet de voie rapide a tout de même suivi son cours, poussant les deux camps à l'affrontement direct. Dans un coin du ring, la force de frappe de l'État, soutenu par les multinationales. En face, un mélange hétéroclite de végétariens, d'écolos, de socialistes, d'anars, d'alcooliques et de toxicomanes repentis. L'épreuve de force qui s'annonçait était considérée comme une bataille où se jouait l'âme de la communauté.

Pour citer Colin Macleod : « Les gars, c'est un message pour tous les gens du coin. On sait que les regards sont braqués sur nous, alors on essaie d'attirer l'attention, d'informer le public sur ce qui se passe ici et sur ce qu'on essaie de protéger. »

Le texte qui suit est un extrait du carnet de bord de Paul Routledge, où il parle de la nuit qui a précédé l'arrivée des pelleteuses :

> Des types coiffés de dreadlocks ou de crêtes à la punk, ou carrément le crâne rasé, côtoient des kilts, des t-shirts *tie and dye* et des « fringues ethniques » des quatre coins du globe, Inde, Népal, Guatemala. Des musiciens se lancent au pied levé dans un air emprunté au folklore celtique. L'impatience vient se mêler à la fumée du feu de bois et au vent hivernal. Les quatre voitures qui

approchent de l'État libre doivent être enterrées, moteur en bas, dans le fond de la tranchée de la M77, à côté des cinq premières. Une fois les voitures en place, nous y mettrons le feu et des slogans seront peints sur les carcasses carbonisées, elles nous serviront de totems. Au milieu des klaxons, des sifflets et des hourras de la foule, les voitures font leur entrée. Elles sont garées à la queue leu leu à côté d'un arbre au sommet duquel claque l'étendard royal d'Écosse. Les gens se mettent en marche, direction le site d'enfouissement, et l'orchestre se déchaîne, cornemuses, cors, tambours, sifflets et cris – une vraie cacophonie.

Nous voici devant la tranchée ; les voitures sont descendues l'une après l'autre dans les tombes creusées à leur intention, capot en avant. Prises dans une gangue de terre et de pierres, elles sont plantées à la verticale dans les fondations de la route. Un cri d'enthousiasme s'élève de la foule à l'instant où un adolescent qui vient de Pollok, le quartier tout proche, balance un caillou à travers la portière côté conducteur, brisant la vitre. Un résident de l'État libre s'arme d'un marteau et fait voler le pare-brise. Une nouvelle ovation. Nous sommes un organisme qui se met au diapason du rythme viscéral des tambours. Nous tirons de la joie de cet enterrement, car les véhicules symbolisent notre résistance aux conséquences environnementales du tout-bagnole et de la construction de la M77. Nous versons de l'essence sur les voitures, nous y mettons le feu. Des cris de joie remplissent l'air, on reconnaît le dialecte de Glasgow, l'anglais de Londres, l'accent australien, suédois, américain. Des gens dansent dans la lumière du feu, leur ombre projetant des arabesques joyeuses sur la route : nous dansons le feu, nous devenons le feu, nous bougeons comme les flammes.

Lorsque le cortège de pelleteuses, de rouleaux compresseurs et de tracteurs s'est ébranlé vers l'État libre de Pollok, le jour où la construction de la M77 a commencé, il a croisé sur son chemin des voitures carbonisées, à demi enfouies, comme autant de pierres tombales. Cette nécropole n'était pas qu'une allégorie éloquente, c'était aussi un avertissement : les résistants comptaient se battre jusqu'au bout. Les autorités avaient prévu le coup, les engins de chantier étaient escortés par les forces de police et par les agents d'une société privée. Apprenant qu'il y avait du grabuge au campement, les habitants qui avaient pris part à la protestation se sont précipités pour prêter main-forte, dans la mesure de leurs moyens, à leurs camarades de lutte.

Mais l'après-midi venu, les brutes épaisses envoyées par le gouvernement avaient arraché, littéralement, les habitants de Pollok à leur propre terre ; la majeure partie des manifestants avait été jetée dans les fourgons de la police, puis au fond d'une cellule. La révolte devait être matée ; l'existence de ces gens, leur expérience et leur parcours, tout cela était considéré comme un obstacle au progrès – un progrès à sens unique, à la seule destination de ces citoyens qui votaient encore pour les partis traditionnels, vivaient en banlieue et n'appréciaient ni les embouteillages ni les itinéraires bis pour leurs trajets quotidiens.

Ce jour-là, l'État libre de Pollok a été écrasé. Pas par un ennemi juré, mais par des gens qui prétendaient agir dans son intérêt. La M77, la fermeture des foyers municipaux, des écoles ou des autres services : les autorités locales, tout en assurant le contraire par-devant, avaient décidé en coulisse le démantèlement des services publics – parce qu'elles croyaient détenir la solution. Dans le clash des idéologies, quand les désirs de la classe moyenne vont à l'encontre des besoins des habitants, il y a toujours un gagnant et un perdant.

Moins de dix ans plus tard, le mouvement socialiste d'Écosse, lancé à Pollok, serait dissous. Une quantité phénoménale de foyers municipaux seraient fermés, démolis ou ravagés par un incendie aux causes mystérieuses. Les trois établissements scolaires de mon quartier, Bellarmine, Penilee et Crookston Castle, connaîtraient le même sort mais avant, mon ancienne école connaîtrait l'humiliation suprême de se voir renommée « Annexe de l'école Penilee » – un coup bas probablement décidé par un vieil aigri. De toute évidence, notre culture ne méritait pas qu'on la préserve. Ce n'était qu'une culture par défaut, tout compte fait. On était gentils, avec nos idées farfelues sur la gestion du quartier, ou même sur le nom qu'on voulait donner aux bâtiments qu'on occupait. La participation citoyenne, ce n'est pas le peuple qui fait entendre sa voix ; c'est le troupeau qu'on pousse vers une destination définie par avance, décidée derrière des portes hermétiquement closes.

Restait à effacer du paysage le Pollok Centre qui, comme l'avaient prédit Macleod et quelques autres, s'était transformé en un temple du consumérisme où l'on raclait les poches des clients grâce à un marketing agressif tout en imposant aux employés des salaires dérisoires et des conditions de travail médiocres. Il fallut peu de temps avant que la nouvelle tombe : notre bon vieux centre commercial allait baisser le rideau et de nouvelles voix se sont élevées pour proposer à la place une galerie marchande flambant neuve, à l'américaine, où les boutiques de vêtements de marque se mêleraient aux bijouteries, restaurants et cafés.

Les habitants du quartier se sont frotté les mains quand ils l'ont appris : enfin, Pollok allait être identifié à quelque chose de rutilant, haut de gamme, respectable. Leur lieu de vie avait été longtemps, trop longtemps, associé à l'idée de déclassement. Peut-être que cette nouvelle structure, aussi vaste qu'une petite ville, qui devait être édifiée à grand renfort de millions à la sortie de la nouvelle voie rapide – sur l'emplacement d'une des écoles rasées –, dessinerait une nouvelle image de Pollok dans l'esprit de l'opinion. Grâce à cette galerie marchande dernier cri, le quartier serait à nouveau considéré comme une zone propre, sûre, ouverte vers l'avenir et dotée d'un fort potentiel ; Pollok tournerait enfin le dos à son passé peu glorieux. Peut-être que les gens y flâneraient, au lieu de le traverser à pas nerveux. Ce serait un endroit à visiter, on n'aurait plus honte de dire qu'on avait mis les pieds à Pollok.

La galerie marchande fut baptisée « Silverburn », peut-être un clin d'œil ironique aux caddies couleur argent qu'on trouvait échoués sur les berges du fleuve. Silverburn, un village de consommateurs surgi du néant et surimprimé sur un paysage défiguré, venu apporter une réponse aux besoins shopping de banlieusards friqués qui pouvaient à présent faire un tour chez nous sans avoir à l'admettre, et même sans savoir qu'ils se trouvaient à Pollok. La gentrification, c'est très bien, mais chez les autres : quand c'est votre histoire et votre culture qu'on réduit à néant, cela laisse un goût amer dans la bouche.

Très vite, ce nouveau lieu voué à la consommation de masse, où une grosse partie des habitants du quartier allaient gagner et claquer leur argent, a bénéficié d'une publicité qui allait au-delà des espérances de Pollok. Au bout de deux ou trois ans, un cinéma multiplexe et une aire de stationnement supplémentaire sont venus élargir l'offre. Silverburn est devenu la fierté de Pollok. Dommage que les principaux intéressés aient été sabrés de cette success-story. La polarité politique du quartier s'est inversée en l'espace de dix ans et, à l'endroit même où des gens s'étaient battus pour empêcher la dégradation d'un espace vert unique, circulaient des pétitions réclamant l'ouverture d'un McDonald's.

La seule trace qui subsiste de notre héritage culturel se résume à une petite exposition de photos sur le mur devant les toilettes ; elle relate l'histoire du Pollok Centre. Nulle part il n'est fait mention de Colin Macleod.

10. Vol au-dessus d'un nid de coucou

Grandir dans un quartier comme Pollok, c'est une expérience qui vous marque à vie, à tous les niveaux. C'est le mental qui prend les coups les plus violents, en particulier à cause du stress émotionnel, facteur clé dans le façonnage des pensées, des émotions et du comportement. Le stress émotionnel, avec ses contrecoups et les stratégies mises en place tout au long de la vie pour le surmonter, est l'un des aspects les plus négligés du dénuement matériel. Pourtant, il agit comme moteur d'un certain nombre de choix liés au mode de vie et au comportement, avec des répercussions diverses : mauvaise alimentation, dépendances, troubles mentaux, maladies chroniques. Certains consacrent toute leur énergie à essayer de rompre avec des habitudes qui les tuent à petit feu. Mais leurs efforts tombent à l'eau parce qu'ils ignorent le rôle que joue le stress dans leur propension à l'autosabotage.

Ce serait un non-sens d'étudier les pratiques des classes populaires et d'en tirer des conclusions, et encore plus de légiférer dessus, sans se pencher d'abord sur le facteur stress et les problèmes dont il est la cause directe (suralimentation compensatoire, tabagisme, dépendance au jeu, alcoolisme, toxicomanie, recours à l'agressivité ou à la violence...). Ceux parmi vous qui ne fréquentent pas, ou peu, les personnes issues d'une catégorie moins favorisée peuvent se sentir démunis face à ces troubles. Moi-même je trouve ces comportements incompréhensibles alors que je les ai presque tous pratiqués, jusqu'à l'écœurement. Mais ces pratiques, nocives sur le long terme, offrent un bref répit aux malheureux torturés par le stress émotionnel, l'angoisse ou le sentiment d'une catastrophe imminente ; elles leur donnent l'illusion, un bref instant, d'avoir les choses en main. Ce surmenage psychologique, qui finit par éroder la volonté, déclenche des envies, des pulsions et des contraintes auxquelles il devient impossible de résister. Le stress est un mal qui frappe sans discrimination sociale, j'insiste beaucoup là-dessus. Loin de moi l'idée de minorer ou d'étouffer les soucis dont sont victimes les personnes issues des milieux aisés, et je ne dis pas non plus que la classe moyenne n'en souffre pas. Mais le stress émotionnel, qui entrave le développement, abîme la santé, sape la mobilité sociale et influe sur le comportement, causant des ravages sans commune mesure au sein des classes laborieuses. Ce phénomène doit être reconnu.

Il y a le « bon stress », qui peut servir de catalyseur et motiver les troupes ou provoquer une gêne passagère. Ce n'est pas ce qui nous occupe ici : celui qui vit dans la précarité, qui a peut-être subi des sévices enfant, celui-là, le stress le dévore de l'intérieur : c'est un brouillard dans lequel il patauge en permanence et qui assombrit chaque aspect de sa vie. Il n'en existe pas de définition médicale précise. Pour faire simple, c'est le corps qui réplique face à ce qu'il perçoit comme un danger psychologique ou émotionnel. Se croyant agressé, l'organisme modifie sa composition chimique et libère hormones et autres substances qui faciliteront le passage à l'acte. Ce processus se déclenche automatiquement, à un niveau inconscient, et avait déjà cours chez notre ancêtre, l'homme des cavernes. En l'espace de plusieurs milliers d'années, les causes du stress ont changé, mais pas la réaction instinctive de notre organisme : les muscles sont irrigués par un afflux de sang, une montée d'adrénaline modifie la prise de décision. Le stress altère également la gestion des réserves d'énergie car, en cas d'émotion intense, l'organisme stocke de la graisse au niveau du ventre pour la brûler une fois que la menace aura disparu. Mais, quand on survit dans des conditions extrêmes, de celles qu'on associe à la pauvreté, la menace est toujours présente et on reste sur le qui-vive, mentalement et physiquement. Alors le stress bouleverse irrémédiablement notre physiologie.

J'ai fait connaissance avec le stress et ses ravages au Centre Notre-Dame, dans le West End. Fondé en 1931 à la demande de parents, d'éducateurs et de professionnels de l'enfance, le centre proposait un suivi psychologique aux gamins et aux adolescents en détresse. Les séances duraient près d'une heure mais semblaient filer à toute vitesse. Je me présentais à la porte, où j'étais accueilli par Moira, une femme aussi aimable que chaleureuse.

En un sens, elle me rappelait les dames de la cantine : elle donnait toujours l'impression d'être contente de me voir et il nous arrivait souvent de reprendre le fil d'une conversation interrompue la fois d'avant. Je signais le registre et elle me félicitait pour mes activités récentes, dont elle n'avait pas manqué de se tenir informée. Mes apparitions médiatiques se faisaient de plus en plus fréquentes, on m'invitait à la radio pour que je m'exprime sur la pauvreté. J'avais à présent deux raisons de me rendre dans le West End et ce coin de Glasgow n'était plus une terre inconnue.

Dans la salle d'attente un transistor était calé sur une station qui diffusait des tubes populaires, et des gamins accompagnés soit d'un proche, soit d'une assistante sociale, tuaient le temps en feuilletant des magazines de déco. On n'avait pas la sensation d'être dans une salle d'attente classique. À tout moment, ça pouvait dérailler. Parfois on croisait un adulte, sans doute un éducateur, qui tirait par le bras le gosse dont il avait la charge, en pleines tractations. À d'autres moments, des hurlements ou un tumulte se faisaient entendre dans la pièce voisine et on voyait un jeune bouleversé sortir en trombe. Pas souvent mais quand cela arrivait, personne n'avait l'air de s'en formaliser. Le personnel était habitué à cette ambiance et, de toute évidence, gérer des mineurs traumatisés présentant des troubles mentaux complexes, c'était dans leurs cordes. Assis sur ma chaise, j'attendais en tapant du pied que Marilyn, ma psychologue, m'appelle. D'ordinaire la séance se tenait dans une pièce tranquille, à l'éclairage tamisé, au premier étage. De taille moyenne, Marilyn avait des cheveux bruns qui rebiquaient au niveau des épaules, les yeux pétillants et le sens de l'humour. Elle m'a mis à l'aise dès la première séance. Si mes souvenirs sont corrects ma tante était là aussi mais, par la suite, je suis allé au Centre Notre-Dame seul.

L'objectif initial de Marilyn a été de remonter à la source de ma colère. Elle m'a demandé de lui montrer à quel niveau je la situais et quelles sensations l'accompagnaient – s'il y en avait. Je n'ai pas hésité une seule seconde : j'ai posé la main droite sur ma poitrine et j'ai décrit ma colère sans la moindre ambiguïté comme une « boule de feu ». 2001 ne m'avait pas ménagé et, à la maison, la situation était intenable. Mon père et moi, on était en froid, d'où ma surprise quand il m'a appelé au début du mois de mars. Une conversation vite bouclée, tendue, pour m'informer que ma mère n'allait pas bien et qu'on l'avait hospitalisée. Difficile d'en tirer plus, car notre relation avait atteint une impasse. Et le fait que ma mère soit une menteuse invétérée qui s'inventait souvent des maladies et des problèmes pour justifier son instabilité n'arrangeait pas les choses. Les rares fois où elle avait décroché son téléphone pour nous appeler elle était soûle et en fin de compte j'avais refusé de lui parler, point barre. Avec le temps je m'étais adouci, notamment grâce à mon père qui m'encourageait à entretenir le lien, même s'il m'arrivait de protester et d'essayer de convaincre mes frères et sœurs de suivre mon exemple. Un peu avant que mon père me foute à la porte, elle a appelé, sans qu'on s'y attende. Pour la première fois depuis des années, elle donnait l'impression d'être sobre.

Curieusement, au moment de son coup de fil, j'étais dans la chambre de mon père et je travaillais sur une chanson qui parlait d'elle. Elle a paru intéressée et ça m'a fait rudement plaisir parce que le reste du temps elle s'en contrefoutait. Elle m'a même posé des questions sur mon morceau. Je lui ai dit que je ne voulais pas vendre la mèche mais que je le lui ferais écouter dès qu'il serait fini. Dans cette chanson, je racontais mon enfance avec une mère qui levait le coude du matin au soir, mais sans méchanceté, ni sur le mode revanchard. J'avais commencé à la considérer comme une personne malade, pas malveillante, et ça a représenté un bond énorme pour moi. J'avais passé des années à maudire son nom, et même à souhaiter sa mort, et j'étais depuis quelque temps dans une démarche d'empathie, de pardon, ce qui me remplissait d'espoir – l'espoir de sauver notre relation. Mon rêve, c'était de l'aider à décrocher mais elle ne m'en a pas laissé le temps : elle est décédée avant la fin du mois.

À l'hôpital, comme personne ne savait de quoi elle souffrait vraiment et que la tension était à son paroxysme entre mon père et moi, on nous a interdit l'accès à sa chambre. Plus tard on nous a expliqué qu'elle souffrait d'une cirrhose au stade terminal, qu'elle délirait complètement et qu'elle ne nous aurait pas reconnus. Piètre consolation. Pour ma part j'aurais préféré la voir, même si ça m'aurait tordu le bide, pour poser les yeux sur elle une dernière fois avant son départ. J'étais son fils, j'en avais parfaitement le droit, et j'étais bouleversé qu'on me refuse l'opportunité de tenir la main de ma mère sur son lit de mort.

À vrai dire, j'avais la rage.

À l'écoute de mes besoins, Marilyn m'a appris à gérer des émotions puissantes, la colère par exemple, au lieu de les fuir lorsqu'elles remontent à la surface. Elle m'encourageait à les affronter à mesure que je les sentais monter en moi. Elle m'a aussi aidé à remettre dans leur contexte ces remous émotionnels en identifiant leur origine, et en me rappelant que j'étais capable de me détacher des pensées qui me venaient à l'esprit – surtout des pensées suicidaires. J'ai continué à me rendre au Centre Notre-Dame et à assimiler ces techniques ; en parallèle j'ai commencé à avoir des flash-backs et des souvenirs ont refait surface. Certains étaient flous, difficiles à confirmer – je pense à celui où je me suis vu pendu par la fenêtre de ma chambre en pleine nuit, quelqu'un me tenait par les jambes. J'ai vécu le temps passé en compagnie de Marilyn comme un périple au cœur de mon inconscient et j'en ai exhumé pas mal de choses que j'ai essayé de noyer dans l'alcool les dix années suivantes.

Un souvenir parmi tant d'autres : ma mère m'envoie chercher des cigarettes chez sa mère à elle, qui vit dans le bâtiment d'en face, alors que le vent souffle en rafales. Je lui dis que j'ai peur de sortir à cause de la tempête qui se déchaîne dehors. Deux minutes plus tard je me retrouve au pied de l'immeuble, où il y a des courants d'air même par beau temps. Je risque un coup d'œil à l'angle du mur et je vois des voitures tanguer, secouées par les bourrasques. Malheureusement, je n'ai d'autre choix que d'aller les chercher, ces foutues cigarettes, alors je brave les assauts du vent et je m'aventure sur l'esplanade qui me sépare de chez ma grand-mère. J'avance, affrontant la tempête. Une force indomptable me pousse dans le dos et je crève de trouille, j'ai peur de m'envoler, et malgré tout je mets un pied devant l'autre. Je fais la bêtise de me mettre à courir, dans l'espoir d'arriver plus vite, le vent me soulève de terre et me projette sur la dalle en béton. Je fais plusieurs roulades, mon blouson se déchire, je me retourne pour appeler ma mère à l'aide et là je la vois avec son mec du moment, ils me regardent, morts de rire. Pendant des années j'avais enfoui cette scène atroce dans un recoin sombre de mon cerveau et soudain, des fragments ou des séquences complètes comme celle-là, prenaient ma conscience d'assaut. Des bribes de souvenirs qui s'apparentaient à des cauchemars s'insinuaient jusqu'au premier rang de mes préoccupations, s'accompagnant de questions douloureuses et de turbulences intimes.

Un autre flash-back tournait autour de notre vieille chienne, Kelly, fauchée par une moto. Le soir de l'accident mon père l'avait enterrée au fond du jardin. Ma mère était terrassée par le chagrin. Le lendemain, après une nuit entière passée à s'alcooliser, elle était ivre morte, et toujours inconsolable. Elle est sortie de sa chambre, marmonnant des propos incohérents et elle a tourné en rond dans le salon avant de partir d'une démarche titubante dans le jardin où, sous nos yeux horrifiés, elle a entrepris de déterrer Kelly à mains nues. Elle s'est tournée vers nous, les bras tendus, elle m'a supplié de l'aider puis elle a enfoncé ses doigts graciles dans la terre, sous le regard interloqué des voisins. Comment ai-je pu effacer une scène pareille de ma mémoire ? En même temps, quand on pense au choc que peut provoquer la seule lecture de ces lignes, on imagine sans peine ses répercussions sur un gamin qui y assiste en direct. Un enfant n'a pas les outils qui permettraient de traiter ce genre d'images et le cerveau les envoie tout droit au service des archives pour les examiner à une date ultérieure.

Très vite, Marilyn a compris que la mort soudaine de ma mère était loin d'être l'unique déclencheur et que mes problèmes psychologiques s'expliquaient aussi par tout ce qu'elle m'avait fait vivre de son vivant. J'ai continué à la voir, par intermittence, pendant un an. En 2002, elle m'a adressé au Firestation Project : un service qui proposait une « aide au logement pour les jeunes adultes en situation de précarité, âgés de 16 à 25 ans, sans domicile ou qui risquent de se retrouver à la rue ». Je collais parfaitement à ce descriptif : je squattais chez des amis, des membres de ma famille ou, de plus en plus souvent, chez ma petite amie – même si notre relation, à peine entamée, partait déjà à vau-l'eau. Marilyn voyait le Firestation Project comme une solution pour m'aider à focaliser mon énergie sur l'épreuve psychologique que je traversais. Le souci du logement évacué, je serais mieux armé pour affronter les problèmes liés à mon entrée dans la vie adulte et les répercussions de mes nouvelles expériences.

Marilyn a eu une influence fondamentale sur le cap qu'a pris ma vie et cette influence ne s'est jamais estompée. Sans son intervention, je doute que j'aurais été capable de développer la lucidité nécessaire pour prendre assez de recul, sortir de mes schémas de pensée tordus et examiner mon stress à la loupe. Elle m'a équipé de nouveaux yeux et de nouveaux outils, comme la méditation, qui m'aident concrètement à comprendre et à réguler mes émotions. Elle était un roc auquel je me suis raccroché dans les moments difficiles et j'ai toujours pu compter sur elle, comme j'ai pu compter sur ma grand-mère paternelle. Malgré un rythme de vie de moins en moins régulier, je ratais rarement mes rendez-vous et, quand je sortais d'une séance, je me sentais revigoré, galvanisé, et je dois dire que j'étais très attaché à Marilyn. C'était mon alliée ; elle me soutenait, m'entendait, me comprenait. Notre relation me rendait plus fort, plus apaisé et mieux armé pour faire face au monde et à cette angoisse handicapante. Cependant, et sans rien enlever au mérite de Marilyn, c'était une professionnelle de l'aide à l'enfance, payée par une association de service public.

Jusque-là je n'avais fait appel aux aides de l'État que de façon ponctuelle, mais maintenant que j'étais à deux doigts de me retrouver à la rue, j'allais devoir passer aux choses sérieuses.

11. Le conte de deux cités

Il y a mille façons de finir à la rue. Cependant, deux des éléments récurrents dans le parcours des sans-abri, comme chez les détenus, sont la désagrégation de la cellule familiale et les troubles mentaux. La maltraitance, la toxicomanie et la désocialisation sont souvent étudiées isolément mais les professionnels qui travaillent au contact des SDF, des drogués ou des victimes de sévices vous le diront, ces problèmes sont souvent intimement liés.

Je me suis retrouvé à la rue à l'âge de 18 ans, au terme d'une dépression provoquée par la mort prématurée de ma mère, fauchée à 36 ans par l'alcool et la drogue. Elle s'était elle aussi retrouvée à dormir dehors peu de temps avant son décès. Si nos trajectoires ont été similaires, je pense que c'est parce qu'elles s'enracinent dans des dysfonctionnements familiaux. Dans des conditions de stress intense, les familles vulnérables se disloquent et les gens finissent sur le trottoir. Et quand on se retrouve livré à soi-même, c'est le hasard qui décide de nos fréquentations. Pour ma part, j'ai eu la chance d'être adressé à une structure subventionnée, le Firestation Project, où j'ai vécu trois ans, et je n'ai jamais été abandonné à mon sort. La vie au sein du Firestation Project n'avait rien à voir avec la vie ordinaire. Il y avait toujours un membre de l'équipe dans les parages, parfois plusieurs, pour vous mettre un bon coup de boost. Le bureau du personnel était rarement vide. La structure occupait un immeuble de trois étages qui se dressait dans l'ombre des tours d'habitation. J'avais un appartement au dernier étage et par les fenêtres, qui donnaient sur une rue animée, j'entrevoyais un petit bout du panorama qu'offrait Glasgow derrière les bâtisses sur le trottoir d'en face. Au rez-de-chaussée se trouvait la salle commune, où j'ai passé l'entretien préalable à l'attribution d'un logement, un espace fabuleux mais très peu utilisé en dehors de la réunion mensuelle des locataires – vingt-cinq minutes durant lesquelles on nous forçait à sortir de notre isolement et à tolérer les autres, d'où certaines tensions. Un téléphone à pièces était mis à notre disposition devant la salle commune mais l'appareil était presque toujours HS – un résident l'avait fracassé dans un accès de fureur, un autre l'avait fracturé pour y récupérer la monnaie. Tout en bas du long escalier en colimaçon, sur la gauche, les membres de l'équipe avaient leurs appartements et leurs bureaux.

À l'époque, on avait l'impression que l'argent coulait à flots. On peut aussi penser que l'administration était moins regardante sur la façon dont les services sociaux géraient leur budget. Je me souviens que j'étais resté scotché quand on m'avait énuméré toutes les aides auxquelles j'avais droit. Avant d'emménager dans le foyer j'avais fait des petits boulots en intérim : commis de cuisine ou animateur de bingo au Pollok Centre. Mais plus mon équilibre mental se détériorait, plus j'avais du mal à garder un travail. Je finissais toujours par me laisser dévorer par l'angoisse et je restais enfermé chez moi tellement j'avais peur de parler aux gens.

Quand j'ai posé mes valises au Firestation Project, j'ai d'abord rencontré les personnes en charge de mon dossier pour une évaluation d'ensemble qui a servi à identifier la nature de mes problèmes. Santé mentale et physique, revenus, dépenses, tout a été passé au crible. En moyenne la durée d'un séjour dans cet endroit ne dépassait pas les deux ans – moi, j'y suis resté presque trois. Toute l'équipe s'est activée pour déterminer les prestations qui correspondaient à mon profil et me procurer une source de revenus. La stratégie : adresser des demandes partout où il y avait moyen de gratter. Quelques semaines plus tard je touchais des aides et une allocation logement – je n'étais donc plus obligé de chercher un job – et j'attendais l'issue de la demande d'allocation invalidité, ce qui prenait beaucoup plus de temps. Dans mon souvenir je n'ai rempli aucun formulaire, on me les a simplement apportés pour que je les signe et les démarches ont été conduites en mon nom.

Les membres de l'équipe du Firestation Project me rappelaient Marilyn. Investis dans leur métier, accordant de l'importance à chaque locataire. Influences positives dans mon parcours, ils m'ont encouragé à développer mes talents tout en me mettant face à mes problèmes et ils n'hésitaient pas à me botter les fesses si nécessaire. Encore aujourd'hui je suis sidéré par le temps et l'énergie qu'ils m'ont consacrés, car à certains moments ils ne savaient plus où donner de la tête. Un mois à peine après mon arrivée je suis parti à l'étranger : l'association nous organisait nos vacances et j'ai pu en payer une partie, grâce à ma grand-mère, mais aussi grâce au Centre Notre-Dame qui s'est proposé de doubler la somme que j'avançais. J'avais moins d'argent que les autres, mais ça me suffisait. Je ne connaissais personne et j'étais encore en phase d'adaptation. Je crois qu'on était une dizaine et, dès la fin de la première soirée, on faisait des roulades sur la plage, on se bagarrait, on se gueulait après dans les hôtels ou au bord de la piscine jusque tard dans la nuit, et on buvait, beaucoup trop, alors qu'il faisait une chaleur d'enfer. La semaine n'était pas terminée que j'avais déjà envie de rentrer. J'ai assez vite pris conscience que je côtoyais des gens qui n'étaient pas très nets dans leur tête mais je ne me suis pas dit que moi non plus, je n'étais pas très net. J'essayais de faire croire que j'étais le moins déglingué de la bande. Quelques semaines plus tard j'ai acheté mon premier paquet de cigarettes, avant la fin de l'année je buvais un jour sur deux.

À ce stade je touchais plusieurs centaines de livres par semaine et j'avais reçu deux gros versements de l'allocation invalidité, des arriérés parce que le traitement de mon dossier avait pris plus d'un an. Rien qu'avec ces deux versements, j'en avais pour quasiment 5 000 £. Je n'avais jamais vu autant d'argent de toute ma vie. Je me rappelle avoir raconté à ma famille que ça venait des ventes de mon premier album (subventionné par le Prince's Trust, l'organisation caritative du prince Charles) parce que je ne voulais pas qu'ils sachent que je touchais l'allocation invalidité. J'avais trop honte. À chaque fois que je les voyais, j'essayais de me hausser du col et je minimisais mes problèmes.

C'est au foyer que j'ai acheté de l'alcool pour la première fois, simplement pour en avoir sous la main. Sur le moment je me suis dit que j'avais franchi une ligne, je m'en souviens très nettement, mais je l'ai vite zappé de mon cerveau. J'ignorais à l'époque que c'est là l'une des caractéristiques de la dépendance : refuser de voir la réalité en face et remettre toute décision à plus tard. Ce jour-là, si j'ai acheté de l'alcool, ce n'était pas pour le consommer mais pour l'avoir à côté de moi, comme un ami. Plus tard, c'est dans ce logement que je goberais mon premier cachet d'ecstasy, que je roulerais mon premier joint, que je goûterais à mon premier Valium.

Quand j'ai quitté le Firestation Project, j'étais ivre mort un jour sur deux et je me gavais de puissantes substances tranquillisantes (benzodiazépines, nitrazépam, kétamine) en plus des drogues récréatives comme l'ecstasy, la cocaïne et le speed. Et même si je bénéficiais de tout un tas d'aides sociales, même si mon loyer était pris en charge (versé directement au propriétaire), j'étais incapable de mettre assez de côté pour régler des factures de 5 £ pour le gaz ou l'électricité. Ma situation financière avait été stabilisée grâce à l'équipe du Firestation Project mais ma vie a très vite sombré dans le chaos à cause de mes excès. Étonnamment, personne à l'époque n'a mis le doigt sur le problème que j'avais avec l'alcool, ni les gens du foyer ni les professionnels de santé. Ni moi, d'ailleurs. À ce stade, ma consommation n'était un secret pour personne. Je ne comprenais tellement rien à ce qui se passait que je n'ai pas réfléchi aux répercussions dans ma vie. J'étais dans le déni et je ne voyais pas en quoi cela posait problème. Je présentais des symptômes qui collaient parfaitement avec un diagnostic de trouble mental et ce sont ces symptômes qui ont reçu toute l'attention des gens qui suivaient mon dossier.

Je consultais un psychologue, un psychiatre, un spécialiste en thérapies cognitives, deux assistantes sociales et un spécialiste en programmation neurolinguistique. Je présentais un large éventail de manifestations qui évoquaient des désordres psychologiques – dépression aiguë, troubles bipolaires, voire schizophrénie – mais personne n'était capable de trancher. Il m'arrivait d'avoir des hallucinations, d'entendre des voix, d'être paralysé dans mon sommeil et de faire des cauchemars horribles dont j'étais incapable de sortir. Comme je touchais l'allocation invalidité et faisais l'objet de toutes les attentions, j'ai commencé à me percevoir comme un malade qui souffrait de graves problèmes échappant à tout contrôle. Cette sensation s'est prolongée bien au-delà de mon séjour au foyer et, après une année d'abus en tous genres, je me suis de nouveau retrouvé à la rue. Au lieu d'admettre que j'avais un problème avec certaines substances, je suis devenu obsédé par cette histoire de maladie mentale. Et j'étais bien malade – mais pas dans le sens où je l'envisageais.

Un ami a accepté de m'héberger, sauf que son appartement ressemblait plus à un squat qu'à un logement digne de ce nom : il dormait sur son canapé et se servait d'une seule pièce – dans les autres s'accumulait tout un bric à brac qui prenait la poussière. Un soir, j'étais au salon en train de boire avec deux ou trois potes quand on a frappé à la porte. Un autre membre de la bande. Il avait un peu forcé sur la poudre mais il faisait partie de ces camés qui arrivent à donner le change au quotidien, un talent que je lui enviais. Capable de s'envoyer deux ou trois grammes de cocaïne et de se lever le lendemain matin pour aller bosser, frais comme un gardon. Il avait dû se lasser de la sniffette et décider de passer à la vitesse supérieure, du coup il se pointait avec quelques grammes en demandant à notre ami commun – un héroïnomane qui essayait de décrocher – de lui montrer comment obtenir du crack. Le pote ne s'est pas fait prier. À ma grande surprise il en a même fumé, alors qu'il racontait partout qu'il avait renoncé aux drogues dures. Avant que je capte quoi que ce soit, une pipe circulait et tout le monde tirait sa taffe. La pipe passait de main en main, j'ai commencé à paniquer : j'allais franchir une autre ligne, cette fois-ci en touchant à une drogue plus dure que celles que j'avais essayées jusque-là. J'avais entendu parler du crack, du flash qu'il procurait au moment de la prise, mais aussi de la dépendance qui allait avec. Étant donné que j'étais devenu accro à toutes les substances que j'avais testées, du sucre raffiné à la kétamine, les chances de m'en tenir à cette seule et unique fois étaient infiniment minces.

Je buvais à petits coups d'un air flippé, en essayant de camoufler ma terreur devant mes potes, tous beaucoup plus âgés que moi. Ce qui m'angoissait au plus haut point, c'était ce sentiment d'impuissance. Si on me tendait la pipe, je serais incapable de dire non, je le savais, alors même que ça ne me tentait pas vraiment. J'ai pensé à ma mère et à ces endroits dans lesquels elle se terrait pour boire ou se piquer. J'ai pensé à ces aspects glauques de sa vie, aux lignes que tant de gens franchissaient à cette époque. Subitement j'ai compris que je me trouvais dans la même situation. C'était exactement comme ça que les futurs toxicos entraient en contact avec les drogues dures. Pas dans un immeuble sombre, infesté de rats, mais dans la chambre d'une personne qu'ils considèrent comme un ami. Les gens ne se réveillent pas un matin avec une folle envie de crack ou d'héroïne, ce sont ces substances qui déboulent sur leur chemin, via le cercle qu'ils intègrent quand ils ont des soucis personnels. Souvent ce sont des personnes auxquelles ils sont profondément attachés qui leur donnent la drogue qui va les tuer. Dans leur cas, ce n'est pas la drogue le problème, c'est la souffrance intime. Entre la pression exercée par l'entourage et leur curiosité naturelle, ils décident de tenter l'expérience et, pour une grande partie d'entre eux, l'expérience deviendra une habitude. Il y avait dans cette situation quelque chose d'irréel : je me sentais à la fois pleinement conscient de l'enjeu et incapable, malgré tout, d'y résister. Heureusement, un miracle s'est produit au moment où j'allais prendre la pipe : on a sonné à la porte. Dans un mouvement de panique, tout le monde a planqué le matos.

Ce jour-là, je l'ai échappé belle. Beaucoup ne peuvent pas en dire autant. La raison pour laquelle la drogue possède un tel pouvoir de séduction, c'est qu'elle se présente à vous quand vous avez touché le fond. Facile d'égrener des banalités sur les SDF et les camés, tant qu'on ne l'a pas vécu soi-même. C'est à l'époque où je risquais de finir à la rue que je me suis trouvé exposé à toutes sortes de menaces. Malgré mes efforts et les trois années passées en foyer, la pauvreté me tenait fermement dans son étau et je n'arrivais à échapper à sa force d'attraction qu'à travers les films que je me faisais ou les palliatifs chimiques. À 25 ans, presque dix ans après mon départ de Pollok, je me transformais lentement mais sûrement en tout ce que j'avais craint et haï enfant. Où que mes pas me portent, les tours des Gorbals projetaient sur ma vie leur ombre funeste.

12. Les hauts de Hurlevent

Nous sommes le 8 mai de l'année 2016, il pleut sans discontinuer depuis le 1er et je n'ai toujours pas fumé de crack. Malgré les prévisions de la météo, le soleil se fait désirer. Il reste embusqué derrière un épais voile de grisaille alors que la foule se rassemble pour le spectacle du jour, les yeux fixés sur la tour solitaire de Norfolk Court, dans le quartier des Gorbals. Difficile d'imaginer que cette structure disgracieuse, qui s'impose à la façon d'un invité indésirable dans ce secteur fraîchement gentrifié, a pu être présentée comme un gratte-ciel de style new-yorkais qui allait révolutionner le logement social.

Le terme « gentrification » (on pourrait également utiliser ses synonymes, « embourgeoisement », « boboïsation ») s'applique à une réalité très simple : des gens qui ont plus d'argent que vous, mais pas autant que les très riches, sont accueillis à bras ouverts dans votre quartier dans l'espoir que leur présence incitera les habitants d'origine à se bouger. Imaginez, vous buvez un café équitable dans un resto végan appelé Soja & Co cerné par des bâtisses délabrées et un bambin baptisé Wagner mange du tofu à même le sol : voilà un bel exemple de gentrification. Une variante moderne de la « requalification du patrimoine bâti », ou plutôt une requalification version bobo.

Aujourd'hui nous nous apprêtons à étudier un nouvel aspect de la gentrification : la pratique qui consiste à effacer tous les indices du passé populaire d'un quartier – augmentant ainsi l'attractivité de la zone pour des résidents plus nantis. Loin de moi l'intention de verser dans le cynisme mais je suis aigri, c'est comme ça. Dans quelques instants Norfolk Court, la dernière des quatre tours du quartier des Gorbals, va faire l'objet d'une démolition contrôlée. À quelques centaines de mètres sur la gauche, les tours sœurs de Norfolk, Stirlingfauld Place et Stirlingfauld Court, ne sont plus qu'un lointain souvenir : elles ont été détruites plusieurs années auparavant. Je me sens intimement lié à ce secteur de Glasgow : c'est là que ma mère a grandi. Lorsqu'elle a quitté le foyer familial au début des années 1990, elle est revenue sur les lieux de son enfance et s'est installée à Stirlingfauld Place. Son appartement était un taudis, un vrai cliché. Quand je vois une tour, parfois, je pense à elle.

Quelques secondes avant que le signal soit donné, le calme s'empare des habitants rassemblés qui attendent. Pour certains, cette démolition, c'est la fin d'un monde : les ultimes vestiges de leur enfance sont, comme des chicots pourris, arrachés à la ligne d'horizon. Pour d'autres, c'est une pièce de théâtre urbain, une performance artistique qui marque le top départ d'une nouvelle phase de progrès social. Et pour tous les autres c'est l'occasion d'une sortie, ce qui ne se refuse pas par les temps qui courent. Il y a un certain orgueil dans cette tour qui se dresse, inébranlable, avant que son sort soit scellé, une attitude qui relève de la provocation ; comme un doigt d'honneur crânement adressé à la modernité. En dépit de sa laideur, il y a de la dignité dans cette vieille ruine qui s'attarde, oscillant entre les nuages avec une grâce muette, condamnée à expier les crimes d'un autre. Étant donné qu'ils voient les repères de leur existence gommés de la mémoire collective sans le moindre scrupule, on comprend bien pourquoi tant de gens lèvent les yeux au ciel à chaque fois qu'ils entendent parler de « requalification ». Les maisons qui les ont vus grandir, jouer, peut-être même fonder leur propre famille, sont souvent entrées dans l'histoire comme de terribles erreurs : des verrues embarrassantes qui doivent être effacées de la morphologie urbaine.

Les explosifs sont amorcés, c'est l'affaire de quelques secondes – des cris de surprise, puis des hourras retentissent dans la foule. Tous regardent, subjugués, la structure réduite à l'état de squelette se désagréger, projetant ce qui évoque des flocons de neige, avant de s'affaisser sur elle-même à une vitesse vertigineuse. Enfin terrassée. Un épais nuage de poussière déferle vers les spectateurs. Pas étonnant que des générations entières, qui appellent « chez moi » ce qui est à présent un tas de décombres, aient intégré et perpétué dans les récits et mythes urbains le regard négatif qui est porté sur leur communauté, présentée comme un cloaque. Ils sont nombreux à croire, en toute bonne foi, que rien ne changera jamais. Quand on compte le nombre de fois où un pan de leur quartier a été détruit au cours de ce siècle, on a du mal à ne pas leur donner raison.

Pour tous ceux qui n'ont pas de racines ici, ces immeubles représentent une anomalie dans la marche du progrès social – un échec malheureux mais nécessaire, une leçon à retenir pour faire mieux la fois suivante. Une chance d'apprendre, d'innover, d'élargir son expérience. Ce genre de remarque, formulée de manière irréfléchie, peut être perçue comme une agression, et même une insulte, par les gens du coin. La réhabilitation d'une zone urbaine met en évidence la fracture entre les personnes qui considèrent cette zone comme un « projet » ou un « programme », une initiative jamais achevée ou un problème à régler, et les personnes qui vivent sur place. Évidemment, il est essentiel de rester objectif, de ne pas verser dans le sentimentalisme ; mais la réalité est implacable. Les habitants de ces quartiers n'ont ni le luxe ni le réflexe de prendre du recul par rapport à leur cadre de vie et de réfléchir en termes d'avancées sociales.

Ils sont nombreux, et c'est peu de le dire, à avoir opté pour la colère, la méfiance ou l'indifférence après avoir été dédaignés, bousculés et exclus du débat public des années durant par des organismes et des institutions qui se gargarisent du jargon stérile d'une réhabilitation urbaine imposée à la collectivité sans aucune consultation préalable. Un peu comme à l'école, où la valeur d'un élève est certes calculée en fonction de sa capacité à faire travailler sa matière grise, mais aussi et surtout à se plier aux règles : le débat public suit un schéma similaire. Il faut entrer dans le moule, ou prendre le risque d'être ostracisé. C'est le sentiment, en tout cas, d'une majorité – celle des exclus. La fracture entre la classe dirigeante et les administrés semble malheureusement irréparable.

Par chance, à un kilomètre environ des ruines de Norfolk Court, les bourgeons d'un avenir plus riant font leur apparition – il suffit de faire l'effort de regarder dans la bonne direction.

13. Les outsiders

Regroupés sagement sur le trottoir à l'entrée du centre d'activités de The Barn (« La Grange », une quinzaine d'enfants prennent leur mal en patience. Ils ont l'air joyeux pour un lundi soir. S'ils se frottent les mains, ce n'est pas pour calmer la morsure de l'hiver, c'est surtout qu'ils ont hâte que les animateurs viennent ouvrir les portes.

« Venir à The Barn, ça m'détend, ça m'fait sortir de chez moi », déclare Benji, du haut de ses 12 ans, avec une lucidité qu'on peut lui envier.

Les portes s'ouvrent en grand et les gamins foncent à l'intérieur en se bousculant sous le regard d'un éducateur à la mine réjouie. « Ils attendent toujours devant. Ils viennent directement après l'école. Mais on est trop limités en moyens humains pour rester ouvert toute la journée. »

Dans le quartier des Gorbals, la vie est en évolution constante. Contrairement à d'autres secteurs de Glasgow où le développement avance par étapes, ici, sur la rive gauche de la Clyde, il est à la fois spectaculaire et tragique. Le terme « réhabilitation » est devenu synonyme d'opportunisme, de gestion erratique et de profits, un mot à la mode mais complètement vide de sens. Dans les Gorbals le processus décisionnel est une affaire opaque, autoritaire, qui n'a absolument rien de démocratique ; les responsables me font penser à ces oiseaux aux cris stridents qui bombardent les toits de fientes avant de s'envoler à tire-d'aile, des détritus dans le bec. Au cœur de ces quartiers, la frustration a offert un terrain fertile à la désaffection et à la colère citoyennes.

Revenons à The Barn.

L'intérieur du centre d'activités est lumineux et coloré. Sur les murs se déploient des slogans qui stimulent l'optimisme : « Ne vise pas le succès si c'est le succès que tu veux ; fais ce que tu aimes et ce qui t'intéresse, le succès viendra naturellement. » Au centre de la salle principale ont été installés des canapés bariolés où des adolescents – qui ont fondé il y a peu leur propre comité – discutent tandis que les plus jeunes zigzaguent entre hockey pneumatique, ping-pong, billard américain, snooker, atelier de pâtisserie, football – et les accros de la Xbox ont même une salle informatique séparée du reste.

À The Barn, les jeunes du quartier, quels que soient leur âge ou leurs aptitudes, apprennent à jouer, à partager et à s'exprimer dans un environnement protégé et bienveillant. Mais tout cela a un coût et, pour éviter le coup de massue de l'« ajustement budgétaire », le fonctionnement du centre doit être quantifié, calculé et justifié tous les douze mois.

Joe McConnell, le chef des lieux (il refuse le titre de « directeur »), suggère l'existence d'une contradiction parfaite entre les beaux discours des politiques et l'action sur le terrain : « Investir dans la jeunesse et dans le développement de ce qu'on appelle les compétences comportementales n'a plus l'air d'intéresser grand monde. Au niveau budgétaire, on note une contradiction flagrante entre ce qu'on nous présente comme le modèle de société souhaité et les ressources affectées à cet objectif, surtout quand on voit après où va l'argent. »

Joe n'est pas un adepte de la langue de bois : une vraie bouffée d'oxygène dans un secteur où l'on n'hésite pas à mettre les sujets épineux sous le tapis. La réhabilitation urbaine n'est pas qu'un programme anodin, voire charitable, mis en place pour améliorer la vie des plus démunis, c'est aussi une industrie qui attire les arrivistes comme le miel attire les mouches. L'intérêt personnel joue un rôle fondamental dans la prise de décision – même si certains refusent de voir cette douloureuse vérité en face. Quand il s'agit d'avoir un œil critique, il n'y a plus personne. En fait, la critique, même constructive, est strictement encadrée, comme beaucoup d'autres aspects de la vie publique : elle sert à alimenter un « processus d'évaluation » qui, à l'instar des plans locaux d'urbanisme, laisse les habitants, pourtant premiers concernés, sur le bas-côté, ou les fait participer à une parodie de consultation. Lorsque les gens se permettent d'émettre un avis en des termes jugés déplacés, on leur demande d'être « plus positifs ». Certains pourront juger cela hors sujet mais imaginez un instant qu'un type venu de nulle part débarque chez vous un matin avec un chéquier, dressé sur ses ergots, et se mette à vous taper sur les doigts parce qu'il n'aime pas la façon dont vous parlez des problèmes qui *vous* pourrissent la vie : il y a de fortes chances que vous vous sentiez insulté.

On ne va pas se mentir, être positif a son importance mais c'est parfois une façon d'esquiver le problème. De plus, cette injonction est parfois perçue par l'opinion comme un étalage de force qui ne fait que souffler sur les braises de la colère sociale. Inévitablement, les gens qui reçoivent l'ordre de se montrer plus positifs se font la remarque suivante : « Ici, c'est chez nous, alors qui est mieux placé pour dire ce qui est positif ou non ? »

Le franc-parler de Joe est inhabituel : quand vous êtes tributaire de l'argent qu'on voudra bien vous jeter du sommet de la chaîne alimentaire, vous développez assez vite un instinct qui vous indiquera quoi dire et quoi passer sous silence. Cet instinct de survie se traduit, à l'échelle de la profession, par une tendance au conformisme et au dogmatisme. Au fil du temps ce conservatisme – qui, le hasard fait bien les choses, correspond en tout point aux intérêts des représentants du secteur – est souvent confondu avec ce qui profite aux habitants. Les collaborateurs qui ferment les yeux dessus ont tendance à gravir les échelons plus vite que ceux qui le dénoncent. Joe n'est pas seul à condamner ce mode de gestion. Le mécontentement gronde parmi ceux qui s'estiment laissés pour compte, désavantagés et exclus de la hiérarchie. Des organismes qui se présentent comme des structures autonomes, et qui en ont la façade, agissent souvent pour le compte du gouvernement. Ce secteur, qui englobe la sphère artistique, les médias, les fondations caritatives et les ONG, fonctionne à de nombreux égards comme une puissance colonisatrice : les quartiers qu'il infiltre sont considérés comme des cultures primitives qu'il faut convertir et adapter à la société moderne. Sans être intrinsèquement mauvaise, cette approche part souvent du principe que les autochtones n'ont pas d'idées propres. Qu'ils existent dans un vide culturel et politique, en dehors du temps. Ceux qui souhaitent préserver leur culture et faire entendre leur voix ont alors l'impression de se retrouver face à quelques privilégiés totalement hors-sol, catapultés chez eux pour imposer leur propre perspective. Les projets qui démarrent sur ce pied n'ont que faire des aspirations des habitants des quartiers : leur objectif est de les tenir en bride, de les manipuler et de les faire rentrer dans le cadre.

À bien y réfléchir, on se rend compte que les organismes qui prennent en charge les populations paupérisées servent leurs intérêts au moins autant que les besoins locaux et qu'il n'est pas vraiment question d'amener les démunis vers plus d'autonomie. C'est leur fonds de commerce. Chacune de leurs interventions débouche sur une dépendance accrue des plus fragiles aux ressources financières et aux compétences extérieures, ouvrant grand les portes à l'ingérence de l'État.

Ce climat de soupçon, qui s'est installé à tous les niveaux de la société, crée les conditions pour que des programmes au budget faramineux s'enlisent dans des guéguerres intestines et dans l'indifférence absolue du public. Par conséquent, un projet susceptible de bouleverser des milliers de vies peut être complètement déconnecté des besoins des habitants, surtout s'il a été pensé par des designers quelque part dans un cabinet d'urbanisme, sans permettre à la population de se l'approprier. Cela s'applique au logement social comme aux projets artistiques ou théâtraux. Lorsque c'est le gouvernement qui tient les cordons de la bourse et qui stipule les critères selon lesquels l'argent doit être dépensé, les structures sur le terrain optent pour la solution de facilité et tournent le dos aux populations dont elles prétendent simplifier la vie. Dans les quartiers défavorisés, les gens sont traités comme un capital à exploiter, des fichiers dont on extrait des données et des belles histoires qui serviront à justifier le rôle des structures mises en place. On y voit défiler des étudiants pétris d'angélisme, des universitaires et des experts qui auscultent les entrailles de la pauvreté avant de se retirer dans leur tour d'ivoire.

Ces organismes massifs et protéiformes qui ont surgi du néant pour s'attaquer, soi-disant, aux retombées sociales de la désindustrialisation sont devenus un problème en soi. À la botte des dirigeants, ils seraient mille fois plus efficaces en contre-pouvoir. Les critiques qui ont pour cible la politique gouvernementale sont largement étouffées et, pour faire l'objet d'une étude approfondie, un sujet doit impérativement rapporter un profit politique immédiat – autant dire que la protection de l'enfance passe complètement à la trappe. La plupart de ces organismes, dont la survie dépend du bon vouloir des gouvernants, deviennent des monstres bureaucratiques qui ne peuvent plus s'adapter ni répondre aux exigences du terrain, alors qu'ils sont arrosés de subventions.

Des structures comme The Barn dans les Gorbals, PEEK à Calton ou Fuse à Shettleston sont connues des habitants, bien gérées, appréciées de tous et implantées dans le tissu local. Malgré les compétences et la maîtrise du sujet qu'elles mettent sur la table, elles sont obligées de repartir sans cesse à la charge et de se réinventer en fonction des caprices politiques du moment. Tout en jouant des coudes avec des organismes et des institutions tentaculaires (comme la municipalité), qui, eux, naviguent à vue.

Quand on lui demande d'expliquer en quoi la démarche de The Barn est vitale, Joe semble épuisé. Il affirme qu'un travail de longue haleine auprès de la jeunesse, souvent mal compris ou sous-estimé, « peut avoir un effet profondément positif sur ces gamins, et c'est difficile mais le jeu en vaut vraiment la chandelle. Malheureusement, je pense qu'il va falloir attendre longtemps avant que ce soit accepté par une très large partie des bailleurs de fonds et des institutions. Il y a de l'argent pour des cibles précises, un public et des problématiques spécifiques. Par contre, le boulot qu'on fournit nous, il n'est pas financé. La crise d'identité qui frappe le secteur n'arrange pas les choses. » Joe est clairement le genre de type droit dans ses bottes qu'un gratte-papier préfère museler.

« On va au charbon pour combattre les effets des inégalités et de la misère sur ces gamins. Briser le cycle de l'insécurité, de la méfiance, de la fragilité, de l'autodénigrement et du manque de confiance. C'est un travail holistique, pluridisciplinaire, sur le temps long. »

Selon Barry McLaughlin, éducateur de 28 ans et ancien employé de The Barn, rétablir l'estime de soi, et pas uniquement préparer l'insertion sur le marché du travail, est essentiel pour entretenir la confiance et la solidité mentale qui font défaut à tant de jeunes des quartiers difficiles. Des jeunes qui en viennent à se croire inadaptés, anormaux, comme tous ces immeubles abandonnés qui émaillent leur environnement. Avec ce parler-vrai rafraîchissant, Barry ajoute : « Ce qui compte le plus pour nous, ce sont les relations qu'on construit avec les jeunes. Sans confiance, on n'arrive à rien. » Il poursuit : « Il y a un désintérêt qui s'est installé à la suite des décisions qui ont été prises dans les Gorbals sans demander leur avis aux habitants. Les Gorbals sont victimes d'un préjugé qui dit "On ne vaut rien". On essaie de changer les mentalités en répétant que les Gorbals, c'est un endroit sensationnel. Les outils pour réparer le quartier, on les a sous la main, pas besoin de nous imposer des initiatives qui viennent d'en haut avec zéro connaissance du secteur. Ils veulent que notre boulot rende bien pour la forme mais, pour ce qui est du fond, ils s'en foutent. »

Barry, qui culpabilise de négliger ses protégés parce qu'il me consacre un peu de son temps, renchérit : « Les gens qui répartissent les fonds nous posent beaucoup de questions sur l'impact qu'on a mais c'est difficile à quantifier. Par contre, il suffit de franchir notre porte pour s'en rendre compte. »

Joe et son équipe forment l'une des nombreuses structures de petite taille qui se battent contre l'héritage socioculturel de décennies d'urbanisation incohérente et de mise à l'écart systématique des habitants. Des générations successives ont grandi dans un dénuement total, avec les handicaps que cela implique, et la conviction qu'elles n'ont aucun contrôle ni aucun ascendant sur leur vie. Au lieu d'en tirer des enseignements, de responsabiliser la population et de l'encourager à s'investir dans la vie du quartier, les pouvoirs publics ont choisi de brouiller les pistes et d'insérer dans leur dispositif une nouvelle strate de gestionnaires et d'administrateurs. Peu importe, les gens ne sont pas dupes. Ils savent qui les prend de haut et qui tient vraiment les rênes, ce qui explique pourquoi, passé l'enthousiasme des débuts, beaucoup se laissent gagner par le scepticisme et l'indifférence.

Ce sentiment d'être bâillonné s'ajoute au stress qui pollue chaque composante de l'environnement et met en place les conditions d'un comportement qui, à hautes doses, peut détruire des vies et conduire à la marginalisation. Joe et Barry fournissent un service qui a le potentiel de transformer ce cercle vicieux en cercle vertueux. Ils peuvent procurer à leurs protégés une stabilité qu'ils ne trouvent peut-être pas dans le cadre familial – ce que Marilyn a incarné dans ma vie à moi. The Barn offre la possibilité de tisser des liens solides avec ces jeunes avant qu'ils ne s'écartent du droit chemin, mais cette possibilité est souvent entravée – quand elle n'est pas stoppée net – par les organismes et institutions qui ont reçu le tampon du gouvernement. Malheureusement, je ne sais pas comment on peut aborder le sujet sans se mettre à dos les acteurs du secteur.

C'est l'industrie de la misère, où même les personnes bien intentionnées s'en mettent plein les poches. Où chacun fait en sorte que rien ne bouge pour garder son poste bien au chaud. Où mener un projet à bien, ce n'est pas éradiquer la pauvreté mais laisser un « héritage » derrière soi ou si besoin en fabriquer un de toutes pièces avant de tirer sa révérence et de laisser les gens patauger dans leur merde. C'est un milieu dans lequel on choisit volontiers de se voiler la face. En fait, on se ment à soi-même. Personne n'ose reconnaître qu'il s'est planté ou que les choses ne se passent pas comme prévu, de peur de voir ses précieuses subventions rognées. Et ceux qui ont l'audace de dénoncer le système, on leur crache dessus.

Avant de rejoindre ses gamins dans la salle commune, Barry soupire : « Dans un monde idéal on serait financé pour bâtir une relation de confiance avec ces jeunes. » Un jour, peut-être. En attendant, la mission qu'il s'est fixée n'est pas, je vous le garantis, une sinécure.

14. Le truc, c'est de continuer à respirer

Nous sommes au cœur de l'été, la bibliothèque du quartier a été envahie par les gamins inscrits à l'activité du jour. Ils sont une vingtaine, leur âge oscille entre 5 et 12 ans, autant de garçons que de filles. L'atelier commence et, au bout de quelques minutes, une petite fille se détache du groupe, visiblement nerveuse, pour venir s'asseoir à côté de moi. Elle est nouvelle. J'imagine qu'elle s'est isolée parce qu'elle est timide mais, quand ses camarades de jeu lâchent des rires et des cris de joie, elle se couvre les oreilles de ses mains. De toute évidence, c'est le bruit qui la perturbe.

Je remarque qu'elle est maquillée, ce qui me semble inhabituel pour une fillette de 10 ans, même si ça ne m'inquiète pas trop. On papote un peu, je lui demande d'où elle vient et, très vite, elle s'ouvre à moi. Elle ne me connaît pas et pourtant elle me raconte sa vie, avec des détails très personnels. Ce besoin de se confier se retrouve souvent chez les victimes de mauvais traitements qui, rongés par le traumatisme, cherchent à évacuer les souvenirs et les événements douloureux dès qu'elles croisent une oreille attentive. Certains scientifiques pensent qu'il peut également s'agir d'un mécanisme de survie qui s'active lorsque l'enfant court un danger.

La fillette me raconte, sur un ton très neutre, que son papa est en prison parce qu'il se met en colère et que sa maman essaie de le quitter. Qu'il parle avec une grosse voix, qu'il fait peur. Je remarque qu'elle est capable de faire deux choses en même temps, discuter et dessiner, mais que son maquillage a été appliqué à la truelle – sans doute parce qu'elle l'a fait toute seule. En ma qualité d'« éducateur assistant », je devrais enregistrer ses propos avec l'intention d'en informer les services de protection de l'enfance afin que son cas soit répertorié quelque part. Cependant, je connais sur le bout des doigts le fonctionnement des services sociaux et je sais aussi que cela pourrait placer une pression supplémentaire sur sa famille, donc aggraver une situation déjà dramatique. Au fond de moi je m'interroge sur la conduite à tenir et nous continuons à discuter jusqu'au moment où une autre fillette vient nous interrompre. Comme elle pleure, je lui demande ce qui ne va pas.

« Ma maman me manque », sanglote-t-elle, les joues baignées de larmes.

Je lui propose de s'asseoir à côté de moi. Ce qu'elle fait en reniflant, tandis que mon autre voisine reprend son coloriage. Je me tourne vers la petite éplorée et je lui demande d'où elle vient. « Bearsden », répond-elle poliment. Bearsden, un quartier aisé à la périphérie de Glasgow. Il est inhabituel de voir ici des enfants originaires de ce secteur. Pour schématiser, nous accueillons en majorité des enfants issus des couches les plus modestes, car nous proposons des activités gratuites. Cette petite se retrouve dans un environnement qu'elle ne connaît pas, pas étonnant qu'elle ait peur. Je poursuis mon enquête : « Comment est-ce que tu as atterri ici ?

— Je suis venue chez mes cousins », répond-elle, et elle me montre ses cousins du doigt. Elle a l'air plus calme.

Si ces deux petites filles sont en proie à l'angoisse, ce n'est pas pour les mêmes raisons. Celle qui pleure n'a pas l'habitude d'être séparée de sa mère, qui a quitté la bibliothèque à peine vingt minutes plus tôt. Son monde s'est écroulé et la peur l'a submergée, sans doute parce qu'elle se sent en sécurité au quotidien et pas parce qu'elle subit des mauvais traitements (même si je peux me tromper). Une demi-heure passée loin de sa mère, cela lui est intolérable.

De son côté, la fillette maquillée, plongée dans son livre de coloriage, s'est adaptée à l'instabilité. Elle a déjà assimilé le fait que la menace peut surgir de n'importe où. Malgré la violence verbale et psychologique qu'elle endure, ainsi que les dégâts sur son psychisme, elle n'a pas encore versé une seule larme même si elle n'en mène pas large. Elle guette le danger quand l'autre s'attend à un climat de confiance. Aucune n'est dans le faux, chacune se base sur sa propre expérience ; cependant ces deux attitudes, bien qu'opposées, les placent en rupture avec la situation présente. L'une a peur alors qu'elle ne risque rien ; l'autre se fait un sang d'encre cependant que tout le monde s'amuse.

Ces deux fillettes éprouvent l'une comme l'autre des émotions désagréables mais, objectivement, il y a un gouffre dans leurs conditions de vie respectives, leur environnement et leurs antécédents affectifs. Je ne vois pas comment on peut nier que les évidentes disparités psychologiques entre ces enfants, malgré leur jeune âge, s'expliquent par les disparités sociales. Dans le cas de la petite maquillée, il est possible que le traumatisme ait déjà porté atteinte à sa capacité d'évaluer les risques et de réguler ses émotions. Son hypervigilance l'a rendue sensible aux bruits des enfants qui jouent, qu'elle interprète, à tort, comme une menace. Les séquelles sur sa capacité à sociabiliser et à communiquer avec ses semblables sont importantes, et la poussent à s'isoler. Gabor Maté, neurologue canadien spécialisé dans l'étude des addictions et des traumatismes, décrit les traces des violences et de la négligence sur le cerveau des victimes. Dans un ouvrage titré *In the Realm of Hungry Ghosts : Close Encounters with Addiction*[1], il explique :

> Les dégâts les plus importants causés par la négligence parentale, les traumatismes ou la maltraitance ne se limitent pas à une souffrance dans l'instant, ils provoquent aussi à long terme des bouleversements dans l'interprétation que l'enfant, en grandissant, fera du monde et de la place qu'il y occupe. Trop souvent, il se persuade de choses inexactes, jamais complètement formulées, qui se transforment en prophéties auto-réalisatrices. À notre insu nous écrivons notre avenir à partir de récits ancrés

1. Paru en France en 2009 aux Éditions de l'Homme sous le titre *Les Dépendances, ces fantômes insatiables* (toutes les notes sont de la traductrice ; nous traduisons).

dans le passé. Le libre arbitre démarre à l'instant où nous ne nous identifions plus à nos vieux schémas, à l'instant où nous nous incarnons dans le moment présent.

Le point important, c'est que l'être humain imprime dans son psychisme des fausses croyances sur sa personne et sur le monde qui l'entoure, et ces croyances forgent son avenir. Cette observation pourra s'appliquer indifféremment à nos deux fillettes à mesure qu'elles avanceront dans la vie. Cependant, la petite fille maquillée, issue d'un milieu défavorisé, risque d'être handicapée par un stress aigu quand ses croyances viendront interagir avec une situation de fragilité. Si, dans sa tête, des enfants qui jouent dans un environnement sécurisé représentent une menace, on peut se demander à quel moment elle sera capable de se relâcher et de se sentir en confiance. Elle a pris la décision de se détacher d'un groupe d'enfants, il est donc tout à fait possible qu'elle continue à s'isoler à l'adolescence et à l'âge adulte – et peut-être à chercher d'autres palliatifs aux contraintes qui lui seront imposées. À la seconde où ces fillettes quitteront la garderie leurs vies suivront des trajectoires opposées, comme elles le font depuis leur naissance, et produiront deux individus qui n'auront absolument rien en commun. Cette fracture s'exprimera dans tous les domaines : le comportement, la santé physique et mentale, les études et les perspectives d'avenir, mais aussi les principes moraux, les opinions politiques, les centres d'intérêt en matière de culture, jusqu'à la façon de parler. Sans oublier le cercle social, le mode de vie adopté, les voyages et les pépins de santé qui se manifesteront plus tard. Même l'espérance de vie risque de refléter ce déséquilibre.

En vingt ans, le fossé entre les deux petites sera devenu un abîme infranchissable. Elles évolueront dans deux univers parallèles, aux limites bien définies. On peut imaginer que leurs chemins se recroisent un jour et qu'elles essaient d'échanger sur tel ou tel sujet ; je suis prêt à parier que le dialogue tournera vite court. Il suffira que l'une fasse une remarque anodine sur l'allure, la voix, l'accent, le vocabulaire ou l'intonation pour que l'autre se braque, et réciproquement. Cela commencera par une série de jugements inconscients, au moment où elles entameront la conversation, et elles finiront par aboutir à une impasse. Comme elles se seront examinées l'une l'autre à travers le filtre de leur expérience et de leur posture socioculturelle, il y a de fortes chances qu'elles n'arrivent pas à trouver un terrain d'entente, voire qu'elles entrent en conflit, grièvement blessées dans leur amour-propre par les insinuations qu'elles croiront sentir en face.

La première conclura peut-être que la seconde est bornée, vulgaire, agressive et insupportable, la seconde pensera de la première que c'est une personne qui vit dans un cocon, intolérante et capricieuse. Deux femmes qui, enfants, avaient participé au même atelier vivront sans plus rien partager et seront incapables de communiquer car chaque parole, chaque mot pourra être perçu comme une insulte, un coup de poignard ou une bombe. Dans ce cas, autant s'enfermer chez soi, là où on a ses repères.

Oui, mieux vaut se retrancher dans sa catégorie sociale.

15. La salle de montage

Procédons à présent à une petite expérience. Jusqu'ici vous vous êtes farci de longs chapitres émaillés d'anecdotes et de séquences personnelles dans lesquelles je ne vous épargne rien, qui ont pour objectif de réveiller le volcan d'émotions qui est en vous. J'espère qu'à ce stade vous êtes totalement investi dans mon histoire et celle de ma famille. Du coup, le moment me semble bien choisi pour inverser la tendance. J'ai apporté mon témoignage et j'imagine que des universitaires et des experts autoproclamés vont s'en emparer pour alimenter une banque de données quelconque, alors qu'est-ce qui m'empêche de jouer, à mon tour, au grand savant ? D'accord, je ne trompe personne, ni moi ni vous, mais bon, c'est mon bouquin, je fais ce que je veux. Si je n'avais pas revêtu certaines de ces pages d'un vernis misérabiliste, personne ne m'aurait donné la chance de publier un livre. Je suis entré dans ce monde par effraction.

En premier lieu, il va falloir mettre en place l'illusion de la neutralité. Le moyen le plus rapide, c'est de transformer les membres de ma famille en réalité objective, d'étudier notre parcours avec une approche statistique. Après ces récits à tonalité intimiste, transformons les protagonistes – moi et mes quatre frères et sœurs – en phénomène quantifiable. Cela devrait favoriser une démarche rigoureusement scientifique. Voici :

> Sur ces cinq personnes, quatre ont déjà connu des problèmes de dépendance à l'alcool ou à d'autres substances.
> Trois ont un casier judiciaire.
> Cinq ont connu des difficultés financières au long cours – surendettement, faillite personnelle, incapacité à rembourser un crédit.
> Trois ont été exclues, à titre temporaire ou définitif, d'un établissement scolaire à cause d'un comportement perturbateur ou violent.
> Deux ont fait une ou plusieurs tentatives de suicide.
> Un est allé en prison pour des délits liés à la drogue.
> Trois n'ont jamais voté aux élections législatives.
> Cinq ont subi des mauvais traitements des mains d'un adulte chargé de prendre soin d'eux.
> Cinq se sont mis très jeunes à la cigarette.
> Cinq ont touché des prestations sociales.
> Cinq ont vécu une relation sentimentale à problèmes.
> Cinq ont souffert de problèmes de santé associés à un régime et à un mode de vie inadaptés : surpoids ou maigreur, difficulté à faire des choix judicieux en matière d'alimentation, consommation de nourriture hautement calorique et pauvre en nutriments pour apaiser leur angoisse.

Cinq souffrent de problèmes de concentration qui ont eu des répercussions sur leurs études.
Cinq souffrent de phobie sociale.
Cinq ont déjà souffert de troubles mentaux et émotionnels qui les prédisposent au stress.
Aucun n'est allé à l'université.
Aucun n'est propriétaire de son logement.
Aucun n'a d'économies à la banque.
Aucun ne peut emprunter auprès de papa-maman.
Aucun n'est engagé dans le militantisme.
Aucun n'est adhérent d'un parti politique.
Aucun ne fréquente de librairie ou de lieu qui présente un intérêt culturel.
Aucun ne part en vacances à l'étranger au moins une fois par an.
Et aucun d'entre nous ne s'intéresse à Radio 2, au yoga ou aux aliments à base de mycoprotéines.

C'est plus frappant quand on le présente sous cette forme, vous ne trouvez pas ? On comprend plus facilement que chaque situation a beau être unique, il est quasiment impossible d'échapper au déterminisme social. Le facteur décisif qui conditionne, dès la naissance, la direction que prendra la vie de quelqu'un, ce sont les conditions matérielles. Des études ont démontré qu'on peut prévoir les chances qu'un enfant aura d'accéder à la classe moyenne grâce à son poids de naissance. Les nouveau-nés dont les parents sont issus d'un secteur défavorisé sont globalement plus chétifs que les bébés dont les parents habitent une zone aisée : ils sont 8 % à être en dessous du poids moyen chez les premiers, contre 5 à 6 % chez les seconds.

À un moment on n'est plus dans l'objectivité, mais dans la procrastination. Et que des gens qui ne connaissent rien à rien répètent à longueur de temps qu'il faut tourner la page, cela peut légèrement agacer.

Le problème de la pauvreté est souvent étudié comme s'il s'agissait d'un phénomène palpable, d'une entité qui s'abat sur les gens au hasard, sans crier gare. Une créature dotée d'une vie propre qui échappe à tout contrôle. Alors que la pauvreté se rapproche plutôt des sables mouvants : elle vous engloutit malgré les efforts que vous pouvez faire pour vous arracher à son emprise. Plus vous vous débattez, plus vous vous enfoncez. Pour d'autres personnes, c'est un monstre qui vit au loin, quelque part, et il faut à tout prix éviter de tomber sur lui. Et remercier le ciel de ne l'avoir jamais croisé.

La seule possibilité qu'il nous reste, dirait-on, serait de juguler l'hémorragie pendant que cet impitoyable prédateur cherche déjà sa prochaine victime. Franchement, je comprends ceux qui se sentent émotionnellement déconnectés de la misère. C'est ce qui m'arrive aussi quand je ne me sens pas concerné par un problème. Voir à la télé des images de victimes de conflits ou de famines, ça me bouleverse et j'ai le cœur serré pour tous ces gens, mais le choc se dissipe dès que je retourne à mes soucis. Je sais qu'une vie humaine à l'autre bout du monde a la même valeur qu'une vie dans ma propre rue mais mon cerveau n'est pas assez évolué pour dépasser le stade de l'indifférence ou l'égoïsme. Voilà pourquoi je les comprends, ceux qui ne veulent pas voir ce que vit l'autre bord – même si leur aveuglement me hérisse.

Cette dichotomie des expériences, et les retombées qu'elle a sur la capacité des individus à envisager des concepts et à en débattre, explique en partie le caractère pérenne de la précarité. Il y a dans notre société non seulement des gouffres socio-économiques à franchir, mais également des cassures au niveau de l'idéologie, de la citoyenneté et des intérêts privés et collectifs. À gauche, on pense que la pauvreté est un choix fait au plus haut niveau et dont les effets pourraient être atténués si richesses et ressources étaient redistribuées équitablement. À droite, on s'est convaincu que le salut viendra de l'individu et de la famille, que réduire le rôle (et les investissements) de l'État facilitera l'émergence d'une société viable et homogène. Rôdant autour de ces débats : les échéances électorales, les médias et un monde d'une telle complexité que nos dirigeants choisissent souvent de simplifier à l'extrême chaque aspect de notre vie, fragmentant la perspective et réduisant la réalité à ses aspects communautaristes et conflictuels. Mais on ne peut pas se contenter de ne jeter la pierre qu'à nos dirigeants ou à ceux qui n'ont aucune notion des fondamentaux de la misère.

Choisir le prisme du pathos, du sensationnalisme et du mélo n'aide pas beaucoup plus. L'indignation est toujours mauvaise conseillère : elle brouille les situations autant qu'elle les clarifie. Et ce n'est pas parce qu'on se considère soi-même comme un précaire ou un sans-voix qu'on devrait s'abstenir de passer au crible nos propres opinions et nos préjugés. Plus facile à dire qu'à faire. En réalité, il est souvent plus commode de rejeter les mille et une nuances d'une question pour nous raccrocher à une idéologie plus synthétique et qui s'accorde opportunément à nos intérêts personnels.

Il est parfois nécessaire de subir un choc pour étouffer les bruits parasites et aller au cœur d'un problème. C'est ce qui arrive quand on se prend en pleine figure la laideur d'une vérité qui a longtemps été dissimulée au public, maquillée ou falsifiée : la fureur provoquée peut nous pousser à l'action – une action qui prendra peut-être la forme d'une contestation mettant la pression sur le personnel politique, ou d'une mobilisation pour aider les gens dans le besoin – voire nous inciter à faire preuve d'humilité, à baisser les armes et à tenter d'aboutir à un consensus autour de la question qui, jusque-là, mettait le feu aux poudres. Même s'il ne s'agit pas de comparer les misères, ce n'est pas le sujet, n'oublions pas que la situation est moins catastrophique au Royaume-Uni qu'en Bolivie. Et n'oublions pas non plus que certaines situations sont moins tolérables que d'autres : celles qui touchent les enfants.

16. De grandes espérances

Les enfants de la misère, qu'ils vivent dans le tiers-monde ou dans un pays développé, sont exposés aux mêmes risques – maltraitance, négligence, violences et exploitation : les enfants prostitués dans les rues d'Athènes, les gosses des rues accros à la dope en Amérique du Sud, les orphélins et bébés réfugiés qui déferlent sur les plages d'Europe et auxquels des sévices sexuels sont massivement infligés. Les traumatismes qu'ils endurent modifient considérablement l'orientation que prendra leur vie. Un petit Occidental court moins de risques qu'un petit Rwandais de mourir de faim ou d'être fauché par la dysenterie ou la malaria, c'est indéniable, mais ce n'est pas ça qui va réconforter le bambin qui se fait hurler dessus, tabasser ou violer par un père alcoolique. Malheureusement, le lien entre pauvreté et maltraitance infantile n'a pas encore été établi, alors qu'il permettrait de mettre en évidence tant de maux qui rongent notre société. Il faudrait encore changer de focale et détacher notre attention des problèmes accessoires pour la fixer sur la problématique prioritaire : la pauvreté appelle la maltraitance infantile.

L'une des raisons pour lesquelles le déclic ne s'est pas encore fait dans les cerveaux, c'est que nous n'avons pas la bonne approche. Combien de fois l'a-t-on vue, dans les magazines ou au journal télévisé, cette photo extraite d'une banque d'images qui illustre les sujets consacrés à la maltraitance infantile : un enfant, généralement entre 5 et 10 ans, assis dans l'escalier d'une maison que l'on imagine être celle de sa famille, le visage flouté par un effet visuel ou masqué par ses mains. Cette photo peut être aussi utilisée dans un spot pour une ONG mais, plus fréquemment, elle apparaît en incrustation à l'écran et, aussitôt, le présentateur prend sa voix qui veut dire : « sans transition, passons maintenant aux enfants qui souffrent ». Lorsque les médias présentent le problème de la maltraitance infantile, ils prennent bien soin de ménager la sensibilité des téléspectateurs. Par exemple, ils nous mettent parfois en garde, avant leur diffusion, contre des images « susceptibles de choquer ». Face à un sujet aussi grave et aussi sensible, la plupart des gens éprouveront une compassion toute naturelle à l'égard des victimes et une colère mêlée de dégoût vis-à-vis des bourreaux – parents ou tuteurs.

On a le cœur serré pour ces gamins qui ont joué de malchance. On ne peut pas rester les bras croisés, se dit-on, et on passe à l'info suivante. Et l'info suivante, peut-être qu'elle traite de tous ces jeunes réfractaires à l'autorité, ces petits délinquants qui sont une vraie plaie pour la société. Ou du fléau de la violence et de la drogue dans les quartiers. Les questions affluent : « C'est quoi leur problème aux jeunes d'aujourd'hui ? » ou alors « Et leurs parents, ils sont où ? » La réponse est pourtant très simple : ces images édulcorées qui évoquent les sévices et les négligences sans heurter les âmes sensibles faussent le regard qu'on porte dessus. Elles camouflent la nature réelle du problème et créent l'illusion que les victimes restent perpétuellement des enfants, figées dans le temps, n'attendant qu'une chose : qu'on leur tende la main et qu'on les sorte de cette foutue photo. Comme ce sont des enfants, on leur réserve une compassion et une pitié sans limites.

Or, à la seconde où ils atteignent l'âge de la responsabilité légale, notre regard change du tout au tout. Qu'on l'accepte ou non, ces pauvres bambins maltraités et délaissés, ce sont les délinquants, les SDF, les alcooliques, les toxicos, les parents violents et irresponsables de demain.

Souligner le lien entre pauvreté et problèmes sociaux et sanitaires est presque devenu un poncif. Par « pauvreté », je ne parle pas de gêne financière, mais d'une misère si totale qu'elle est le terreau d'une culture de la maltraitance. Cela dépasse le paradigme gauche-droite et risque de devenir un raz-de-marée incontrôlable si on n'enlève pas nos œillères. Même si chercher des solutions et abattre les résistances nécessite de conserver une certaine distance, une certaine neutralité, il est important aussi de rester au contact de la souffrance humaine et de ce qu'elle implique pour éviter qu'elle soit réduite à quelques anecdotes dans les dîners en ville, à une présentation PowerPoint ou à une patate chaude que se renvoient nos chers représentants politiques. Attention, je ne dis pas que tous les enfants pauvres sont par avance condamnés à une vie de galérien ni qu'ils n'auront jamais voix au chapitre une fois adultes. Je ne dis pas non plus que les gens ont le droit de se dérober à leurs responsabilités. Non, ce que je dis, c'est qu'il est irréaliste de poursuivre sur cette voie : il faut se sortir les doigts des oreilles et écouter ce que les autres ont à dire. Lorsque des problèmes domestiques se déclarent, ils restent rarement cantonnés à la sphère familiale ou au quartier. Au contraire, ils font tache d'huile et prolifèrent, comme un cancer, et les coûts supportés par la collectivité crèvent le plafond.

Ces problèmes se déversent dans les urgences surchargées des hôpitaux. Dans les listes d'attente des psychologues cliniciens et des services d'assistance socio-psychiatrique, où on n'obtient pas de rendez-vous avant six mois. Dans les services d'assistance sociale au bord de l'asphyxie et les lieux d'hébergement destinés à un public précaire, qui ont du mal à garder la tête hors de l'eau. Dans les organismes HLM submergés, les centres de crise sous pression et les services de toxicologie dépassés. Et, pour certains, dans les postes de police, les tribunaux, les foyers d'accueil, les centres éducatifs fermés, les établissements pour jeunes délinquants et les prisons.

Une famille vulnérable qui subit une précarité économique permanente, la menace du chômage, ou un régime de sanctions financières inhumaines perd souvent la capacité d'absorber certains chocs et de faire face aux aléas de la vie. La gestion du système d'assistance sociale est confiée à des gens qui n'ont en général qu'une compréhension rudimentaire de la pauvreté et leur méconnaissance du terrain aboutit à des hérésies. Prenons le dispositif d'allocations chômage appliqué à l'heure actuelle en Grande-Bretagne : un petit malin a cru qu'humilier les sans-emploi les inciterait à se réinsérer sur le marché du travail. Il faut vraiment n'avoir aucune idée de ce que cela implique, d'être né dans la dèche, pour mettre en pratique une trouvaille pareille... La pauvreté, ça ne se limite pas au fait de ne pas avoir d'emploi, c'est n'avoir aucune marge d'erreur au quotidien malgré le stress et l'incertitude perpétuels ; ce sont aussi les séquelles sur le mental et le corps. Et les enfants qui grandissent dans un environnement aussi chaotique peuvent être marqués à vie.

Une photo standard tirée d'une banque de données ne peut pas rendre compte correctement de la complexité de ce qu'elle est censée représenter : au contraire, elle la met sous le boisseau, ce qui n'est pas sans danger. Les termes de ce débat, et de nombreux autres, sont passés à la moulinette médiatique et politicienne, ce qui empêche l'opinion de se faire un avis informé sur les causes réelles de la maltraitance infantile. Et, par extension, sur quantité de problèmes avec lesquels notre société se débat : criminalité, mal-logement, toxicomanie.

Tout cela commence par un enfant qui subit un environnement et des conditions matérielles déplorables. Le déclencheur, c'est la pauvreté.

17. Les enfants du fond de l'impasse

Ma mère se rêvait pyromane. J'ai le souvenir de plusieurs incendies d'origine mystérieuse qui avaient suscité l'inquiétude des gens autour de nous. Une fois on avait téléphoné à ma grand-mère pour l'informer que quelque chose avait pris feu ; une autre fois, c'est moi-même qui avais dû fuir les flammes. Soit ma mère était fascinée par le feu, soit le feu avait un compte à régler avec elle ; quoi qu'il en soit, leurs chemins se croisaient beaucoup trop souvent pour que ce soit le simple fait du hasard. Du coup, quand j'allais passer le week-end chez elle, dans son appartement, je n'étais pas tranquille.

Je me souviens d'un samedi après-midi où j'étais descendu jouer en bas de l'immeuble. L'aire de jeux était coincée entre deux tours emblématiques, Stirlingfauld Place et Stirlingfauld Court. Il y avait pas mal de vandalisme dans le quartier à l'époque mais l'aire de jeux s'en tirait plutôt bien : personne n'avait touché à la grande cage à écureuil ni aux deux toboggans, un rectiligne et un en spirale. Quand j'étais chez ma mère, je passais une grosse partie du temps à m'amuser dehors et cet endroit était à peu près sûr.

J'avais entrepris d'escalader la pente du toboggan avec l'intention de le redescendre, une manœuvre à laquelle je m'étais déjà livré à plusieurs reprises, sans le moindre souci. Ce jour-là, j'ai fait l'erreur de commencer à monter alors qu'un autre gamin entamait sa glissade et on s'est rentré dedans au beau milieu du toboggan. Du talon de sa chaussure, il m'a arraché l'ongle du pouce. La blessure était vraiment vilaine, ça saignait pas mal.

Comme n'importe quel gamin de cet âge, je me suis mis à hurler et j'ai appelé ma mère à l'aide. Mais, dans cet environnement, ça ne marche pas à tous les coups.

J'ai déambulé dans le quartier, la main en sang, le visage baigné de larmes, mais ma mère restait introuvable. Pas réussi non plus à rentrer dans son appartement – peut-être qu'elle était là, ivre morte, ou peut-être qu'elle était sortie pour aller se mettre minable chez un voisin.

J'ai fini par la trouver dans l'immeuble d'en face, où elle buvait un coup avec un vieillard dans un logement similaire au sien – crasseux et sombre. Je lui ai montré mon ongle. Pas de réaction. Sans doute parce qu'elle avait son compte, ou alors elle ne voyait pas de motif de paniquer. Elle avait bien perdu deux phalanges, petite, alors qu'elle essayait de rentrer chez elle en passant par la fenêtre et qu'on la lui avait refermée sur les doigts.

Elle m'a dit de téléphoner à mon père et elle est retournée à son verre.

On ne savait jamais ce qui pouvait nous tomber dessus avec ma mère mais nous, ce qu'on vivait nous paraissait on ne peut plus normal.

Quand je me serrais contre mes frères et sœurs dans une chambre obscure pendant qu'un type hurlait des menaces de mort à travers la fente de la boîte aux lettres en pleine nuit, c'était terrifiant, mais pas inhabituel. Quand j'ai dû appeler en urgence une ambulance après avoir trouvé ma mère assise sur les toilettes en pleine hémorragie digestive, je ne m'y attendais pas, mais oui, on s'habitue à tout. Un enfant qui se retrouve ligoté à une chaise parce qu'il a fait l'insolent, ou un poivrot anonyme – un de ces ivrognes que ma mère invitait parfois – qui envoie valser à grands coups de pied un bébé pleurnicheur, c'était parfaitement normal. Même la surprendre en pleine relation sexuelle, ça ne choquait plus personne.

Dans les quartiers « défavorisés », où l'argent est une denrée rare, les commérages représentent une monnaie d'échange très prisée et si vous avez le malheur d'avoir une famille à problèmes, deux options s'offrent à vous : soit vous laissez les ragots circuler, soit vous devenez l'auteur de votre propre histoire – c'est la seconde voie que j'ai choisie.

Comme il était impossible de se voiler la face, je me suis imposé une volte-face qui allait changer le cours de ma vie : je me suis résigné à ma situation et je m'en suis inspiré pour nourrir ma créativité et élargir mon cercle amical. Au lieu d'être en butte à la méchanceté des autres, j'ai préféré tenir le micro au milieu de la cour de récré et lâcher mes propres blagues. Les harceleurs qui ne se privaient pas de ricaner de ma mère, je les prenais de vitesse en leur réservant quelques vannes de mon cru sur leurs mères à eux. Une façon d'accepter, de digérer le traumatisme. Regarder mes problèmes en face m'a aidé à prendre les rênes de ma vie.

J'ai grandi, de nouveaux problèmes se sont manifestés et j'ai commencé à lever un pan du voile qui masquait une partie des épreuves que traversait ma famille – alcoolisme, violence, toxicomanie. Quand ma mère est retournée pour de bon dans les Gorbals, elle est partie avec ma sœur sous le bras ; et quand ma sœur est revenue quelque temps plus tard, elle était devenue le fantôme d'elle-même. À ce moment, la violence dont j'avais été témoin ou acteur alimentait en moi l'envie d'écrire, de plus en plus impérieuse. Après les cours je rentrais à toute vitesse pour me remettre au travail sur un des projets que je développais. Je m'immergeais dans les mots, je me libérais de mes traumatismes en les recrachant sur la page.

Le temps passant, je me suis mis à considérer mon expérience personnelle dans le contexte plus large du noyau familial, de notre foyer par rapport aux habitants du quartier. Le champ de ce que j'étais capable d'intégrer semblait s'étendre de mois en mois et, dans cet horizon toujours plus large, de nouvelles possibilités émergeaient, de nouveaux territoires à explorer. À l'adolescence j'étais certain d'avoir la science infuse et mes histoires ont commencé à rencontrer un public, certes modeste. Ça m'a fait un bien fou à l'ego et ça a apaisé nombre de mes angoisses. L'euphorie qui me submergeait durant ces mini-concerts et la conviction que j'étais bon à quelque chose ont renforcé mon lien aux autres et à l'instant présent ; désormais, la crainte suscitée par l'avenir et la hantise du passé glissaient sur moi.

À mesure que je gagnais en expérience dans la composition, la présence scénique et le *flow*, j'ai fignolé mes histoires, ce qui me permettait d'en apprendre plus sur moi-même. Peaufiner mes textes a viré à l'obsession : quoi que je fasse, je n'avais qu'une idée, rentrer écrire.

Au bout d'un moment j'ai tapé dans l'œil d'associations locales qui s'étaient montées pour « tendre le micro » aux jeunes dans mon genre. Apparemment je cochais toutes leurs cases. Du coup des tas de gens sont sortis de l'ombre et m'ont proposé une tribune. Plus la tribune était prestigieuse, plus le public que je touchais était large. Je me suis rendu compte que raconter mon expérience était cathartique, mais que je pouvais aussi la monnayer. Je n'avais rien et, du jour au lendemain, je me suis retrouvé avec quelque chose qui intéressait les autres. Et on a commencé à m'inviter dans le West End pour que je donne mon sentiment sur la pauvreté.

18. L'étranger

Pour ma première apparition télé, la BBC est venue me filmer dans l'appartement de ma tante à Govanhill, au sud de Glasgow, où elle vivait avec mes deux cousins et une famille qu'elle hébergeait – une mère et son fils menacés d'expulsion. Après avoir affûté ses armes de militante au sein de l'État libre de Pollok, ma tante s'était engagée au niveau local dans la lutte pour l'environnement et elle avait été élue au Parlement écossais. À cette époque je m'apprêtais à arrêter le lycée, mais j'avais du mal à trouver du boulot. J'avais bossé comme intérimaire mais mon contrat n'avait pas été renouvelé après les fêtes de Noël. Le bruit courait que certains employeurs triaient les CV en fonction du code postal – qui les renseignait sur la catégorie sociale du candidat. BBC Radio Scotland faisait un reportage sur cette affaire et on m'a demandé de venir m'exprimer sur le sujet. Comme ça s'est bien passé, j'ai été réinvité plusieurs fois au cours de l'année.

Les ONG, les associations culturelles, les éducateurs et même les élus savaient qui j'étais. Lors des réunions, des soirées ou des cocktails, on me présentait comme le prototype du « petit jeune qui en veut ». On me faisait monter sur scène, on m'accordait du temps et de l'attention et ça a continué même pendant ma période SDF.

La BBC m'a invité à coanimer leur magazine phare, puis elle m'a proposé de présenter un feuilleton en quatre parties intitulé *Neds*. En Écosse, un *ned*, c'est l'équivalent d'un *chav* dans le reste de la Grande-Bretagne : un jeune, un lascar dont le comportement antisocial perturbe la vie du quartier – les médias ne parlaient que de ça à ce moment-là. Avec mon boulot à la BBC, j'étais comme écartelé : d'un côté sans-abri et mal dans ma peau, de plus en plus dépendant à l'alcool et à certaines drogues, de l'autre présentateur radio, m'apprêtant à parcourir le pays comme un vrai journaliste. Quand votre identité est trop bancale pour que vous puissiez vous ancrer à deux pieds dans la réalité, vous endossez l'identité qu'on vous attribue. Certains jours je ne touchais plus terre, je pensais que j'allais faire quelque chose de ma vie et devenir la fierté de ma famille. Mais il m'arrivait aussi de débarquer en retard aux studios de la BBC à cause d'un coup de cafard ou d'une gueule de bois carabinée.

Après *Neds*, on m'a commandé un autre feuilleton, ce coup-ci une série en trois parties sur Shettleston, un quartier qui présentait les pires statistiques du pays en matière de santé. L'émission marchait bien et en parallèle, j'étais bénévole dans plusieurs associations tout en me faisant une place sur la scène rap locale. Malheureusement, téléguidé par la mauvaise image que j'avais de moi-même, le syndrome de l'imposteur ou, tout simplement, par une propension à l'autosabotage, j'ai commencé à mettre en doute les motivations des personnes qui me tendaient la main. Au fond, ce que je recherchais, c'était tisser des liens, me sentir compris, entendu, soutenu. Le respect, la protection, l'amour. Les éloges et l'attention que je recevais m'encourageaient à penser que j'allais dans la bonne direction mais, une fois passé l'effet de nouveauté, j'ai creusé certaines questions et identifié des choses problématiques. À ce stade, j'avais repéré un paradoxe majeur dans ma vie : ceux qui souhaitaient m'offrir leur aide et que je voulais compter parmi mes amis étaient rémunérés pour cela. Pas besoin de sortir d'une grande école pour déduire qu'ils étaient pilotés par l'argent.

J'ai également remarqué que ces mêmes personnes qui buvaient mes paroles quand je racontais mon histoire préféraient que je taise certains sujets. Mon enfance, passe encore, mais à partir du moment où j'exposais mes théories sur la pauvreté, ses tenants et ses aboutissants, l'enthousiasme de mes interlocuteurs retombait. Les questions que je posais – « Ici, qui prend les décisions qui touchent au budget ? », « Si les gens sortent de la pauvreté vous perdez votre emploi, non ? » – jetaient parfois un grand froid.

Éducateurs, bénévoles et journalistes étaient pendus à mes lèvres quand je leur parlais de ma mère, pas quand je leur posais les questions qui fâchent. Une fois cela compris, j'ai vite appliqué la stratégie du cheval de Troie : je me suis servi de mes anecdotes personnelles pour capter l'attention de ces gens qui, autrement, ne m'en auraient accordé aucune. J'en suis venu à croire que ma parole était légitime uniquement parce que j'avais connu la pauvreté dans ma chair. À la seconde où je m'écartais du sujet, ils se refermaient comme des huîtres et se mettaient à trifouiller leurs papiers. De toute évidence, mon approche n'était pas assez « constructive » à leur goût. En contradiction avec les slogans martelés partout – *laissons les citoyens prendre leur destin en main, donnons une voix aux sans-voix* –, je n'avais droit à la parole que si je restais dans les clous. Sans doute parce qu'en dehors de la pauvreté, ma parole ne valait rien. C'était à la fois décourageant et écœurant. Je me demandais constamment si untel souhaitait s'associer à moi parce qu'il me trouvait intelligent ou parce qu'il comptait se servir de moi. Et comme j'avais tendance à me dévaloriser, cela a eu une influence néfaste sur la perception que j'avais de ma propre identité. À certains moments j'étais convaincu que mes idées présentaient de l'intérêt, à d'autres accablé par la certitude terrible que je faisais fausse route depuis le début. J'étais un zéro, un idiot complet. Étonnamment, au lieu de m'anéantir, la confusion mentale semblait tisonner les braises de ma colère. Ce conflit intérieur accaparait mon esprit, comme l'avait fait l'angoisse à une époque, et j'ai converti ces nouvelles expériences en matériau pour mon expression artistique.

Mes troubles psychologiques et les obstacles qui se dressaient sur mon chemin n'ont pas douché ma motivation : j'ai continué à creuser et j'ai atteint certaines de mes cibles en suivant mon instinct, sans me laisser museler par les résistances de certains. En définitive, j'ai adopté une attitude de contestation systématique vis-à-vis des personnes et des associations qui essayaient de modeler, comme j'en avais la conviction, ma perspective et ma parole. Je montrais les dents dès qu'on essayait de me manipuler, soit pour me faire taire, soit pour m'extorquer des informations qui seraient réutilisées plus tard, par un autre, dans son propre intérêt.

On m'avait conditionné à raconter mon histoire sur commande, pour amuser la galerie, et on a commencé à se méfier de moi quand j'ai rué dans les brancards, ce qui a aggravé mon sentiment d'exclusion. J'ai appris qu'on ne peut pas tout dire quand on parle de pauvreté. Que même l'enfance la plus sordide ne vous donne pas carte blanche pour remettre en cause le système. Et que les séquelles psychologiques dont je souffrais me gâchaient la vie en dressant un mur entre moi et les gens qui se proposaient de m'aider. Il n'était pas rare que je projette ma douleur, ma méfiance et ma peur de l'abandon sur des personnes bien intentionnées. Dans ces moments-là, j'étais incapable de dire si je me trompais de cible, en proie à un épisode maniaque.

Une autre des leçons que j'ai retenues : quel que soit le milieu dont vous êtes issu, on vous excommunie à l'instant où vous froissez la sensibilité de ceux qui vous donnent la parole. Essayez de raconter votre histoire pour vous et vous seul, pas pour leur servir la soupe, et on vous montre la porte. On met vos opinions à la poubelle. On explique votre colère par vos troubles mentaux et vous vous rendez compte que votre témoignage, autrefois applaudi par ces mêmes personnes, se retourne brusquement contre vous : vous leur avez donné le bâton pour vous faire battre. Méfiez-vous de ces gens-là : ceux qui serinent qu'il faut écouter la voix des couches populaires et qui se carapatent lorsque la masse ouvre la bouche pour se faire entendre.

J'ai commencé à considérer mon enfance comme « difficile » lorsque j'ai vu la tête des gens quand je me suis mis à en parler. À prendre ma place dans le monde lorsqu'on m'a assuré que j'y avais droit. À croire que mon discours avait de la valeur lorsqu'on m'a encouragé à répéter comme un perroquet ma bio de gosse des cités. Mais si, d'aventure, je prenais des libertés avec mon rôle, les rideaux se refermaient, les projecteurs s'éteignaient, les micros étaient coupés. La BBC n'avait plus rien à me proposer. Les médias s'intéressaient à autre chose, la petite délinquance était passée de mode. Ils n'ont même pas eu la courtoisie d'accuser réception d'une idée d'émission que je leur ai soumise. Le *Sunday Mail* m'a interviewé et envoyé un photographe et, la semaine où *Neds* a été diffusé, ils ont publié un article intitulé « Neddy Burns ». Un article qu'ils ont illustré d'une photo sur laquelle j'avais la dégaine du « chav » de base, la casquette de travers à cause du vent. Dès lors que l'intérêt médiatique s'est essoufflé, je suis retourné à l'anonymat. Moi qui croyais qu'on me tendait le micro parce que mon avis était pertinent, parce que ma parole comptait, je suis tombé de haut. Un jour, ça a fait tilt : on m'avait confié *Neds* car, dans la tête des gens, j'étais un *ned*.

Aujourd'hui, mes œillères sont tombées. Aujourd'hui, je comprends que pas mal de monde met mon parcours sur le compte de la chance, des rencontres que j'ai pu faire et des opportunités qui se sont présentées à moi : ils ne voient pas mon témoignage comme un récit édifiant dont ils pourraient tirer un réel enseignement. N'allez pas croire que j'ai une mauvaise opinion de ceux qui ont participé à l'écriture de ce récit, ni que je pense une seule seconde que les personnes qui travaillent dans ce secteur s'y sont engagées par cynisme. Les seuls coupables, ici, ce sont mes préjugés. Peut-être est-ce dû à mes débuts dans les collectifs d'extrême gauche, peut-être à ma naïveté de néophyte, mais j'ai toujours cru qu'éradiquer la misère était une priorité sociale. Pourtant, lorsqu'on étudie à la loupe l'industrie de la pauvreté et ses mécanismes, on constate qu'elle ne s'est jamais aussi bien portée. Si la situation n'était pas aussi catastrophique dans certains quartiers, la baudruche se dégonflerait.

J'ai été poussé en première ligne par des associations et des groupes politiques, qui ont présenté mon témoignage « saisissant », « sincère » et « poignant » comme une pièce à conviction allant dans le sens d'une restructuration sociale. Lorsque j'ai voulu changer d'angle d'approche, parce que mon état d'esprit, ma compréhension de la situation et mes aspirations avaient évolué, les étiquettes ont changé : « arrogant », « agressif », « dangereux », « posture victimaire », « complaisant », « égocentrique », « intello de pacotille », « poids plume », « social-traître », « nombriliste ». Des critiques justifiées. Je ne suis pas parfait, loin de là. Mais je n'ai rien fait, à part mettre le thème de la pauvreté sur la table. Et la seule façon de me faire entendre a été d'introduire mon propos en parlant de ma mère alcoolique et des galères de mon enfance. J'apporte mon témoignage, pas parce que j'aime me regarder le nombril mais parce que c'est le seul format qui permet de se faire entendre. Un trompe-l'œil nécessaire si on veut que les puissants et les bonnes consciences daignent nous prendre au sérieux.

À 33 ans, je n'ai pas encore dévié de cette voie. Bon, maintenant que vous savez tout de moi, je peux vous dire ce que j'ai sur le cœur.

Je ne crois plus que la pauvreté est un problème qui peut se régler au niveau politique. Ce n'est pas que nos dirigeants manquent de volonté, non ; en réalité, un débat cartes sur table leur coûterait trop cher sur le plan électoral. Si ceux qui sont aux manettes nous forçaient à regarder la réalité en face, cela nous remuerait jusqu'aux tripes. L'ampleur de la tâche qui nous attend collectivement dépasse l'entendement, c'est certain, mais la responsabilité personnelle entre aussi en ligne de compte et c'est devenu tabou de l'évoquer dans les milieux progressistes. Même si la gauche et l'extrême gauche réclament, ou font mine de réclamer, des changements radicaux et des résultats immédiats, leurs partisans se braquent dès qu'on évoque le sujet. Pourtant, et même si c'est difficile à accepter, la pauvreté est un phénomène global dans lequel chaque citoyen a un rôle actif à jouer et il est impossible de désigner de façon arbitraire un coupable – groupe ou individu.

Contrairement aux idées reçues, le problème de la pauvreté a beaucoup trop de ramifications pour qu'on accable le parti Tory – le parti des conservateurs, ou de ceux qu'on appelle « l'élite ». C'est précisément cette complexité qui nous pousse à chercher des boucs émissaires. Que la gauche fustige les riches ou que la droite s'attaque aux pauvres, c'est toujours une seule version du problème qui est servie à l'opinion, celle qui les décharge de toute responsabilité. Les politiciens qui courent après un nouveau mandat ne veulent surtout pas froisser leur base électorale.

La pauvreté est devenue un sport, une compétition entre quelques équipes politiques. Ces équipes changent en fonction du pays mais les règles du jeu, elles, traversent les frontières : le but, c'est de salir le camp d'en face et de l'accuser des pires bassesses. Un jeu si malhonnête, si obscène, que même la vérité en est victime – exploitée, déformée, trahie pour coller à l'argumentaire de l'un ou l'autre camp. Au lieu de reconnaître leur impuissance, nos malheureux responsables, le nez collé sur leurs propres tracas, brassent de l'air. Et quand ils manquent à leur parole – ce qui se produit systématiquement –, ou qu'ils violent des promesses creuses, formulées dans l'urgence, qui n'avaient d'autre but que d'apaiser la grogne populaire, ils nous disent que ce sont leurs adversaires politiques qui retardent la procédure. Il s'agit d'un jeu pratiqué par tous, quelle que soit leur place sur l'échiquier politique. Et le citoyen gobe tout ce qu'on lui raconte, comme un gamin.

Prenons un instant pour nous pencher sur les dégâts que ce petit jeu inflige à notre société.

Lorsqu'un parti charge le camp d'en face, l'opinion pense, à tort, que le problème soulevé peut trouver une solution s'il est traité par des personnes compétentes. Cette simplification est dangereuse. Dans les débats on se retrouve avec d'un côté les méchants, de l'autre les gentils, et la saga-fleuve de la pauvreté peut poursuivre son cours sans que personne s'attelle vraiment à cette tâche herculéenne. Notre refus de nous colleter avec ce fléau social débouche sur une réflexion politique immature qui ramène l'individu à une caricature et les termes du débat à des petites phrases qui font le buzz – tout comme l'alcool et la drogue sont des exutoires à notre malaise. Les rivalités partisanes ont atteint un tel niveau que l'idée de faire s'asseoir tous les acteurs autour d'une même table pour mener un dialogue constructif fait doucement rigoler. Et dans le même temps, s'efforcer d'aboutir à un consensus, reconnaître le mérite ou l'honnêteté d'un opposant, saluer le succès d'une politique avec laquelle vous êtes en désaccord peut vous faire lyncher en place publique – par votre propre camp.

La réalité brutale de la maltraitance infantile, les statistiques alarmantes de la criminalité, l'omniprésence de la violence, l'horreur des sévices domestiques, le désastre du mal-logement ou la tragédie inévitable de l'alcoolisme et de la toxicomanie sont là, mais personne ne semble en tirer la moindre leçon ni exprimer un quelconque remords alors même que notre impuissance nous saute à la figure. On préfère jouer à notre jeu préféré, celui de la politique politicienne. Malheureusement, l'intégrité n'est pas encouragée dans l'exercice du pouvoir ; l'opinion publique ne l'accepterait pas. Un bouc émissaire, c'est plus commode. Les banquiers, les pauvres, peu importe. Notre perspective est si fragmentée que les dirigeants n'ont d'autre choix que de nous fournir notre dose d'illusions, de slogans à l'emporte-pièce, de souffre-douleur et de platitudes rassurantes qui rejettent la faute sur ceux dont la tronche ne nous revient pas. À ce compte-là, tout le monde est le bouc émissaire de quelqu'un.

Avec ce cocktail de sectarisme, de mauvaise foi et de lâcheté au plus haut niveau, la situation ne peut que se dégrader. Il est grand temps d'arrêter de se voiler la face et, pour ceux d'entre nous qui veulent peser dans la balance, de se retrousser les manches. Comme personne n'a envie de mettre le système sens dessus dessous malgré le message que nous envoient les quartiers qui s'embrasent à intervalles réguliers, les citoyens qui se préoccupent du sort des pauvres (et du sort de la collectivité dans son ensemble) doivent dès à présent s'accommoder du fait que le dispositif perdurera, malgré ses contradictions internes – j'y inclus les personnes qui tiennent ce livre entre leurs mains en 2019.

Bien que l'opposition parlementaire et la contestation populaire arrivent encore à arracher – de haute lutte – des concessions aux détenteurs du pouvoir, comme ils y sont parvenus tout au long du siècle dernier, les chances sont minces qu'un changement radical des mentalités se produise de notre vivant. Ce qui ne signifie pas que nous devons baisser les bras. Ni que nous devons courber l'échine devant des forces qui n'agissent que dans leur intérêt. Simplement, bazardons cette idée que l'effondrement du capitalisme ou l'avènement d'un nouveau régime présentent la solution miracle à tous nos problèmes. C'est une idée irrationnelle.

Qu'il soit injuste ou non, un système économique qui implose fait des ravages. Appeler le cataclysme financier de nos vœux, cela me semble au mieux vide de sens et au pire, cela révèle notre myopie idéologique. Une fois réconciliés avec cette vérité, nous pouvons diriger notre énergie ailleurs pour adopter une approche plus pragmatique, rapprocher la théorie de la pratique, l'abstrait du concret. Je l'ai déjà souligné plus haut, la pauvreté englobe de nombreux domaines : le social, la psychologie, la santé, la citoyenneté et la culture. Certains – le secteur économique par exemple – échappent à notre influence directe. D'autres peuvent y être sensibles – c'est le cas du paysage politique. Enfin, d'autres – l'équilibre mental, le mode de vie ou les habitudes de consommation, qui jouent un rôle essentiel dans la qualité de notre quotidien – peuvent être aisément rectifiés. Les questions qui doivent s'imposer à nous, sans tarder, les voici : comment modifier l'empreinte de la pauvreté sur notre façon de penser et d'agir ? Quelles démarches entreprendre pour corriger les retombées négatives sur notre cadre de vie ? Qu'est-ce qui échappe à notre contrôle, qu'est-ce qui entre dans notre champ d'action ?

À gauche, ce sont les mêmes propositions en boucle : réinventer le système économique, renverser les élites, augmenter la dépense publique. Des polémiques stériles sur la structure oppressive de la société occidentale et les innombrables formes qu'elle adopte, ou sur la violence symbolique inhérente au capitalisme. L'alphabétisation émotionnelle n'est pas un sujet qui enflamme l'imagination des idéologues. Ni la souffrance des gens qui se réfugient dans la nourriture. Je n'ai jamais vu de militant parler ouvertement de ses soucis d'alcool ou de sa consommation de drogue ni de ce qui l'a amené à plonger dedans.

Aucun universitaire ne rédige de thèse sur le lien entre stress émotionnel et maladies chroniques, aucun journaliste ne publie d'article sur la méthode qui lui a permis de décrocher de la cigarette. À croire que ces problèmes terre à terre importent moins aux pauvres que les méditations de Karl Marx. À croire qu'agir sur ce qui nous démoralise, nous mine et nous tue à petit feu peut attendre le Grand Soir – à supposer qu'il se produise. Les débats théoriques et le charabia illisible masquent les problèmes concrets et cycliques, pas très captivants, contre lesquels luttent beaucoup de gens. Ils masquent aussi les solutions qu'on peut apporter à l'échelle individuelle, familiale et collective.

Ce sont les soucis du quotidien liés à la pauvreté qui entretiennent le stress, qui rendent l'individu apathique, dépressif, belliqueux, malade et profondément malheureux. Ce sont les émotions douloureuses qui entretiennent les pulsions consuméristes et limitantes, qui alimentent ce même système qu'ils sont nombreux, à gauche du spectre politique, à vouloir démanteler. Pourtant, sur ces sujets qui concernent prioritairement les populations défavorisées, la gauche – ma gauche – est étrangement muette.

Chaque problème est débattu comme s'il était fondamentalement insoluble, de sorte que la responsabilité est presque toujours reléguée hors du champ d'action : il s'agit d'une force ou d'une structure invisibles, d'un système ou d'une élite aux contours flous. Je ne dis pas que ce raisonnement est totalement faux, je dis juste qu'il propose un cadre trop étroit pour reconnaître la complexité du problème tel qu'il est vécu au quotidien, à hauteur d'homme. Une analyse systémique qui se limite à des facteurs externes se prive imprudemment de l'opportunité d'explorer l'aspect humain du sujet. Elle n'est pas à même de rendre compte de ses subtilités, du lien entre les fausses croyances et l'autosabotage qui nous enferme dans l'essoreuse du stress et de la consommation à outrance.

Pour ceux qui veulent s'attaquer au mal à la racine, les problèmes du quotidien, malgré leur apparente banalité, sont aussi importants que l'examen critique du système économique dans son ensemble. Malheureusement, ils ont été négligés par la classe politique et les mouvements d'extrême droite se sont engouffrés dans la brèche : ils ont accaparé les notions de libre arbitre et de responsabilité personnelle. Pire, quiconque suggère que les pauvres sont parfois responsables de leur propre situation est voué aux gémonies, comme si les écueils et les obstacles rencontrés à un niveau individuel pouvaient être mis sur le seul compte des inégalités ou d'un déséquilibre des pouvoirs. Et pourtant, de nombreuses personnes ne sortiront de la spirale infernale des troubles mentaux, de la maladie et de la dépendance qu'à partir du moment où elles regarderont leurs choix en face, tout en recevant bien sûr le soutien nécessaire à leur rétablissement. C'est une vérité qui est difficile à entendre. Rappelez-moi la dernière fois que vous avez entendu une grande figure de la gauche faire l'éloge de l'effort et de la responsabilité personnelle ?

Allez-y, j'ai tout mon temps.

Non, nos dirigeants préfèrent nous vendre un monde utopique qui remplacerait avantageusement le système actuel. On ment au peuple quand on raconte partout que troquer un système politique ou économique contre un autre est une simple formalité, on lui ment quand on suggère qu'il est plus facile de remodeler une société entière afin qu'elle s'adapte à nos besoins que d'opérer quelques réglages dans notre mentalité et nos comportements. Sans oublier de crier au scandale à chaque fois qu'une personne sortie de nos propres rangs a l'audace de pointer nos incohérences du doigt. Alors je vous présente mes plus plates excuses, messieurs dames, si vous ne me jugez pas assez constructif. En l'absence de dirigeants dignes de ce nom, la seule solution qu'il nous reste, c'est d'être d'une exigence féroce envers nous-mêmes. Pas par facilité ni par souci d'équité, mais parce que c'est l'alternative qui se présente à nous. Arrêtons d'acheter la came que nous refourgue ce personnel politique qui fabrique notre réalité sans nous demander notre avis. La pauvreté n'est pas un jeu, elle ne va pas fondre comme neige au soleil. Il n'y a pas de baguette magique, pas de remède miracle, et il va falloir toucher le fond avant de voir le début d'un rayon de soleil. La voilà, la vérité, nos dirigeants le savent mais on attend encore celui qui aura le cran de nous le dire.

Et voilà pourquoi, en tant que citoyens, nous devons explorer de nouveaux territoires. Ne pas nous contenter de tirer à boulets rouges sur le système, mais passer au crible nos propres schémas idéologiques, notre propre comportement. Repartir à la conquête de la notion de responsabilité personnelle sur laquelle a fait main basse une droite hégémonique, qui ne représente pas le peuple. Fonder une gauche nouvelle qui ne se borne pas à fantasmer l'insurrection, qui nous exhorte plutôt à prendre nos problèmes à bras-le-corps et à revitaliser le potentiel humain des populations paupérisées exsangues.

Le tableau est sombre. Quand nos dirigeants, empêtrés dans des controverses indécentes, n'ont aucune solution à proposer, quel espoir offrir à tous ces gens qui sont dans la galère en ce moment même, sans leur bourrer le crâne de délires et de promesses vides ? À ceux qui ne verront pas les débuts de la troisième révolution industrielle ? Qui passeront à côté de la mise en place d'un revenu universel ? J'estime que la moindre des choses, ce serait de leur dire la vérité : arrêtez tout ce cinéma autour de la révolution. Vous allez l'attendre longtemps. Le système continuera à avancer clopin-clopant, il va falloir s'y faire.

Et si ce système perdure, c'est en grande partie notre faute, au niveau individuel mais aussi collectif. Notre environnement nous façonne et, simultanément, nous façonnons notre environnement. Des aliments que nous consommons aux produits que nous achetons. Des journaux que nous feuilletons au bulletin que nous glissons dans l'urne. Nombre des problèmes qui nous assaillent et dont nous rendons souvent responsable le « système » – pas tous, bien entendu – contiennent en eux-mêmes, dans une certaine mesure, leur propre solution. Par conséquent nous sommes en mesure d'agir dessus, voire de leur trouver une issue positive. Au bout du compte, les militants de gauche vont devoir renoncer à leur rêve de révolution pacifique, car elle ne se profile pas à l'horizon, et passer de « comment changer radicalement le système ? » à « comment nous changer radicalement, nous ? »

Une pensée pour ma mère qui n'est plus de ce monde.

19. Contes du fast-food

Aujourd'hui, retour au McDonald's et top départ de ma troisième semaine de consommation exclusive de *junk food.* Je passe commande, presque contre ma volonté, au comptoir. J'ai replongé après une période de privation durant laquelle j'avais réussi à perdre cinq kilos et je me fais l'effet d'un minable. Une sensation ô combien familière – ce n'est pas comme si c'était la première fois.

Je vais m'installer avec mon plateau et la trouille de croiser quelqu'un qui me reconnaîtrait. Allez, après ça j'arrête, voilà ce que je me dis. Dans ma tête je me perds dans tout un tas de calculs, calories, kilogrammes, litres. En parallèle je compte les miles, les kilomètres, le nombre de pas. J'ai une application qui enregistre ce que j'absorbe, liquides et solides, et chaque effort physique. Tout au long de la journée je reçois un flot continu de données. Mais si le savoir est une arme, comment expliquer que je me sente aussi nul, aussi naze ? Aussi gras ?

Quand on a une habitude nuisible, le moindre écart est source d'angoisse et de nervosité. Un pic de stress, dont l'intensité peut balayer tout le reste, déclenche le besoin impérieux de revenir au comportement habituel. En d'autres termes, quand mon cerveau réclame un McDo, il m'est très difficile de résister à cette envie, surtout si je suis fatigué ou surmené.

J'ouvre le carton qui contient le burger au poulet et je verse une portion de frites sur le couvercle, que j'ai disposé bien à plat comme un petit saladier en papier. Je m'occupe d'abord des deux ou trois frites qui sont tombées sur la table, puis de la paille : je déchire l'emballage et je la sors de son fourreau avec les dents avant de la planter dans le gobelet XL en plastique. Première gorgée de Coca-Cola.

Le soda glacé me rebooste et une vague d'optimisme proche de l'euphorie me submerge. Ici, pas de place pour la honte. Pourtant, je me fais aussitôt la promesse que c'est la dernière fois que je mets les pieds chez McDo.

Retour aux frites. Ce coup-ci j'en attrape une grosse poignée, que j'arrose d'une gorgée de Coca. Le processus s'accélère, mon appétit devient plus féroce à mesure que mon organisme absorbe la nourriture. C'est pour ça que j'ai pris la précaution de commander une portion supplémentaire de frites. C'est toujours rassurant de savoir que je ne vais pas me retrouver à court – presque comme si j'étais venu manger avec un pote.

Quand je suis en proie à cette transe, les quantités que j'ingurgite sont tout bonnement obscènes. Pendant que je m'empiffre, je fais défiler sur l'écran de mon smartphone les confessions des gens qui se permettent des écarts de régime et je me dégoûte de plus en plus.

On dirait que mon cerveau refuse d'intégrer que j'ai le ventre plein, qu'il se met sur pilote automatique. L'euphorie des débuts se dissipe très vite, remplacée par la mélancolie. Je balaie le fast-food du regard. La plupart des clients gagneraient à maigrir de quelques kilos, et ils sont seuls à leur table. Comme moi. J'aimerais leur demander si le plaisir éphémère des premières bouchées réveille chez eux aussi ces sentiments profonds – honte et impuissance – qui nous font pousser la porte de cet endroit.

À mon avis, il est difficile d'être en surpoids et de se régaler chez McDo. Certains sont sans doute capables de se convaincre du contraire mais je les vois, ces gens qui galèrent pour monter dans leur voiture quand ils ont fini leur menu, ces gens plantés sur le trottoir en train de parlementer avec leur conscience, le regard dans le vague. Face à la séduction exercée par la perspective de mordre dans un hamburger, par le soulagement et le bien-être que cela provoque instantanément, toute résistance est inutile : on en oublie ce qu'on s'était promis de ne jamais oublier. L'écœurement qui s'abat sur soi, par exemple, quand on se gave de malbouffe sans pouvoir s'arrêter.

Il y a quelques jours à peine, j'ai planqué des emballages de bonbons et de chocolats dans la poche de mon blouson, de peur que ma copine se rende compte que je m'étais remis à ces cochonneries. D'accord, il y a des millions de gens qui vont chez McDonald's et qui arrivent à se contrôler. Mais pour tous ceux qui ont le plus grand mal à maîtriser leurs pulsions et mangent pour combler un vide – ce qui est mon cas –, c'est une habitude dangereuse, qui vous détruit de l'intérieur. À chaque fois c'est la même chose, je me demande ce qui m'a poussé à me gaver comme ça. Ce cycle hautement toxique, où le malaise succède au comportement autodestructeur, se retrouve dans de nombreuses sphères de ma vie. J'ai longtemps cru que mon mode de vie et mes problèmes de santé – fatigue, dépression, anxiété, insomnie, gingivites, douleurs dentaires, obésité, libido en berne, dépendance à l'alcool et à la drogue – étaient directement imputables au capitalisme. Ce qui est le cas, dans une certaine mesure. Mais il faut savoir regarder plus loin.

Comme pas mal des gens de ma génération, je dois mes habitudes alimentaires déplorables à ma grand-mère. Née au début des années 1930, elle a grandi à une époque où la nourriture que nous qualifions à l'heure actuelle de « malbouffe » n'existait pas encore, du moins pas à l'échelle que nous lui connaissons. On parle d'une époque qui ne connaissait pas encore la démocratisation des transports, la mécanisation et les télécommunications, ce qui signifie que les gens n'avaient pas adopté un mode de vie sédentaire, ils allaient vraisemblablement travailler tous les jours à pied. L'activité physique faisait partie de la vie quotidienne. C'est au début des années 1930 que les premiers drive-in importés des États-Unis ont fait leur apparition, marquant l'aube d'une ère où la nourriture s'annonçait savoureuse, facile d'accès et abordable. Ce phénomène – et les problèmes afférents – aurait pu conquérir le Royaume-Uni beaucoup plus tôt mais la Seconde Guerre mondiale a retardé son implantation.

Quand mes grands-parents se sont rencontrés au milieu des années 1950, le consumérisme faisait des débuts timides et les épiceries se mettaient à proposer à leurs clients des aliments transformés, de ceux qui nous sont familiers aujourd'hui. Imaginez le choc des gens qui avaient dû se rationner en temps de guerre. Le bouleversement s'est fait sentir à la fois dans le rapport que le consommateur entretenait avec la nourriture et dans les techniques de production et de marketing. Manger ne se limitait plus à nourrir son corps, à assurer son bon fonctionnement. Désormais, c'était aussi un mode d'expression et une porte ouverte sur une forme inédite d'hédonisme.

Durant la décennie 1970-1980, le Royaume-Uni a intégré l'Union européenne et la révolution alimentaire était déjà à l'œuvre. Les entreprises agroalimentaires se livraient une compétition acharnée, le consommateur avait l'embarras du choix. On a commencé à identifier des liens entre les plats industriels et certains problèmes de santé, par exemple l'hypercholestérolémie. Face à la sensibilisation croissante de l'opinion publique, une sous-industrie s'est développée, proposant des alternatives pauvres en matières grasses, soi-disant meilleures pour la santé. En peu de temps, le « manger sain » est devenu une jungle dont il était impossible de se sortir sans un doctorat en nutrition et dans laquelle on ne pouvait plus se fier à son instinct.

Entre ses origines, sa production et sa consommation, la nourriture en tant que concept a connu plus de bouleversements du vivant de mes grands-parents que durant toute autre période de l'histoire. Ce phénomène s'est accompagné d'une ignorance totale dans le domaine de l'alimentation, et de la diététique en règle générale. Quand notre famille a été sensibilisée à la question, il était trop tard : nous étions tous accros au sucre.

Mon voyage au pays de la malbouffe a commencé tôt. Gamins, nous ne savions rien de ses dangers. À l'école, on faisait la queue à la cantine et on se demandait ce qu'on allait choisir pour le déjeuner. C'était une de nos préoccupations principales. Il y avait du potage trop salé, des tourtes, des frites, des pommes de terre rôties, du poisson en friture, des saucisses et du poulet pané noyés sous les haricots blancs à la tomate, les petits pois en purée et une sauce bien grasse. Personne n'aurait fait l'impasse sur le dessert : gâteaux au caramel, biscuits fourrés à la confiture, flans, mousses aux fruits, glace au chocolat – le tout nappé de crème anglaise. Avant la récré, un chariot plein à craquer de barres chocolatées, de bonbons, de sodas, de jus de fruits et de chips passait de classe en classe, interrompant les cours pendant un quart d'heure, parfois.

Obtenir et consommer ces « friandises » a viré à l'obsession et la récré tournait autant autour des sucreries que des jeux. J'ai commencé à associer certains aliments à certaines émotions et ces associations ont vite pris un tour néfaste : ma dose de sucre, j'y avais droit, et à des heures précises. Si le chariot ne passait pas ou si je n'avais pas assez d'argent de poche pour acheter ce qui me faisait envie – bref, si l'approvisionnement en sucre était interrompu –, je me retrouvais en proie à la colère, la frustration et l'amertume. Cette idée fixe pouvait déclencher des coups de mou à tout moment et érodait ma concentration. Je trouvais plus longues les journées sans ces petits plaisirs dont je me faisais une fête. Mon faible pour les sucreries était si prononcé qu'il suffisait de menacer de les confisquer pour me mener à la baguette. La menace était aussi efficace que la violence.

Par chance, chez mes grands-parents, les placards étaient toujours pleins.

J'ai passé une grande partie de mon enfance à l'autre bout de Pollok, chez ma grand-mère. C'est elle qui m'a élevé, en un sens. On aimait bien « aller chercher le pain », pour reprendre son expression. « Aller chercher le pain », c'était un message codé qui voulait dire « manger dehors ». Les messages codés nous permettaient de communiquer sans éveiller les soupçons de mon grand-père, qui fourrait son nez partout.

J'ai passé pas mal de temps en compagnie de ma grand-mère dans les cafés écossais typiques. Dans tout café écossais qui se respecte, il y a un propriétaire italien, des poêles à frire et un menu ultra-copieux sous influence anglo-américaine. Ce qui le distingue des autres, c'est la possibilité de commander des glaces, des loukoums et des cigarettes entre chaque plat.

L'élément principal du mobilier consiste en un frigo rempli de sodas aux couleurs de l'arc-en-ciel, canettes et bouteilles. Souvent on s'y sent à l'étroit, c'est encombré et exigu. Malgré cela, il s'en dégage a priori un certain charme même si, les minutes s'égrenant, le charme commence doucement à se dissiper. En se frayant un chemin vers l'unique siège disponible à travers tout un bric-à-brac, le client se rend sans doute compte que l'établissement est d'une propreté douteuse. Les sièges en cuir rouge n'offrent pas non plus un confort irréprochable. Les tables en bois, que la tradition veut fixées au plancher, encombrent un espace déjà restreint. C'est encore plus difficile d'y circuler pour les clients dotés d'une bedaine imposante – l'immense majorité.

Le menu, généralement calé dans une pochette plastique entre deux flacons de condiments périmés, ne donne pas vraiment dans le haut de gamme : frites, saucisses, œufs et haricots, qui peuvent se combiner à l'infini. La gastronomie de la classe ouvrière écossaise se résume, pour l'essentiel, à un menu enfant en portions pour adulte. C'est à l'instant où le plat est servi, souvent de manière expéditive, qu'on comprend ce qui nous a poussés à rester alors que tout indique qu'on serait mieux ailleurs : on est entré dans le temple du sucre. Bocaux de bonbons colorés, chocolats et chewing-gums de toutes formes et de toutes tailles tapissent les murs.

Tandis qu'on enfourne un plat qui baigne dans l'huile, les questions se bousculent. Est-ce une confiserie ? Un restaurant ? Un bureau de tabac ou une camionnette de glaces échouée dans le fossé ?

Une question qui restera sans réponse. En Écosse, tout le monde s'en fout. Même la classe moyenne a adopté le café écossais, qui passe mieux avec une bonne louche de second degré.

Chez ma grand-mère, quand on ne mangeait pas dehors, on ne mourait pas de faim non plus. La journée commençait par un bol garni à ras bord de Frosties ou de corn flakes, complétés d'une cuillerée de sucre ou deux et arrosés de lait glacé, le « lait bleu » – non écrémé, ce qu'indiquait la couleur du bouchon. Ma grand-mère se méfiait des produits allégés, elle les trouvait sans goût et personne ne savait ce qu'il y avait dedans. Rien ne l'agaçait plus qu'un converti à la margarine ou un pisse-froid qui la sermonnait sur les dangers du fromage. Tout au long de l'après-midi, on se calait l'estomac avec du pain blanc beurré à la truelle et de grandes tasses de thé généreusement sucrées, on grignotait aussi des biscuits. Et quand les stocks baissaient, il arrivait qu'on boive du lait concentré à même la boîte. Un jour, je m'en souviens encore, j'avais posé une petite cuillère pleine de sucre à la surface du lait concentré, j'avais chronométré le temps qui s'était écoulé avant que l'épais liquide jaune l'absorbe et j'avais avalé ce mélange hautement calorique.

L'omniprésence du sucre dans mon enfance s'illustre bien par mon premier Halloween : j'avais fait du porte-à-porte pour réclamer du chocolat aux voisins, déguisé en canette de Coca.

De toute évidence le système joue un rôle fondamental dans nos choix de vie, mais nous sommes avant tout responsables de ces choix, et prétendre être entravés serait faire preuve de mauvaise foi. D'autant que nous n'avons jamais eu autant de produits à notre disposition qu'à l'heure actuelle.

Certes, on ne peut nier que le capitalisme influe sur notre vécu, notre santé, l'image qu'on a de nous-mêmes. Certes, il est parfois difficile de concilier consumérisme et respect de l'environnement ou de la dignité humaine tout en donnant le bon exemple à nos enfants. Une grande partie de la population estime – à juste titre – que le système économique actuel n'est pas compatible avec ces aspirations.

Mais c'est bien le capitalisme qui met à disposition dans mon quartier des salles de sport accessibles à toutes les bourses et ouvertes 24 heures sur 24, non ? Ou des produits frais, bio, cultivés localement et livrés sur le pas de ma porte ? Sans oublier les médias de type YouTube, source inépuisable, je n'exagère pas, de connaissances sur l'alimentation, entre les astuces pour maigrir et les conseils pour préparer en un minimum de temps des repas sains et bon marché...

C'est bien le capitalisme qui a rendu tout cela possible, non ?

Pourquoi est-ce si difficile à admettre pour un partisan de gauche ?

20. Désaffection

Être pauvre n'est pas qu'une question de finances. J'espère l'avoir démontré, et convaincu les plus sceptiques de mes lecteurs. La pauvreté est avant toute chose un champ gravitationnel qui englobe des forces hétéroclites – la culture, la politique, la santé, le mental, l'économique et le social. Chacun se libère de ce champ à sa propre vitesse, en fonction de sa situation personnelle. Indépendamment de la façon dont les facteurs énumérés ci-dessus, auxquels s'ajoutent la famille et l'éducation, se combinent chez tel ou tel individu, il est évident que la pauvreté et les contraintes révélées dans son sillage déterminent la trajectoire d'une personne. Ce qui explique pourquoi il est possible de prévoir précisément la mobilité sociale d'un individu et son espérance de vie d'après son poids de naissance, le lieu où il a vu le jour et le statut de ses parents. Et pourquoi les comportements violents et certains problèmes de santé – l'obésité, par exemple – concernent en premier lieu les catégories les plus démunies. Les inégalités sociales sont une réalité qu'on ne peut plus nier ; ce qui est en revanche sujet à débat, c'est la stratégie d'approche pour les réparer, ainsi que la désignation d'un responsable chargé de mener cette tâche à bien.

Certains estiment que la pauvreté résulte d'un système injuste, d'autres ne trouvent rien à redire au fonctionnement global et préfèrent rejeter la faute sur l'individu, accusé d'être incapable de se prendre en charge. Peu importe, au fond. La vérité, c'est que les débats et controverses qui se proposent d'étudier ce sujet sont, en soi, à la racine du problème car ils sont menés par des intervenants dont l'expérience de la pauvreté est très limitée : des représentants du monde médiatique et universitaire, de la sphère artistique, mais également des acteurs des secteurs privé et public et du monde associatif, qui façonnent le regard et la parole de l'opinion publique. C'est dans ce cadre exclusif que les éléments principaux du débat sont posés et prédigérés avant d'être servis au consommateur final – nous. On retrouve le même problème dans la maltraitance infantile : les participants étudient leur sujet par le petit bout de la lorgnette. D'où le fossé entre ceux qui veulent trouver une solution et ceux qui vivent la situation au quotidien.

Ce décalage entre les principaux concernés et les « sachants » neutralise toute tentative de peser dans la balance tout en donnant aux déclassés l'impression qu'ils ont définitivement disparu des radars de la « culture ».

Cette culture est un concept très large et très éclectique. Savoir se servir d'un couteau et d'une fourchette, c'est la culture. La façon de s'habiller, d'occuper ses loisirs, de s'adresser aux autres aussi, de même que les croyances, les préférences sexuelles, les points d'accord ou de désaccord. Mais la culture, c'est également un produit de consommation : une expérience destinée à notre usage, dans laquelle on peut investir un peu de soi-même. Les expressions « culture grand public » ou « culture populaire » tentent de décrire ce qu'apprécie l'individu moyen. Tout le reste se réduit à une « sous-culture ». Cependant, même si l'offre est plus pléthorique que jamais et même si le produit est facilement accessible, un large pan de la population se sent mal représenté, ou mis sur la touche.

Les femmes, la communauté LGBTQI, les minorités ethniques et religieuses et les handicapés livrent bataille depuis des décennies pour être représentés comme ils le méritent dans l'éducation, l'art et les médias. Ils ont dû se mobiliser parce que la « culture mainstream » ne brossait pas d'eux un portrait juste et propageait des caricatures entretenues par un petit nombre. Ces débats autour de l'exclusion culturelle s'orientent de plus en plus souvent vers d'autres territoires : l'identité, la perception de notre propre personne et la relation que nous entretenons avec notre propre culture sont autant de facteurs qui expliquent pourquoi certains peuvent se sentir relégués au second plan. À l'instar de la pauvreté, l'interprétation de l'identité dans laquelle on se reconnaît diffère selon les individus. Deux personnes peuvent être strictement identiques en termes de racines, de nationalité, de religion, de genre et d'orientation sexuelle, et estimer ne pas avoir le moindre point commun ; elles trouveraient même insultant qu'on les compare. Ce qui complique un peu les choses pour les créateurs de produits culturels, qui ne doivent surtout pas se laisser distancer par des identités en évolution constante – sous peine d'être accusés de mettre à l'écart une partie de la clientèle.

En Écosse, certains se considèrent comme écossais, d'autres s'estiment citoyens britanniques. Ceux qui se sentent écossais opèrent un distinguo très net entre la culture écossaise telle qu'ils se l'imaginent et ce qu'ils perçoivent comme la culture dominante, la culture du colon. Des esprits chagrins déplorent que nous n'ayons pas notre propre journal télévisé à 18 heures et que les informations nous soient dictées par Londres. Certains vont jusqu'à prétendre que le Royaume-Uni est représenté dans les bulletins météo sous un certain angle, de manière à dissimuler la véritable superficie de l'Écosse par rapport à l'Angleterre – l'Écosse étant traitée comme une province, pas un pays à part entière, ce qui explique son manque de visibilité ou les stéréotypes dont elle est la cible dans les médias. Précisons que les Écossais qui voient leur nationalité comme la clé de voûte de leur identité et regardent la culture à travers ce prisme sont minoritaires. D'autres choisissent leur genre, leur origine ethnique, leurs convictions politiques ou religieuses. Aujourd'hui c'est par le biais de notre identité que nous voyons le monde.

Il n'est pas inhabituel que ceux qui se sentent ignorés par la culture grand public mettent les contre-vérités qu'elle propage sur le compte de l'ignorance ou du pouvoir de nuisance de la classe dominante. Les hommes, par exemple, les Blancs, les valides, les hétérosexuels, les Anglais ou les Américains. Chacun voyant midi à sa porte, cela ne surprendra personne que je défende la théorie selon laquelle les inégalités sociales restent la première ligne de fracture d'une société. C'est même une plaie ouverte. Qu'il s'agisse de placer sa confiance dans un médecin, d'être évalué par un enseignant, interrogé par un travailleur social ou un juge pour enfants, menotté par un policier et conseillé par un avocat avant d'entrer dans une salle de tribunal, la catégorie sociale, c'est le problème autour duquel tout le monde tourne sans oser s'y attaquer de front.

Rien d'étonnant à ce que les plus démunis aient l'impression de voir dans ce que leur propose la culture grand public une parodie de la réalité. Cette réalité recréée par la classe dominante, presse, télévision ou radio, est tellement travestie qu'ils se demandent qui peut bien inventer des trucs pareils. Les questions abordées et les thèmes explorés dans la « culture mainstream » semblent complètement à côté de la plaque, et sans la moindre profondeur. Ce n'est la faute de personne mais la culture penche trop souvent vers un fonctionnement en circuit fermé.

Toutefois, et contrairement aux théories du complot dont nous sommes si friands, il existe une raison beaucoup plus simple qui explique pourquoi la culture mainstream défrise autant : la mobilité sociale. Les préoccupations de la classe dominante occupent le devant de la scène culturelle parce qu'aucun obstacle n'empêche celle-ci de gravir les échelons de la société – moins de distance à parcourir, un bagage plus léger. Tout ce petit monde peut facilement accéder à des postes d'influence et imposer à la masse ses propres centres d'intérêt. On comprend pourquoi ceux qui commencent au sommet de la chaîne alimentaire finissent par posséder, gérer, piloter, encadrer, publier, commanditer, éditer, administrer chaque aspect de nos vies, ou par légiférer dessus. Même les structures qui semblent se préoccuper des besoins du peuple, comme les ONG ou les tabloïds, sont souvent dirigées par des gens qui n'ont de la pauvreté qu'une connaissance théorique. Il y a des exceptions à la règle, évidemment, mais plus on monte haut, plus on prend des pincettes avec certaines susceptibilités qu'il ne faut surtout pas froisser. Des susceptibilités qui s'opposent à la majorité. Ces gens manœuvrent fermement les leviers à tous les niveaux et façonnent la société à leur propre image en commettant une erreur dont nous nous rendons tous coupables : croire que leurs intérêts, leurs choix et leurs aspirations sont unanimement partagés. Tout ce qui s'en éloigne constitue une « contre-culture », une mutinerie ou un bug dans la matrice.

Il faut partir du principe que l'exclusion n'est pas le but recherché. Mais à l'ère des fractures, des failles et des malentendus, les subtilités ont tendance à passer à la trappe. Tout se brouille, les intentions comme le sens. C'est cette tension entre différentes perspectives aux antipodes qui dégénère et fait le lit de la rancœur, de la mauvaise foi et de la haine. En Écosse, l'industrie de la pauvreté est dominée par une classe moyenne libérale qui penche vers la gauche. Et comme elle est animée de la meilleure volonté du monde, elle reste perplexe et elle se froisse lorsque ces mêmes pauvres exprimment leur colère. Il ne vient pas à l'esprit de ces gens, qui se considèrent comme le « camp du bien », que ceux qu'ils se proposent de servir les voient comme des opportunistes, des vautours ou des charlatans. Ils se présentent comme les défenseurs des faibles et des opprimés mais si l'un de leurs protégés se mettait à réfléchir par lui-même ou, pire, s'il tenait tête à ces experts autoproclamés, c'est sur lui qu'on crierait haro, et on redoublerait de « pédagogie ». À vrai dire, ces gens-là sont tellement convaincus de leurs compétences et de leurs qualités qu'ils n'hésitent pas à taxer la classe ouvrière de « sectarisme » si elle se détourne de la gauche pour voter à droite. Insulte qui témoigne d'un aveuglement inquiétant et suggère que ceux qui ne se retrouvent plus dans nos idées sont non seulement ingrats mais aussi complètement idiots.

21. Au cœur du quartier de Garnethill

En 2014, l'École des beaux-arts de Glasgow a été ravagée par un incendie. La destruction de ce bâtiment conçu par Charles Rennie Mackintosh a été présentée comme une tragédie nationale. Des photos du brasier ont paru à la une de tous les journaux ; des hommes politiques comme le Premier ministre Alex Salmond, et des célébrités, Brad Pitt en première ligne, ont réagi presque immédiatement, promettant une aide financière à l'établissement et aux étudiants touchés. La place à part qu'occupait l'école dans l'inconscient collectif a fait naître un raz-de-marée de solidarité et les médias n'ont parlé que de cet incendie pendant plusieurs jours alors qu'il n'y avait aucune victime à déplorer. Mais le grand public, lui, a réagi mollement. L'indifférence totale. Seule une certaine partie de la population, qui se sentait liée à l'établissement d'une manière ou d'une autre, a pleuré sur son sort. Au bout de quelques jours, fatiguées qu'on nous rebatte les oreilles de cette histoire – les dégâts subis étaient-ils permanents, y avait-il encore moyen d'arracher quelque chose aux ruines fumantes, etc. –, certaines personnes (moi compris) ont commencé à se dire qu'on y accordait trop d'importance. Pas parce qu'elles ne s'intéressaient pas vraiment à l'art contemporain, mais parce qu'elles avaient grandi dans des quartiers où les incendies étaient monnaie courante. Où les écoles étaient démolies contre l'avis de la population. Où l'héritage culturel est confisqué avant d'être cédé à des promoteurs privés. Où la nature est défigurée par une route qui permet aux banlieusards de se rendre à l'École des beaux-arts de Glasgow sans se retrouver coincés dans des embouteillages.

« Mais c'est l'École des beaux-arts ! » se sont indignées les bonnes âmes. « Ça intéresse qui ? » a rétorqué la masse vulgaire et ignare. L'importance qu'endossait l'École des beaux-arts de Glasgow pour ceux qui s'y sentaient liés était inversement proportionnelle à l'indifférence de la majorité. Au cours des jours qui ont suivi, personne ne s'est étonné du nombre de gens qui s'en lavaient les mains, personne ne s'est interrogé non plus sur ce que signifiait cette désaffection. Apparemment, la question n'était pas pertinente. Ceux qui ne prenaient pas part au deuil national étaient forcément d'indécrottables ignares. C'était la seule explication possible, vous comprenez – une personne normale ne pouvait que se préoccuper du sort de l'École des beaux-arts de Glasgow, pas vrai ? Il fallait être une brute inculte pour ne pas verser une larme.

On peut aussi retourner l'argument : ce sont les esprits supérieurs et cultivés qui n'avaient absolument rien compris.

Cet été-là, Glasgow a accueilli les Jeux du Commonwealth. Un grand moment de fierté et d'unité nationale, à en croire nos médias et nos dirigeants. Mais, dans l'ombre des Jeux, les habitants de Bridgeton, Parkhead et Dalmarnock, des quartiers populaires, ne décoléraient pas : ils dénonçaient la manière dont la manifestation perturbait leur vie quotidienne et l'absence de concertation. On ne peut pas dire que la presse s'est jetée sur le sujet. Deux ou trois journaux locaux en ont parlé, effectivement, mais cette histoire s'est retrouvée noyée dans l'ambiance de carnaval qui s'était emparée du pays. Le conseil municipal de Glasgow ne s'est pas démonté : il s'est glorifié de ces jeux extravagants et de la mise en place d'un réseau wi-fi public qui a permis aux fans de sport venus à grands frais des quatre coins du globe d'explorer la ville en restant connectés non-stop à Facebook.

En même temps que les nouvelles bornes wi-fi, des milliers de pancartes ont été semées à travers toute la ville, rédigées dans plus de cinquante langues pour orienter les touristes vers les salles, les stades et d'autres lieux présentant un intérêt culturel. Pendant ce temps, dans un quartier défavorisé comme Cranhill, dans l'East End de Glasgow, qui n'a pas vu le moindre panneau indicateur en soixante ans, les foyers municipaux offraient un accès Internet tout droit sorti des années 1990. Les jeunes en guerre contre la police et contre les éducateurs surmenés terrorisaient les habitants par des actes de vandalisme et des incendies criminels. Des bouquets de fleurs séchées étaient accrochés au grillage d'un terrain de jeu, en hommage à une énième vie gâchée par l'alcool. Ce genre d'endroit n'est desservi par aucun train et les horaires de bus ne valent même pas le papier sur lequel ils sont imprimés.

Tout le monde était pris dans le tourbillon des Jeux et personne n'a pris conscience, parallèlement aux réjouissances, des difficultés d'une population déjà à bout. Alors que le conseil municipal de Glasgow et le gouvernement écossais savouraient leur quart d'heure de gloire à l'international, les quartiers pauvres vivaient un enfer. Le comble, c'était que le prix des billets les excluait des compétitions comme des événements organisés en marge. Quand vous poussiez la porte de la bibliothèque de Cranhill, il fallait attendre près d'un quart d'heure avant que votre ordinateur daigne sortir de sa léthargie. Il fallait ensuite se battre avec le wi-fi préhistorique qui narguait votre patience. Difficile d'en vouloir à ces gens qui regardaient le carnaval à la télé depuis leur canapé et s'interrogeaient : « Est-ce que je vis dans le même monde que ces gars-là ? » Celui qui ose exprimer sa contrariété ou son opposition se voit traité de rabat-joie. C'est un obstacle au progrès, il a des écailles sur les yeux, il n'est pas « constructif ». Les habitants de ces quartiers sont systématiquement taxés d'étroitesse de vue, de médiocrité et d'égoïsme, car la version qui prend le pas sur toutes les autres est celle qui répond aux besoins de la majorité. Laquelle, par un fameux hasard, coïncide souvent avec la fameuse « classe moyenne ». Stewart Lee en parle très bien dans ses sketchs.

Ce qui pourrait expliquer pourquoi, dans le sillage du Brexit, certains ont commencé à parler d'« intelligentsia » et d'« élite », pour le plus grand bonheur des inconditionnels de Stewart Lee. Ils ont tenté de décrire, pas très subtilement, ce phénomène selon lequel la réalité s'obstine à prendre le contre-pied de la soupe servie traditionnellement par le milieu politique et médiatique. Sans doute essayaient-ils d'indiquer qu'ils n'étaient pas dupes, et que ce qu'on leur vendait comme la réalité n'était qu'une mise en scène.

La plupart du temps, il faut le reconnaître, cette conviction s'ancre dans la paranoïa et dans une méconnaissance totale des procédures décisionnelles et législatives. D'où la propagation de délires en tous genres, car l'être humain a tendance à remplir les cases blanches avec des exagérations. Pourtant, ces fables ne sont pas toutes à côté de la plaque. On ne peut nier que les gens qui travaillent dans la culture, qui élaborent, dissèquent et plaquent un sens sur les événements, sont très souvent issus de milieux plus privilégiés que les personnes auxquelles ils s'adressent. Deux mondes qui se côtoient sans jamais se rencontrer.

La Grande-Bretagne du Brexit, avec ses dérives, ses dérapages et sa vulgarité, nous offre peut-être un aperçu d'une société dont les membres découvrent les vertus du vote contestataire. Oui, la Grande-Bretagne du Brexit est un instantané qui nous donne à voir comment des gens dont la voix est traditionnellement étouffée décident de s'emparer du micro et renversent la table. Et de voter contre leurs propres intérêts, en mode « foutu pour foutu ». Ces gens-là, qui n'en reviennent pas que leur vote ait engendré un réel changement – pour la première fois de leur vie –, se font ensuite traiter de

« connards » et de « fumiers » par la classe moyenne progressiste. Par chance, l'« intelligentsia libérale » et l'« élite des grandes métropoles » ont assez d'influence, de capital culturel et de réseaux pour bâtir leur propre réalité, une réalité parallèle où les préoccupations triviales du bas peuple ne risquent pas d'être prises en compte et où les crises sont résolues proprement – via les fils Twitter, les épingles à nourrice qu'on arbore en soutien aux migrants, les câlins gratuits, les pages opinion du *Huffington Post*, les Tumblr et les bonshommes en pain d'épice non genrés. Quand le courroux de la classe ouvrière s'abat sur la sphère politique, envoyant une onde de choc à travers toutes les strates de la société, on y voit un désastre national. Le référendum sur le Brexit, un véritable séisme politique, a provoqué sur Internet un déferlement de messages méprisants, hautains et presque hystériques qui revenaient sans filtre sur cet événement apocalyptique – une campagne de haine qui reprend à chaque fois qu'une certaine caste, peu importe son positionnement sur l'échiquier politique, sent qu'elle ne mène plus la danse. Que quelqu'un lui tient tête. Que la culture ne tourne plus exclusivement autour d'elle. Pour celle-là, ceux qui ne cèdent pas à ses caprices se rendent coupables de maltraitance.

Le matin du Brexit, les libéraux, les progressistes et les radicaux de la classe moyenne ont annoncé la fin du monde. Ils se sont soudain pris en pleine figure la laideur et la désagrégation d'une société dans laquelle nous vivons depuis des dizaines d'années. Un pays en proie à la violence et au racisme. Un pays où les citoyens ont été tenus à l'écart du débat public, si bien qu'ils se sont résolus à créer leurs propres cultures souterraines, et même leurs propres « faits alternatifs ». Voir les abonnés du *Guardian* défiler pour se plaindre, paniqués, qu'une nation jadis puissante était tombée entre les mains de minables était tout bonnement insupportable.

Inutile de préciser que, par « minables », ils désignaient la classe ouvrière.

Au cours de la semaine qui a suivi le référendum, je suis intervenu dans plusieurs quartiers de la ville, où vit une population à majorité immigrée. Contrairement aux annonces des intervenants sur les réseaux sociaux, qui s'étaient permis de prédire un bain de sang, immigrés et pauvres étaient très calmes. La vie avait repris son cours normal. Les habitants ont organisé des événements célébrant la diversité culturelle, en solidarité avec les migrants et les réfugiés. On a dressé des tentes dans les parcs, distribué des microsubventions aux groupes locaux. Des jeunes ont assisté à des cours de musique dans les foyers installés dans des églises – pas un journaliste n'a couvert ces infos-là.

Dans ces quartiers, c'était une semaine comme une autre. Ici, la violence est présente au quotidien – il n'y a pas de « pics ». Ici, le racisme est une réalité glaçante – il ne se « déchaîne » pas. Bien entendu, de nombreux ressortissants étrangers attendaient avec angoisse le résultat du référendum, qui allait influer sur leur demande de naturalisation. De nombreuses personnes de couleur ont été prises pour cible par des crétins qui se sont senti pousser des ailes. Les habitants ont agi sans tarder, et ils ont eu raison, pour mettre des mots sur ces peurs et exprimer leur soutien à ceux qui étaient touchés. Mais les réactions scandalisées qui occupaient le premier plan ne reflétaient en rien le sentiment des populations immigrées ; certains, les *millennials* en particulier, les instrumentalisaient pour camoufler leur propre discrimination de classe. Heureusement, ces jeunes animés des meilleures intentions ont par la suite fait preuve d'un sang-froid remarquable en traitant leurs contradicteurs de fascistes et en accusant quiconque essayait de leur faire entendre raison de trouver des excuses aux nazis.

22. Quelle époque on vit !

Au début des années 1990, l'État libre de Pollok avait abordé un thème essentiel, celui de l'espace public : à qui appartient-il, et qui a le pouvoir de prendre les décisions le concernant ? À l'époque, on se faisait traiter de parano quand on suggérait que certaines zones étaient vendues à la découpe aux promoteurs privés mais, presque vingt ans plus tard, les faits nous ont donné amplement raison. Pourtant, comme souvent, personne ne s'est penché sur ce phénomène et la vie a gentiment repris son cours. Imaginez un directeur ou un collègue qui reprendrait à son compte une de vos idées durant une réunion et se ferait acclamer par son auditoire. C'est le quotidien des habitants des quartiers dits difficiles. Quand on appartient à la classe populaire, on voit défiler, jour après jour, un fil d'infos alimenté par des articles du *Guardian* qui confirment ce qu'on sait depuis déjà vingt ans. « Une étude démontre que les enfants vivant dans des familles à problèmes souffrent de difficultés d'apprentissage », « Des experts prouvent que le sucre provoque une dépendance » ou, mon préféré : « Une étude pointe l'hégémonie de la classe moyenne dans le monde de l'art. » Sans blague. Si seulement il existait un moyen de faire se rencontrer les gens qui dressent ce constat et ceux qui le subissent au quotidien... Cela permettrait peut-être de tarir le torrent de fantasmes et de simplifications qui tient lieu de vérité chez nos dirigeants, en plus d'atténuer le sentiment d'agacement et d'injustice qu'éprouve le citoyen lambda. Ajoutons que les répercussions économiques et culturelles de ce clivage peuvent être ruineuses.

Durant la phase de reconstruction de l'après-guerre dans les Gorbals, les décideurs se sont convaincus que la population n'exigeait rien d'autre qu'un habitat décent. Le programme de construction des tours et des lotissements allait répondre à la pénurie de logements. Ce que les urbanistes ont compris sur le tard, c'est que la qualité du cadre de vie devait s'accompagner de la sensation d'avoir un chez-soi et de l'envie de s'y investir, de resserrer le lien social. Nous avons tous appris, à nos dépens, que les territoires densément peuplés où ces aspects sont négligés, voire inexistants, se transforment en paysages de dévastation. Malheureusement, répondre à ces attentes présente une difficulté majeure. En réalité les gens sortent de moins en moins de chez eux, malgré l'omniprésence des réseaux sociaux banalisés par le progrès technologique, et ils se coupent de la vie de leur quartier. Cette tendance, qui se généralise, représente un véritable défi pour la société. Et l'une des explications à cet isolement, c'est la disparition programmée des lieux ouverts à tous les publics – ceux dont l'accès est gratuit.

À Pollok, le Silverburn (et les autres galeries marchandes) tente de résoudre cette équation, mais cet endroit ne propose malheureusement que des biens de consommation à durée de vie limitée : de la poudre aux yeux. L'acte d'achat n'est pas un véritable ciment social : il ne concerne qu'une communauté très restreinte, pour qui dégainer sa carte bleue ne pose pas ou peu problème. On a peut-être la sensation d'être le roi du monde quand on quitte une boutique avec une nouvelle paire de baskets, mais celui qui essaie de flâner sans rien acheter comprend très vite qui sont les vrais rois de Silverburn.

C'est en partie à cause de ces villages consacrés à la consommation et de la façon dont ils ont été posés, littéralement au cœur de nos quartiers, qu'on a tendance à associer le mot « centre » avec une entité physique – un bâtiment, un emplacement spécifique. Un « centre » est généralement une structure dans laquelle les gens se rassemblent, travaillent ou communiquent. Ou encore un espace qu'ils peuvent occuper comme bon leur semble. Mais on peut s'interroger sur ce qui fait réellement le centre d'un quartier, ou d'une communauté, ou ce qui pourrait en être le centre.

En plus de fournir un toit, un refuge ou un accès à certaines activités, les foyers municipaux et les maisons de jeunes pourraient offrir une main tendue, des conseils, une formation ou tenter d'inspirer les publics qu'ils accueillent. Ils élèveraient ainsi le niveau collectif en proposant un projet commun qui renforcerait le tissu social. Pourtant, à l'heure actuelle, ces lieux sont à l'agonie. Il suffit de pousser la porte de l'un d'eux pour s'en convaincre.

Ce soir, quelques jeunes se sont rendus dans un foyer municipal au sud de Glasgow, pour jouer au foot. Rapidement, l'idée tombe à l'eau car les éducateurs s'aperçoivent qu'ils n'ont pas de ballon à leur fournir. L'un des gamins retourne chez lui au triple galop et rapporte le sien. À son retour, désillusion : le ballon est dégonflé. Les éducateurs n'ont pas de pompe sous la main non plus. La moitié des jeunes, qui avaient très envie de faire quelques passes, commencent à chahuter devant le foyer. Les autres sont invités à prendre part à des activités dans une autre salle. Il y a une vieille PlayStation déglinguée avec des manettes aux commandes cassées. Ceux qui n'aiment pas les jeux vidéo peuvent organiser un tournoi de ping-pong, mais sans table : un simple filet est attaché n'importe comment à un bureau en bois. Les gamins finissent par lâcher l'affaire. Parfois ils se jettent la balle de ping-pong, pour le fun.

Dans le couloir, un atelier destiné aux 5-12 ans vient de démarrer. La « ludothèque » permet aux enfants issus de familles pauvres de bénéficier d'un accès gratuit à des jeux et jouets de haute qualité. Ils peuvent en emprunter un, le rendre au bout de quelques jours et en emprunter un autre. Mais avant que l'idée se concrétise, le toit du bâtiment s'est effondré et l'endroit a dû être fermé plusieurs mois. Dans les foyers municipaux, les jeunes jouent au billard sur des tables bancales avec des queues qui n'ont pas d'embout. Quand la table lâche il faut attendre des mois avant qu'elle soit réparée ou remplacée. Et quand elle est remplacée, elle est montée de travers. Les employés apportent des affaires qui leur appartiennent, ou paient de leur poche certains articles – jeux vidéo, matériel d'arts créatifs, piles –, afin d'assurer un service minimum. Les enfants se présentent pour participer à des ateliers dont les éducateurs n'ont pas été informés, ou qu'ils ne peuvent pas prendre en charge. On a l'impression que tout le monde navigue à vue et que la hiérarchie est sourde à leurs requêtes. Le plus triste, c'est qu'il y a une forte demande pour les services proposés, ainsi qu'une équipe compétente et mobilisée qui ne demande qu'à faire son boulot. Mais l'offre ne suit pas : les services sociaux ont loupé le coche du numérique par manque de budget et perdu une partie du public auquel ils s'adressent. Pire : frappés par la précarité de l'emploi, les animateurs n'ont qu'un droit à la parole et un champ d'action restreints – ce qui les met en porte-à-faux. Les sujets qu'ils peuvent soulever sont mis sous le tapis, dédaignés ou tout simplement jetés aux oubliettes.

Si ces centres ne sont pas votre tasse de thé, il y a une autre structure dans laquelle vous n'aurez pas à sortir votre porte-monnaie, c'est la bibliothèque. Malheureusement, la bibliothèque de quartier a elle aussi subi une sorte de reconversion : elle s'est progressivement détournée de son usage initial pour se substituer aux maisons de jeunes qui périclitent et qu'on exploite de plus en plus à des fins commerciales en les louant à divers groupes, associations et organismes. Cette réaffectation est considérée dans le secteur comme une solution judicieuse car elle règle à la fois le problème de la baisse de fréquentation des bibliothèques et celui des maisons de jeunes en perte de vitesse. Tout le monde est content, les autorités locales, les associations qui cherchent un local pas cher et même des services publics, comme la PMI qui y organise ses ateliers. De plus en plus, la bibliothèque de quartier est présentée comme une médiathèque, un pôle d'accueil polyvalent : mi-MJC, mi-centre de documentation. Précisons que cette synergie n'est pas, en soi, une mauvaise chose, si tant est qu'elle corresponde sur la durée au concept original. Un service de ce type serait pour ainsi dire révolutionnaire dans une ville comme Glasgow. On peut toujours rêver… En réalité, le foyer municipal est greffé à la bibliothèque pour rationaliser les coûts de fonctionnement ; et cette pratique porte atteinte à la fois à la bibliothèque et au foyer municipal. Elle sape le sain principe qui veut que chaque quartier ait droit à des équipements publics de première nécessité qui lui sont propres. Dans ces zones, il n'y a pas que l'espace public qui recule : il y a aussi le postulat de l'existence d'un espace public.

Nous sommes nombreux, il faut le reconnaître, à ne plus mettre les pieds dans les bibliothèques, mais on ne répétera jamais assez à quel point ce service est indispensable pour ceux qui s'y rendent encore. Surtout dans ces zones où les habitants cumulent faible niveau d'études, débouchés professionnels insuffisants et pics de stress élevés. Pour eux, la bibliothèque est une salle des machines qui assure le fonctionnement de l'ascenseur social : les usagers viennent y remplir des dossiers de candidature pour l'université ou pour un emploi, ils reçoivent de l'aide pour leurs documents administratifs, ils se servent d'Internet et des ouvrages mis à disposition pour se former et s'instruire – et ce sans bourse délier. Les personnes qui entrent dans une bibliothèque font la démarche de se perfectionner dans un domaine précis car c'est le seul endroit où ils ont accès aux ressources nécessaires pour atteindre cet objectif. Entre les murs d'une bibliothèque, on trouve des gens qui essaient de faire un immense pas en avant dans leur vie, de se sortir du marasme. Et cet endroit remplit une autre fonction que tout bibliothécaire digne de ce nom préserve jalousement : le silence y règne et on s'entend penser, ce qui n'est pas possible ailleurs dans le quartier.

Pour comprendre à quel point il est difficile de se concentrer au beau milieu du chaos, je vous invite à une petite expérience. Prenez votre smartphone et faites défiler une sélection de sonneries tout en essayant de poursuivre votre lecture. Imaginez à présent que vous êtes déjà stressé, peut-être parce que vous êtes à découvert, ou parce que les huissiers et le fisc vous soufflent dans la nuque. Vous rencontrez des difficultés pour lire. Vous envisagez de reprendre vos études mais vous n'avez qu'un temps limité à consacrer à des activités qui réclament une attention au long cours. Vous êtes une mère célibataire dyslexique, un alcoolique qui tente de remonter la pente. Vous êtes un jeune homme qui vient de sortir de taule, en liberté surveillée, apprenti chez un coiffeur pour hommes ou un traiteur, sans aucune expérience. Ajoutez à ce cocktail une pincée d'hyperactivité et un problème psychologique sous-jacent exacerbé par le stress, et subitement le simple fait de pousser la porte d'une bibliothèque devient un acte de bravoure.

Une bibliothèque peut être un véritable tremplin pour sortir de l'isolement, du chômage et de la précarité. Quand on a la chance de ne pas connaître ces situations, il est facile d'oublier que des millions d'autres vivent un véritable enfer au quotidien. Pour eux, le chemin est jonché d'obstacles – économiques, culturels, sociaux –, et s'attaquer à une tâche aussi ardue que remplir un formulaire, contester une sanction de Pôle emploi ou apprendre à lire est bien souvent au-dessus de leurs forces.

Ensuite, il y a le troisième âge, le grand oublié de nos experts en politique progressiste qui s'écoutent parler sur les plateaux télé. Ce peut être une veuve qui vit seule, un handicapé qui ne peut accéder qu'à un nombre limité de bâtiments parce qu'il se déplace en fauteuil roulant. La bibliothèque est l'un des seuls endroits d'où ils ne seront pas chassés au bout de cinq minutes. N'oublions pas non plus le problème de la promiscuité, une autre des raisons qui poussent les gens à sortir de chez eux de temps en temps : les murs de leur logement étant aussi fins que du papier à cigarettes, ils entendent le voisin tirer la chasse d'eau, brancher la bouilloire, baiser, se disputer, bricoler, tondre la pelouse, faire chauffer le moteur de sa voiture à toute heure. Sans oublier la bande-son stridente qui accompagne la vie d'un quartier difficile, et les comportements qui vont avec : les couples qui se lancent dans des scènes de ménage, des jeunes alcoolisés qui beuglent dans la rue, des allées et venues nuit et jour. Ajoutons à cela les sirènes de la police, des ambulances et des pompiers, et le décor est planté.

La bibliothèque est l'un des derniers bastions, une soupape de sécurité, tout comme le foyer municipal. Elle fournit un environnement paisible et bienveillant où les plus vulnérables peuvent s'instruire ou remettre de l'ordre dans leurs idées. Le problème, c'est qu'à la « médiathèque », ils tombent de plus en plus souvent sur des enfants qui cavalent partout, des tables rondes, des ateliers, des groupes parents/enfants. Ces activités sont essentielles, bien entendu – mais leur place est au foyer municipal. Les bibliothèques sont devenues des lieux grouillants d'activité, souvent bruyants, ce qui va totalement à l'encontre de leur fonction première. Les municipalités subissent une pression monstrueuse afin de maintenir un certain niveau de services tout en sabrant les budgets – et la hache retombe sur les publics les plus fragiles. Étonnant que dans cette cocotte-minute qu'est un quartier défavorisé, ravagé par le stress et un niveau d'éducation très faible, quelque chose d'aussi simple et d'aussi essentiel qu'un lieu calme où on peut se retrouver avec ses émotions et ses pensées se soit transformé en boulet budgétaire. À une époque, les élus locaux pouvaient s'en tirer à bon compte mais les temps changent. Aujourd'hui, les habitants en ont tellement marre d'être méprisés que les méthodes habituelles pour apaiser leur colère et acheter la paix sociale font office de pansement sur une jambe de bois. Les sermons qu'on leur sert à longueur d'année ne sont plus audibles.

La colère et l'amertume, entretenues par la détresse psychologique qui va de pair avec la pauvreté – anxiété, dépression, mode de vie dégradé, faible estime de soi et phobie sociale –, peuvent exercer une forte pression sur les esprits. Cette pression entrave l'empathie, la tolérance et la compassion, et exacerbe leurs pendants : fureur, nervosité, rancune, peur. Aujourd'hui, avec la montée du racisme et la banalisation d'une parole xénophobe, il n'est pas compliqué de voir où une grande partie des gens ont décidé de diriger leur colère. C'est ce qui arrive dans les sociétés qui ont remplacé leur cœur par un centre commercial.

23. Économie domestique

La pauvreté ne s'exprime pas uniquement à travers le comportement et le mode de vie, elle a aussi des répercussions sur l'engagement citoyen. L'abstention électorale est l'une de ses facettes, la défiance vis-à-vis de l'autorité et des institutions une autre. Dans les familles où personne ne pense peser dans la balance de la justice sociale, les enfants intègrent en grandissant cette impuissance dans leur schéma de pensée. Le désintérêt des catégories pauvres pour la question politique crève tellement les yeux qu'il est intégré dans les calculs des dirigeants, qui adaptent leur programme à l'électorat le plus susceptible de se déplacer dans les bureaux de vote. Le serpent qui se mord la queue : les intérêts des non-participants ne sont pas pris en compte et le taux d'abstention va croissant. De temps en temps, quand la situation atteint un point de non-retour, il arrive que la misère accouche d'un antidote à l'apathie ambiante.

C'est l'un des grands paradoxes de la pauvreté : plus certaines personnes touchent le fond, moins elles se laissent abattre. Une culture de la résistance a fleuri dans ce terreau fertile et, pour chaque individu qui s'étiole, un autre gagne en détermination. La misère peut causer des fractures dans une société, elle peut aussi faire souffler un vent de renouveau : alors les plus valeureux se serrent les coudes, innovent, s'adaptent et trouvent des solutions inédites.

Les banques alimentaires, qui ont poussé comme des champignons aux quatre coins du Royaume-Uni, incarnent sans doute le mieux ce phénomène. On peut trouver scandaleux que les citoyens d'un pays aussi prospère soient obligés de faire appel à ces associations pour nourrir leurs enfants et se nourrir eux-mêmes ; mais au-delà de l'aspect humanitaire, ces organismes sont devenus au cœur des quartiers défavorisés des citadelles autour desquelles les habitants gravitent et la résistance s'organise. C'est une vérité qui nous écorche les oreilles : les épreuves nous forcent à évoluer. Après une décennie d'austérité, on sent de nouveau un frémissement parcourir les quartiers, les barres d'immeubles et les cités de l'ouest du pays. On ne sait pas encore quelle forme cette résistance va prendre, mais la guerre fait rage pour conquérir l'âme des classes ouvrières. Les habitants s'organisent un peu partout et, comme à Pollok dans les années 1990, les capitaines à la barre de ces mouvements ne sont pas des hommes issus du sérail politique mais des gens du coin qui se sont affranchis de son emprise. Le quartier de Castlemilk a été édifié au sud de Glasgow dans les années 1950. Nous le savons déjà, les belles promesses de cette « zone d'habitation » n'ont pas été tenues : à l'aube des années 1980, Castlemilk était devenu synonyme de criminalité, de drogue, de violence, de cadre de vie dégradé. La colère et la méfiance qui couvaient ont fait tache d'huile dans des enclaves qui ont connu le même sort et de nombreux mouvements politiques ont tenté de récupérer cette énergie instable dans l'espoir d'agrandir leur fief électoral. Ce soudain intérêt pour le vécu de la « classe ouvrière », des « couches populaires » ou des « laissés-pour-compte » semble toujours culminer en période préélectorale (ou avant un référendum) – et il retombe très vite. Une fois que les décideurs arrivent aux manettes, ils oublient ceux qui les ont portés au pouvoir – c'est une manie. Cette stratégie n'a pas échappé au citoyen, qui n'aurait d'ailleurs pas les outils pour faire de la politique dans les règles de l'art, c'est en tout cas ce que disent de lui les politiques en off.

« Je ne suis pas une professionnelle de la politique », affirme Cathy Milligan, une militante de 53 ans qui a grandi à Castlemilk. Cathy s'est récemment présentée aux élections municipales, sans étiquette. Avec un noyau dur de militants, elle a fondé CAA, Castlemilk Against Austerity (Castlemilk contre l'austérité), en 2014. Le fait qu'elle ne soit pas politicienne de carrière joue en sa faveur, mais pour combien de temps ? Nos élus ne sont pas tenus en très haute estime dans ces quartiers. Cathy a bien raison de se dissocier de cette caste – elle sait que le mot « politicien » éveille la méfiance et le soupçon. Pour l'instant, c'est une femme du peuple. Elle est connue dans le quartier et elle parle le même langage que les habitants, souvent jugés vulgaires, grossiers et insultants par les politicards et les militants lâchés dans la région pour y grappiller quelques miettes de crédibilité. Cathy connaît d'instinct les préoccupations de ses concitoyens, mais aussi la façon dont ils s'expriment, et comprend les flambées de plus en plus fréquentes de colère, de racisme et d'intolérance.

« La source de la xénophobie, c'est l'austérité, affirme-t-elle sans prendre de pincettes. Les bénéficiaires des minima sociaux se retournent contre les autres catégories qui touchent les minima sociaux. Quand les gens n'ont pas d'échappatoire, ils cèdent à leurs pires instincts. L'austérité fait obstacle à ce qu'il y a de meilleur en nous. On a une matraque au-dessus de la tête, c'est une question de vie ou de mort. »

Une question de vie ou de mort ? Cathy n'exagère pourtant pas. À Castlemilk, un certain nombre de décès sont à imputer plus ou moins directement à la pauvreté. Ce qui rend Cathy si attachante, c'est qu'elle ne met pas son intelligence au service d'un projet qui consisterait à exploiter la colère des gens pour son profit personnel. Au contraire, elle représente une force bienveillante, à visage humain, qui encourage ses semblables à croire de nouveau en eux-mêmes et à prendre en main l'entretien de leur quartier. Cathy admet volontiers que le chemin est long et qu'il n'y aura pas de changement significatif si les gens ne deviennent pas plus entreprenants, plus mobilisés, plus dynamiques. Cette redynamisation ne doit pas s'incarner uniquement dans la volonté de s'engager dans le débat public, mais aussi dans le courage de dire non à la tentation de s'acharner sur les boucs émissaires habituels – les immigrés, les toxicomanes. L'austérité peut sévir encore de nombreuses années, Cathy s'est résignée à cela, mais elle refuse fermement que les gens se voient comme des victimes impuissantes et considère que chacun peut prendre son destin en main. « On ne prétend pas avoir toutes les réponses, mais on est capables de gérer certains problèmes. On a foi en nos concitoyens, foi en la collectivité. »

En un seul mois, CAA a mis sur pied plusieurs campagnes et réunions qui ont proposé une perspective holistique des besoins et des aspirations de son quartier. À Castlemilk, on a compris qu'il ne suffisait pas de brailler « Tories[1] tous pourris » pour bouleverser les mentalités et réorganiser la communauté. Qu'il utilise les programmes de solidarité alimentaire (ici, on n'emploie pas l'expression « banque alimentaire »), les tracts dénonçant le racisme ou les tables rondes sur les séquelles de la violence en milieu scolaire, CAA fait son chemin en se moquant éperdument des intérêts des partis installés ou des militants qui jouent des coudes pour apparaître au premier rang des manifs anti-Trump. Évidemment tout le monde est le bienvenu, mais les nouveaux arrivants savent qui tient les choses en main.

En fait, Cathy et ses acolytes considèrent Trump et le Brexit comme des contre-feux. Lors d'une récente projection de *Moi, Daniel Blake*, le drame multi-primé de Ken Loach sur les sanctions qui frappent les chômeurs, Robert Fullerton, poète et militant né à Glasgow – qui écrit des poèmes qu'on ne risque pas de trouver dans un manuel scolaire –, m'a soufflé dans les bronches parce que j'avais fait allusion à Trump durant une table ronde. « Trump, es-tu là ? » a-t-il lancé en

1. Partisans du parti conservateur britannique.

montrant une porte, peut-être pour évoquer en plaisantant ce rôle de croque-mitaine auquel les socialistes et les radicaux de gauche ont assigné le mégalomane au teint orange. Ces dernières années, avec la montée des populismes, ces groupes ont du mal à trouver leur place. Les meetings et les actions destinés à remonter le moral des militants provoquent ricanements et exaspération chez cette même classe ouvrière qu'ils courtisent. La gauche a perdu le monopole des cœurs. Fullerton, avec cette éloquence qui le caractérise, pense que l'hystérie entretenue autour de Trump et du Brexit ne sert qu'à détourner l'attention de la majorité des problèmes auxquels nos concitoyens les plus défavorisés doivent faire face. Ils sont nombreux, dans un milieu culturel dominé par la gauche – qui a infiltré ces institutions que sont le monde de l'art, les médias, le secteur public, les associations ou encore l'université –, à ne savoir que pointer du doigt les conservateurs et la droite, dégoûtant définitivement de la politique de vastes pans de la population – en particulier dans des quartiers comme Castlemilk.

Parallèlement à cette colère sans fard dirigée vers le système, dont ils dénoncent le mépris et la démission, les gens sont de plus en plus nombreux à étudier leurs propres mécanismes psychologiques. Ce souci de prendre du recul sur soi-même avant de prendre du recul sur les autres est à la fois admirable et empreint de pragmatisme. Les gens ont compris qu'accuser un tiers sans prendre la situation en main, c'est une autre façon de faire un chèque en blanc aux opportunistes de tous poils et de semer les graines de l'apathie citoyen-

Cathy et ses comparses de CAA ne sous-estiment pas le poison qu'a distillé l'austérité, mais ils refusent de rester les bras croisés. Ils préfèrent se mobiliser, résister au système et mettre leurs compatriotes face à leurs propres errements, après avoir identifié les facteurs qui favorisent l'abstention, la colère et les jugements préconçus. Qu'il s'agisse de pointer du doigt ceux qui s'acharnent contre les immigrés ou ceux qui crient sur tous les toits qu'ils veulent du changement sans bouger de leur canapé, CAA est en première ligne et n'hésite pas à appeler un chat un chat.

Prenant la parole devant une salle pleine à craquer à Kinning Park, Fullerton n'y est pas allé par quatre chemins : « Le problème avec le paysage politique actuel, c'est qu'aucun d'entre nous n'y prend réellement part. C'est bien beau de rentrer chez soi après ce meeting, galvanisé par ce qui a été dit, mais, à un moment, il va falloir mettre les mains dans le cambouis. Ce soir mon dos me fait un mal de chien, j'ai perdu mon inhalateur et j'ai du mal à respirer, mais ça ne m'empêche pas de marcher à mon rythme – jusqu'au champ de bataille. »

Le champ de bataille, il est sur le pas de sa porte, dans sa rue, à côté de chez lui. C'est là que vous trouverez les vrais soldats, engagés dans la lutte contre les idées d'extrême droite qui tentent de s'implanter dans ces quartiers durement éprouvés. Ici, si vous voulez voler dans les plumes d'un raciste, c'est un peu plus délicat que de pondre un article de blog fulminant ou rédiger un tweet rageur – bien que toutes les formes de résistance soient recevables. Vous vous exposez à de réelles représailles : non seulement du fait de vous attaquer à certains individus, mais surtout du fait de déplacer le débat sur la place publique. Organiser une chasse aux sorcières en vrai, ça vous engage plus que sur les réseaux sociaux. À Castlemilk, comme dans tant d'autres quartiers sensibles, condamner sans autre forme de procès n'est pas envisageable. Ici, quand on se bat pour ses idées, on se salit, on se balance des mots orduriers, on ne fait pas dans la dentelle. Les gens règlent leurs différends en des termes peu convenus, qui choqueraient les âmes sensibles. Si Robert Fullerton sait imposer le respect à une salle entière, c'est qu'il est un orateur hors pair mais aussi un sage, un précurseur, une figure de proue de la communauté. Seulement, dans les cercles politiques ou dans ces chapelles militantes qui abordent le débat public par un versant différent, Robert est considéré comme un personnage pas très élégant, brut de décoffrage ou – la formule que je préfère – « un peu trop à cran ».

Mais il s'exprime dans une langue haute en couleur, qui vient du cœur et prend aux tripes. Il manie les mots avec un tel bonheur que plus d'un politicard a essayé de copier son style – en vain. CAA, qui a lancé une cagnotte pour lever la modeste somme de 1 000 £ en vue de se présenter aux élections municipales, se fera sans doute huer ou tourner en ridicule par une partie des gens qui assisteront aux meetings. Les xénophobes accuseront Cathy de trouver des excuses aux crimes commis par les immigrés qui, à leurs yeux, ne méritent ni aide ni soutien quand une large frange de la population « de souche » a du mal à boucler ses fins de mois. D'autres verront dans cette tentative d'entrer en politique une stratégie pour détourner l'attention de questions plus importantes. Et le reste s'accordera à dire que ces illuminés gaspillent leur temps et leur énergie, parce que rien ne changera jamais.

Pour ma part, j'ai tendance à croire que la force du message qu'incarnent Cathy et Robert finira par rabattre le caquet à ceux qui ricanent. Dans les quartiers défavorisés, la vie ne vous fait pas de cadeau et un seul regard peut vous détruire. Malgré le recul des services publics, l'apathie de leurs concitoyens et les débats qui tournent en rond, ce sont des gens comme Cathy et Robert, des gens qui gardent la tête haute et refusent l'injustice sous toutes ses formes, qui montrent qu'une autre voie est possible.

Ils deviennent le nouveau noyau de leur communauté. Malheureusement, chaque quartier n'a pas une Cathy ou un Robert sous la main pour combler les manques.

24. En attendant les barbares

À partir du moment où on prend quelqu'un en grippe, il suffit qu'il ouvre la bouche ou fasse n'importe quoi pour qu'on commence à s'agacer et à le regarder de travers. Une fois cette aversion bien incrustée dans notre cerveau via nos lectures, les rumeurs qui circulent ou les échanges qu'on a pu avoir avec d'autres, on monte un dossier à charge. Qu'on vise une personne, un lieu, une institution, une idéologie, une croyance, peu importe la forme que prend la cible de notre haine : on finit par la mépriser du plus profond de son cœur et par s'allier avec ceux qui vont dans le même sens. Et les gens soupçonnés de sympathie ou de solidarité envers ce punching-ball sont mis dans le même sac. Ce que je viens de décrire, c'est la réalité d'une vaste portion du débat politique actuel. Quand on voit les tombereaux de mauvaise foi déversés sur les plateaux télé et les forums, peu importe le sujet, peu importe la couleur politique des intervenants, il faut un sacré culot pour prétendre qu'il n'y a que les xénophobes et les nationalistes qui s'acharnent sur des boucs émissaires.

J'ai grandi avec l'idée que les Tories, les conservateurs, étaient d'« infâmes salauds » ; j'en étais fermement convaincu, et j'étais loin d'avoir conscience de la diversité des opinions au sein de leur mouvement. Là où je vis, certains soutiennent que « tous les flics sont des enfoirés » – même les policiers qui se jettent sur des terroristes armés de couteaux pour protéger les civils. Dès l'enfance on nous inculque des coutumes tribales et on adopte ces valeurs souvent sans réfléchir, en pensant les avoir forgées nous-mêmes.

Le trait le plus frappant de cette mentalité rétrograde, devenue depuis peu l'une des composantes de notre culture, c'est la conviction que notre rancœur est justifiée, notre pensée éminemment complexe, et que nos conclusions sont le résultat d'un cheminement intellectuel performant. En revanche nos contradicteurs, eux, sont des imbéciles finis. Il est étrange qu'on passe à côté du fait que tout ou presque nous rapproche d'eux, en dehors de l'idéologie qu'on défend. La légitimité que nous accordons à notre propre hypocrisie est l'une des choses les mieux partagées dans cette société de plus en plus morcelée.

J'ai assisté récemment à une scène qui illustre parfaitement où peut mener ce genre de raisonnement. Un centre éducatif m'avait demandé de venir voir deux adolescents qui posaient de gros problèmes. Ils refusaient d'obéir aux consignes et ne décollaient pas le nez de leur téléphone pendant les cours.

Cet établissement situé au cœur de l'un des quartiers défavorisés de Glasgow accueille des jeunes dont les « besoins spécifiques » sont de toutes sortes : ils peuvent être en fauteuil roulant, mais aussi présenter des difficultés d'apprentissage ou des problèmes liés au stress – dyslexie, soucis de concentration. Ce jour-là, je suis donc chargé d'« ouvrir le dialogue » avec deux jeunes gars déjà sur la pente glissante de la désocialisation.

Dans la salle, l'énergie est au point mort. Chacun s'est enfermé dans son rôle : les gamins sont dans l'affrontement, les éducateurs dans le disciplinaire. À charge pour moi de faire bouger un peu les lignes, sauf que je suis d'une humeur de chien.

Et pour cause : je suis en plein déménagement, j'ai plusieurs boulots sur le feu et j'essaie de mettre la dernière main à mon bouquin. En prime, j'ai à peine fermé l'œil de la nuit et mon estomac fait les montagnes russes. Depuis deux semaines j'envisage secrètement de me remettre à la came. Des souvenirs qui m'auraient donné envie de rentrer sous terre pendant mes périodes de sobriété – comme me soûler dans un bus ou fouiller une poubelle à la recherche d'un mégot – font déferler en moi une vague de nostalgie et me réchauffent le cœur. C'est la même nostalgie qui m'a envoyé au McDo un peu plus tôt dans la journée, sur un site porno hier soir, ou qui m'a fait me bourrer les poches de chocolat ce matin. Un sentiment de malaise ou un stress qui créent un besoin auquel j'ai le plus grand mal à résister. Qu'est-ce qui m'empêche de replonger, en fin de compte ?

Tendu, fatigué et à bout de nerfs, je sais exactement ce que ces deux-là traversent. J'ai ce luxe de pouvoir faire appel à tous les aspects de ma personnalité au travail et pas uniquement à ma façade professionnelle, c'est ce qui me rend bon quand je dois nouer le contact avec un public difficile. Pour essayer de me rapprocher de ces deux gamins, je leur demande de dessiner une carte heuristique – un schéma mental en toile d'araignée représentant les idées qu'ils associent à un certain sujet. Comme je ne sais pas grand-chose d'eux, je propose un thème qu'ils maîtrisent : Glasgow, leur ville.

« C'est une ville de merde, répond l'un – réponse qui revient souvent dans la bouche des gosses du même âge, aux origines similaires : ils voient leur quartier comme une décharge à ciel ouvert.

— Y a que des camés, renchérit l'autre.

— Il y a autre chose qui vous énerve à Glasgow ?

— Les immigrés, dit le premier, et son copain opine de la tête.

— Qu'est-ce qui vous énerve chez les immigrés ?

— Ils viennent ici et ils prennent les emplois et les maisons alors qu'on a plein de clodos dans nos rues.

— Ils violent les gens.

— Ils devraient pas avoir le droit de parler leur langue.

— Au lieu de fuir la guerre, peut-être qu'ils feraient mieux de rester chez eux pour se battre ?

— S'ils détestent autant la Grande-Bretagne, pourquoi ils viennent ici ? »

En moins de deux minutes, ces deux ados pourtant taciturnes, insolents et passifs-agressifs se réveillent et font apparaître une tout autre facette : non seulement ils arrivent à se passionner pour un sujet mais, en plus, ils pensent être incollables dessus. Dommage qu'ils soient racistes.

Des attitudes de ce type, souvent calquées sur celle des parents, se pérennisent à l'âge adulte avant d'être transmises à la génération suivante. Un atavisme qui explique pourquoi tant de personnes luttent pied à pied contre tous ceux qui « s'interrogent sur le bien-fondé » de l'immigration.

25. Le singe nu

Il ne faut pas traiter de racistes ceux qui s'inquiètent de l'immigration, mais libérer la parole, c'est malgré tout prendre le risque d'ouvrir grand les portes à un déferlement de haine. Il est essentiel de ne pas tomber dans la caricature, et de ne pas rester non plus à la surface du problème. En gardant cela à l'esprit, je me propose dans les pages qui viennent de tracer les grandes lignes d'un raisonnement qui tentera d'enrayer le sentiment anti-immigrés en reconnaissant que la composante xénophobe de ce sentiment doit être combattue. Mais s'attaquer à un problème aussi complexe implique d'affronter ce que certains considèrent comme des vérités difficiles à entendre, et de le détruire à la racine.

Partir du principe que tout citoyen qui se pose des questions sur l'immigration est forcément ignare, abruti ou raciste produit l'inverse de l'effet escompté. Par exemple, je trouve très insultant le terme « junkie », mais si j'avais décidé de rester sourd aux discours de ceux qui l'utilisent, je me serais tiré une balle dans le pied – surtout si mon objectif avait été de faciliter le dialogue autour de ce thème. Parfois, même si cela nous tord le ventre, même si on le fait à contrecœur, il faut commencer par s'adapter à la réalité avant d'essayer de la remodeler. Imposer nos valeurs aux autres par la force, dans l'espoir de les rallier à notre opinion, cela me semble à la fois inutile et naïf.

Il faut bien garder à l'esprit que la personne que l'on tient pour raciste est tout aussi ancrée dans sa réalité que celle qui ne l'est pas. Que les choses soient claires, je n'essaie pas de dire que deux points de vue antagonistes se valent automatiquement. Mon idée serait plutôt de reconnaître que les gens sont façonnés par leur milieu et leur éducation et qu'ils ont de ce fait tendance à s'accrocher à leurs convictions sans s'embarrasser de la véracité ou non de celles-ci. Jouer sur la peur de l'humiliation publique ou de la mise à l'index ne me semble pas être une manœuvre particulièrement convaincante – ni honorable. Condamner quelqu'un revient bien souvent à éveiller le soupçon et fermer la porte au débat. S'indigner et stigmatiser, c'est gaspiller salive et énergie, même si ça fait du bien sur le moment. C'est ça, au fond, le défi que représente l'immigration. Autant crever l'abcès.

L'impasse dans laquelle échouent certains débats est disséquée par Jonathan Haidt, professeur et psychologue américain, dans son ouvrage *The Righteous Mind : Why Good People are Divided by Politics and Religion.* Il y étudie l'imbrication de la biologie, des neurosciences, de l'évolution et de la psychologie et suggère aux factions rivales de trouver un terrain d'entente – ce qui suppose d'être conscient de l'étendue du rôle que l'instinct joue en politique. Quand on arrive dans un cul-de-sac, c'est peut-être parce qu'on a attaqué à outrance – ou diabolisé – une opinion divergente. Le dégoût et la colère, ainsi que la pression à laquelle la société nous soumet pour entrer dans des cases politiques, nous empêchent de prendre en considération les avis contraires. D'où les brouilles et l'aggravation des conflits. Haidt considère que si l'on veut jeter des passerelles entre les individus et réconcilier des perspectives politiques et culturelles apparemment incompatibles, il est essentiel de se mettre à l'écoute des points de vue discordants et de renouer le dialogue. Voici ce qu'il écrit :

> Pour convaincre quelqu'un de changer d'opinion, il faut essayer de voir le monde à travers ses yeux, pas seulement par votre bout de la lorgnette. Et si vous arrivez à vous mettre à sa place – avec sincérité et bienveillance –, il y a des chances qu'en réaction, votre propre esprit parvienne à faire sauter ses verrous... L'empathie est un antidote à l'intolérance, même s'il est difficile d'en éprouver quand on ne suit pas la même boussole morale que l'autre.

En résumé, si on veut affronter le racisme et le tuer dans l'œuf, il faut élargir l'arsenal d'outils à notre disposition. Nos campagnes de haine ont échoué ; nos beaux discours sur la tolérance, la diversité et l'intégration ne trompent plus personne. La réalité a changé, et cette nouvelle réalité doit être intégrée à notre réflexion si on a vraiment l'intention de prendre ce problème à bras-le-corps. Les catégories sociales les plus vulnérables, chez qui s'exprime vivement le sentiment anti-immigration (une grande partie, pas la totalité), subissent des conditions de vie si dures qu'elles agissent sur leur état d'esprit, leurs affects, leur comportement. On peut mettre temporairement un couvercle dessus, les museler, mais ce virus réapparaîtra tôt ou tard sous une forme plus virulente.

Évidemment, dans les rangs de la gauche bien-pensante, tout le monde n'est pas prêt à défendre ces populations, mais il va bien falloir que quelqu'un s'y colle – quitte à se faire clouer au pilori. Chacun doit avoir la liberté de se conformer à des lignes morales très strictes mais il est également capital que ceux qui le souhaitent puissent explorer sans entraves les zones grises de la société.

Autre point important : se retenir d'émettre un jugement sur la base du langage utilisé par ceux qui expriment une opinion, et ne pas tirer de conclusions hâtives. Quand quelqu'un commence une démonstration par « Je ne suis pas raciste, mais », partir du principe qu'il est de bonne foi. Et ne pas négliger le contexte socioculturel ni sa situation personnelle. Prenons les deux ados dont j'ai parlé au chapitre précédent. J'aurais pu condamner leurs propos mais ça ne m'aurait pas servi à grand-chose, à part me fermer les portes du dialogue. Dans la pratique, qu'aurais-je gagné à traiter ces deux gamins de racistes, surtout s'ils ne reconnaissent pas mon autorité et si, au fond, ça ne leur pose aucun problème ?

Opérer des distinctions entre les différentes émanations du sentiment anti-immigrés, ce n'est plus une question de bon vouloir, c'est devenu une urgence absolue – et il ne s'agit pas ici de fermer les yeux sur des attitudes limites ou du racisme pur et simple. Au contraire, il est question d'établir un dialogue ouvert et sensé. Place à la patience, à la tolérance, à l'écoute. Affranchissons-nous de notre propre raisonnement binaire, ouvrons-nous à celui de gens dont nous ne partageons pas le point de vue.

L'expérience m'a appris que de nombreuses personnes expriment un point de vue que l'on pourrait qualifier de raciste parce qu'elles ne connaissent que ça : soit elles ont grandi dans ce genre d'ambiance, soit elles n'ont eu que ce type d'interlocuteurs toute leur vie. Cela ne signifie pas qu'elles sont hermétiques à nos arguments, quand les circonstances sont favorables au dialogue. Mettre quelqu'un au ban au motif qu'il se méfie des étrangers, c'est le considérer comme irrécupérable, perdu pour la société. Ce type de condamnation radicale pousse les gens dans les bras de l'extrême droite : c'est tout ce que j'aurais gagné en montrant du doigt les deux jeunes. Une approche nuancée et adaptée à chaque cas est requise et chaque personne a droit à un jugement équitable avant d'être jetée dans la fosse avec le reste des fameux « déplorables » qui ont voté pour Trump.

Certaines personnalités de droite comme Donald Trump et Nigel Farage exercent sur les plus démunis une séduction irrésistible parce qu'elles donnent l'impression d'être à leur écoute – elles leur promettent de les venger d'une élite qui les aurait laissés au bord de la route. Il arrive que ce besoin de vengeance prenne le pas sur d'autres revendications. Pourtant, dans le monde occidental, le fait que l'opinion publique s'est emparée de l'immigration a échappé à certains, en particulier à gauche, où ils sont nombreux à croire que concéder ne serait-ce qu'un pouce de terrain serait dérouler le tapis rouge au fascisme. D'autres se sont engagés dans une campagne active de déni et de dissimulation des faits. On se retrouve avec deux camps : ceux qui sont conscients des problèmes et qui refusent un débat dont les conditions sont fixées par l'extrême droite et ceux, aveuglés par l'idéologie, qui voient des racistes partout.

Je le répète : la menace posée par la dérive populiste est bien réelle, mais il ne sert à rien de prétendre que les personnes qui s'interrogent sur l'utilité concrète de l'immigration font fausse route. On ne fait qu'aggraver la fracture.

Sans surprise, les pro-immigration y trouvent un intérêt personnel. Vanter les mérites du mélange des populations et décourager le sentiment anti-étrangers sert leur cause. Ils appartiennent à des réseaux influents et ils ont leur mot à dire dans le processus de décision : ce sont les acteurs associatifs, les ONG, les militants et les politiques qui ne ratent pas une occasion de mettre en avant les « bénéfices nets » de l'immigration. Ces « bénéfices nets » sont rarement ressentis tout en bas de l'échelle économique ; cet argument tombe complètement à côté.

Je l'ai déjà souligné, quand on exclut du processus décisionnel des pans entiers de l'opinion publique, on accélère le morcellement de la société. Pour ce qui touche à l'immigration, l'extrême droite sait évoluer et s'adapter pour combler le vide laissé par ceux qui refusent de mettre ce sujet sur la table. Pas besoin de s'appeler Einstein pour comprendre le phénomène : il suffit de tendre une oreille attentive pour que les damnés de la terre fassent entendre leurs doléances. Des gens habitués à ce qu'on ne fasse aucun cas d'eux vont retisser des liens de confiance avec les individus et les collectifs qui prennent leur voix en compte. Cela peut insuffler un élan positif au débat citoyen. Si la gauche parvenait à modifier son attitude vis-à-vis de ce public et ouvrir les canaux d'échange, beaucoup pourraient se convaincre que le dialogue a ses vertus et se détourner de l'extrême droite.

Le racisme existe à tous les étages de la société. Ce serait une erreur de prétendre le contraire, et une erreur de suggérer que la pauvreté exonère des gens qui se complaisent dans une haine décomplexée.

La crainte de trouver des excuses au racisme est tout à fait légitime. Enhardis par les fractures qui traversent notre société, les fanatiques s'insinuent dans la moindre brèche pour accéder au pouvoir. Mais écarter d'un revers de main les peurs soulevées par l'immigration, ou ne pas se montrer sensible aux différents degrés d'inquiétude qui s'expriment, c'est prendre le risque d'exclure le peuple de décisions qui le concernent au premier chef.

Je pèche par excès de naïveté et d'optimisme, j'en ai conscience, mais j'ai beaucoup de mal à faire une croix sur ces gens, montrés du doigt parce qu'ils ont l'audace de dénoncer les problèmes qui mettent leur quartier à feu et à sang. Certes, on aurait tort de les laisser se défouler sur les immigrés, mais quel mal y a-t-il à reconnaître que la politique migratoire peut avoir des conséquences dévastatrices sur les plus démunis ? Un minimum de lucidité pourrait sans doute désamorcer une partie des critiques qui ciblent la gauche, taxée d'irréalisme.

Il va falloir étudier les retombées des différentes vagues d'immigration sur les plus fragiles d'entre nous, qui souffrent déjà d'un stress endémique. Nous ne pouvons pas nous permettre d'ignorer les préoccupations de nos concitoyens sous prétexte qu'elles représentent, dans notre grille de lecture, une insulte ou une menace. Chacun est concerné à son niveau et tout militant soucieux de justice sociale doit être prêt à écouter la parole de l'autre avant de crier au racisme. S'il est généralement admis qu'un comportement criminel ou une maladie chronique s'expliquent souvent par des conditions de vie déplorables, il n'est pas inimaginable que d'autres attitudes, tout aussi nocives, proviennent de cette même source. J'insiste sur ce point parce qu'il me paraît essentiel de tracer une ligne entre ceux que nous pouvons gagner à nos arguments et ceux qu'il faut combattre à tout prix. Il ne s'agit pas de fournir un sauf-conduit aux racistes ; il s'agit de les débusquer et de les empêcher de se terrer à nouveau.

Ces malheureux qui fuient des régions ravagées par la pauvreté et la violence arrivent au Royaume-Uni et se retrouvent relégués dans des quartiers en déshérence. Au-delà des caricatures, des accusations et des reproches, il y a de la place pour un débat respectueux sur les causes de cette immigration et ses effets sur nos populations les plus vulnérables, mais aussi sur les sorties de crise possibles. Il y va de la survie de notre modèle multiculturel.

26. Le bruit et la fureur

Dans un paysage politique qui ne cesse de se fragmenter, où de nouvelles alliances se nouent chaque jour, les catégories populaires tournent massivement le dos à la gauche traditionnelle, celle qui se croit la mieux placée pour les représenter, et cette volte-face a ouvert une brèche dans laquelle se sont engouffrées des personnalités de la droite décomplexée qui dépoussièrent le langage de la lutte des classes.

Le sujet sensible à gauche, c'est celui de l'« identité politique ».

On appelle ainsi un ensemble de théories importées des États-Unis qui portent en réalité plusieurs noms. Par exemple, l'« intersectionnalité » étudie l'influence que les discriminations (fondées sur le genre, l'appartenance ethnique, l'orientation sexuelle, la religion ou le handicap, entre autres facteurs) ont sur les individus et les groupes sociaux ; c'est l'une des branches de la question de la « justice sociale ». La justice sociale devait initialement enrichir la traditionnelle analyse de classe en faisant tomber certains murs idéologiques et en reflétant la diversité à l'œuvre au sein de la société moderne. Au fil du temps, elle a remplacé la dialectique marxiste, jugée trop limitée et trop rigide.

En décembre 2016, dans le magazine en ligne *Bella Caledonia*, le militant Henry Bell a publié un plaidoyer en faveur de l'intersectionnalité. Son court réquisitoire intitulé « Défense de la politique de l'identité » soutient que mettre l'accent sur la lutte des classes dissimule et perpétue ces courants d'oppression qui sapent l'égalité et que la politique de l'identité, malgré ses défauts, nous fournit les outils pour ouvrir un dialogue dont aucun interlocuteur ne serait exclu.

> L'insistance avec laquelle la gauche a voulu nous convaincre pendant près d'un siècle que la lutte des classes pesait plus dans la balance que les autres formes d'oppression et que renverser le système économique provoquerait un effet domino nous a fait perdre la bataille de l'opinion. C'était aussi un mensonge. Ce mensonge a servi à entretenir la xénophobie et le patriarcat au sein de notre mouvement. Si nous restons aveugles aux privilèges et aux oppressions auxquels nous donnons corps, nous ne serons pas capables de les mettre à genoux.

Le problème, c'est que Bell propose aux détracteurs de l'intersectionnalité un faux choix : soumettez-vous, ou retournez au machisme nocif de la politique du XXᵉ siècle. Oui, l'oppression existe et oui, le milieu politique, comme bien des secteurs en Europe occidentale, est dominé par l'individu blanc de sexe masculin. Mais la politique de l'identité est devenue synonyme d'un style de militantisme virulent et contre-productif qui rebute pas mal de gens, quel que soit leur bord. J'en fais partie.

Considérons l'un de ses principaux ingrédients : cet appétit vorace pour la dénonciation en place publique. Il s'agit d'une pratique où l'on rappelle un adversaire à l'ordre, généralement sur les réseaux sociaux. Elle s'accompagne parfois du « *no platform* », où des pressions sont exercées sur un organisme ou une institution afin de l'empêcher d'offrir une tribune à certains individus. Ces méthodes controversées ont tendance à occulter les causes qu'elles sont censées servir. Ce paradoxe est mis en lumière par Asam Ahmad, journaliste basé à Toronto, dans « Réflexion sur la culture de la dénonciation », article publié en mars 2015 dans le magazine *Briarpatch*. Il y écrit :

> Il n'est pas exagéré de dire qu'il existe un courant sous-jacent à tendance totalitaire, pas uniquement par cette propension globale à la délation mais aussi par les critères dont se servent les groupes progressistes pour définir qui a le droit d'intégrer leur cercle et qui reste sur le seuil. Bien souvent, cette frontière est établie en passant par l'emploi d'un langage et d'une terminologie adaptés – qui fluctuent sans cesse, et sur lesquels il est presque impossible de se régler. Dans un contexte pareil, impossible d'avoir tout bon à chaque fois. Qu'arrive-t-il quand celui qui maîtrise cette langue ultra-spécialisée apprend à s'en servir pour justifier ses actes ? Comment mettre face à leurs responsabilités des gens qui savent comme personne se servir du jargon de l'anti-oppression pour excuser leur comportement d'oppresseur ? Le vocabulaire manque cruellement pour décrire ce type

d'exercice pervers du pouvoir qui se pratique au quotidien dans les cercles progressistes.

Les communautés activistes, en particulier celles qui se développent sur les campus universitaires, assimilent fréquemment la critique de la politique de l'identité à un refus de reconnaître la réalité de l'oppression et des inégalités à l'œuvre dans notre société. L'approche prônée est fragilisée par sa dépendance aux récits et témoignages des minorités et des victimes, sans qui la politique de l'identité n'existerait pas – le cheval de Troie de ses ambitions politiques. Contester cette forme de militantisme, c'est courir le risque d'être accusé d'attaquer sans raison le groupe minoritaire que le mouvement prétend représenter. Impossible de débattre dans ces conditions – ce qui est justement le but recherché. Dans « Pourquoi moi, militante d'extrême gauche, j'ai perdu mes illusions sur la culture gauchiste », Bailey Lamon aborde ce problème avec une double approche, celle de la femme et celle de l'activiste. Son article a été largement lu et partagé sur les réseaux sociaux par d'autres qui se sont reconnus dans son expérience. En voici un extrait :

> J'en ai ras le bol des clans, des hiérarchies, du flicage et des jeux de pouvoir entre des gens qui prétendent être amis et camarades. Je suis fatiguée et triste que tout désaccord, toute divergence d'opinions débouche sur un conflit et parfois sur l'exclusion des individus qualifiés de « dangereux », allant jusqu'à l'humiliation publique et la calomnie. Et écœurée qu'on prétende construire un monde nouveau, une société nouvelle, un système plus adapté aux inégalités sociales – mais dès l'instant où

> une erreur est commise, où un truc est dit et/ou fait de travers, on ne donne même pas au fautif une chance de présenter sa version des faits parce que c'est l'idéologie qui pilote la résolution des conflits bien plus que le désir d'aller au fond des choses. En réalité, dans les cercles militants, celui à qui on accorde le droit de se défendre aujourd'hui a une chance inouïe, car la politique de la maison, c'est de gober tout ce qui est dit sans se soucier de la vérité. Ce n'est pas ça, la liberté. Ce n'est pas ça, la justice sociale. Il n'y a rien de « progressiste » ni de « radical » là-dedans.

Ceux qui croient que la politique de l'identité est la garantie de débats respectueux choisissent de fermer les yeux sur ses aspects les moins glorieux. Ses partisans ont tendance à mettre toute critique sur le dos d'hommes blancs misogynes, « en rogne » et hargneux, qui ne supportent pas de voir leurs prérogatives rognées. La voix de ces militants couvre celles des femmes, des gens de couleur, des personnes queer, gays et transsexuelles à qui l'intersectionnalité est censée donner la parole. Chacune de leurs interventions débute par un démontage en règle de leur interlocuteur, discréditant par avance les opinions contradictoires. Les généralisations sont élevées au rang d'art ; tous les maux de la société sont mis sur le dos des « mâles blancs hétéro », quelle que soit leur catégorie sociale, car ils incarnent le pouvoir et les privilèges. Si l'intersectionnalité était systématiquement appliquée, on obtiendrait un tableau plus complet des dynamiques à l'œuvre dans notre société multiculturelle – y compris sur les discriminations, les idées préconçues et les violences au sein des minorités elles-mêmes. Les grands tabous, ou les sujets qui fâchent, ce sont le racisme au cœur de la communauté LGBT, l'homophobie parmi les Afro-Américains, le débat autour de la transidentité dans les cercles féministes, la soumission des femmes dans les communautés musulmanes, la violence domestique chez les couples lesbiens et les mères qui négligent ou battent leurs enfants.

Au lieu de dénoncer la situation privilégiée du mâle blanc, l'intersectionnalité devrait nous expliquer à quel titre des étudiants issus de familles aisées et inscrits dans des universités prestigieuses essaient de nous dicter notre façon de voir, s'approprient notre expérience et prétendent parler en notre nom tout en nous excluant du débat. Quand des contradictions ou des anomalies sont mises en évidence dans leur discours, ils se réfugient derrière le mépris et la diffamation pour étouffer toute critique.

Ces activistes prétendent que les mots sont par nature une forme de violence et ils atteignent leurs objectifs, quel que soit le prix à payer. Intimidation, harcèlement, agressions physiques : c'est l'arsenal de leurs valeureuses « actions militantes ». Pris dans l'hystérie des tempêtes médiatiques, ils deviennent souvent indifférents aux conséquences de leurs démarches. Ils n'hésiteront pas à détruire la réputation ou la carrière de leur cible en exploitant des informations de seconde main ou des rumeurs propagées sur les réseaux sociaux. En fin de compte, alors même qu'ils prétendent mettre les autres face à leurs responsabilités, personne ne leur rend la politesse.

Ils s'accaparent les épreuves traversées par les victimes, les dépossèdent de leur parole et s'en servent comme massues politiques. Celui qui a l'audace d'émettre un doute sur leurs intentions est aussitôt accusé de vouloir remettre des personnes vulnérables face à leur traumatisme. C'est dans ce paradoxe que l'intersectionnalité puise sa force, mais ce type de discours réduit au silence autant de personnes qu'il en conquiert. Il représente sans doute un instrument précieux pour restituer la complexité des parcours individuels et collectifs mais, en tant qu'outil encourageant l'expression des diversités, c'est un échec retentissant. Les membres des communautés opprimées, ceux à qui l'intersectionnalité est censée donner une voix, peuvent même se sentir intimidés par ce charabia et ne pas oser prendre la parole, de peur d'être mis sur la touche. S'ils osent l'ouvrir et formuler une remarque, on les accuse de ne pas faire preuve d'esprit critique et de répéter mécaniquement ce que leur oppresseur leur a mis en tête.

Ces mouvements prétendent que des groupes de privilégiés continuent à écraser les minorités avec le langage qu'ils emploient et leur comportement, tout en faisant l'impasse sur le fait que leur propre discours, adressé à une certaine frange de la population, n'est d'aucun secours pour les plus démunis. Dans la bouche de ces militants, l'expression « classe ouvrière » est devenue synonyme de « mâles blancs », ce qui leur permet d'expédier le sujet brûlant des inégalités sociales – et c'est encore plus simple depuis la montée récente de l'alt-right, la droite alternative américaine, constituée de petits Blancs issus de milieux très paupérisés, souvent marginaux, anciens enfants battus, qui deviennent les têtes de Turc d'étudiants nés avec une cuillère d'argent dans la bouche. Par ailleurs, ces prosélytes ne montent au créneau que pour les causes qui les concernent. Si vous avez le malheur de ne pas répondre à leurs critères, d'avoir une opinion qui ne rentre pas tout à fait dans les clous, votre ressenti n'aura aucune valeur à leurs yeux et votre parcours sera relégué au second plan. La politique de l'identité, dans sa forme nocive et violente, opère en circuit fermé et de ce fait pratique une sélection drastique pour mettre en avant les voix qui la valident et baisser le volume de celles qui ne vont pas dans son sens – quand elle ne les étouffe pas.

Les tenants de l'intersectionnalité clament que « le capitalisme alimente l'oppression et les privilèges » et que la politique de l'identité est l'outil de résistance le plus efficace et le plus radical. Pourtant, toute cette agitation est encouragée par les multinationales américaines. La politique de l'identité n'aurait pas pu infiltrer chaque secteur de la culture si les élites y voyaient une menace à leurs intérêts. En fait, avec des émissions à rayonnement international comme le *Daily Show* sur Comedy Central ou notre bonne vieille BBC qui a adopté le langage de l'intersectionnalité en vogue sur les campus, la politique de l'identité a bénéficié d'un véritable coup de projecteur de la part de ces mêmes groupes qu'elle prétend défier.

Réjouissons-nous que des entreprises aussi diverses que Pepsi, General Electric, Pfizer, Microsoft ou Apple s'engagent en faveur de la justice sociale. Mais ce soutien soulève une interrogation : qu'ont-elles à y gagner ?

L'intersectionnalité, dans sa forme actuelle, ne met pas en péril les privilèges ; au contraire, elle contribue au fractionnement de la société, elle crée des factions politiques rivales et affaiblit ce que redoutent vraiment les puissants : une classe ouvrière structurée, éduquée et solidaire.

Comme tout le reste, la politique de l'identité place au premier plan les plus compétents, les plus motivés et les plus mobiles. Si les minorités sont mieux représentées, c'est souvent par des membres de la classe moyenne qui arrivent à percer – qu'il s'agisse de femmes, de membres de la communauté LGBT ou de personnes de couleur. Les partis politiques se donnent l'image de bons élèves en soignant la diversité ethnique dans leur organigramme, mais ils se gardent bien de dire que tout ce petit monde a fréquenté les mêmes écoles privées. Ce vernis progressiste camoufle les inégalités sociales et la politique de l'identité est un outil supplémentaire pour asseoir la domination d'une frange mobile de la population. Cela dit, l'intersectionnalité ne va pas disparaître de sitôt et à vrai dire, elle a beaucoup à offrir malgré ses vices de fabrication, surtout à ceux qui sont exclus du débat public par les obstacles qui se dressent sur leur route. Les idées et théories qu'elle intègre – les classes privilégiées, les espaces sécurisés, le travail sur les « contenus sensibles » et la manipulation de la réalité – aident efficacement les victimes à développer un langage pour parler de leur expérience personnelle et renforcer leur estime. L'intersectionnalité les encourage à entrer dans l'arène politique. Mais ce n'est qu'une fenêtre sur le monde parmi d'autres et il ne faudrait pas la considérer comme une panacée. Les militants inexpérimentés ne doivent pas tomber dans le piège de croire qu'elle expliquerait tout. Les dirigeants de gauche seraient bien avisés de réconcilier ce courant de pensée avec la politique traditionnelle afin de travailler main dans la main. Autrement, ils finiront par se regarder en chiens de faïence.

Malgré de bonnes intentions qu'il est impossible de nier, l'intersectionnalité court le risque de devenir un monologue déroulé par une poignée de nantis au détriment de ceux qu'ils prétendent représenter. On a du mal à voir comment les plus démunis pourraient se sentir concernés par une idéologie qui considère leurs opinions, leurs idées et leurs actes comme un affront personnel.

27. Frankenstein

Le dernier jour du mois de mars 2017 a marqué le seizième anniversaire de la mort de ma mère. Comme chaque année, cette journée s'est déroulée sans cérémonie. Les autres familles prennent la peine de rendre hommage à leurs défunts mais chez nous, rien n'a été organisé. Après son décès, il avait fallu s'armer de patience pour qu'on nous dise précisément de quoi elle avait souffert. Plusieurs membres de ma famille étaient en froid pour des raisons diverses et variées, si bien que sa disparition n'a été suivie d'aucun travail de deuil. Elle n'a même pas de tombe. Nulle part où ses proches pourraient se recueillir, à moins de prendre la voiture pour faire trois heures de route jusqu'à Fortrose, au nord d'Inverness, où on a dispersé ses cendres quelques années après, ce qui n'était pas très malin de notre part. Avant, ses restes étaient conservés dans une urne quelconque, le modèle de base fourni par le crématorium, planquée dans la cheminée chez mon père, à côté de la vieille pipe à eau de mon frangin – un appareillage de sa fabrication, utilisé pour fumer du cannabis.

C'est prodigieux, ce qu'on hérite de ses parents, au-delà des traits physiques. Je n'ai pas oublié cet après-midi du printemps de l'année 2001. Un samedi. Ce qui restera gravé dans ma mémoire, c'est le cri de ma sœur. Un hurlement à vous glacer le sang. Ma grand-mère était allée répondre au téléphone dans le couloir et en revenant elle a lâché les mots qu'on savait pouvoir nous tomber dessus à tout moment :

« Désolée les petiots. Votre m'man est morte. »

Ma grand-mère n'a jamais affiché ses émotions. Élever des enfants et des petits-enfants sous les torrents d'insultes et d'attaques verbales d'un mari alcoolique, ça vous apprend à rester stoïque. Pourtant, ce jour-là, j'ai vu de l'angoisse dans son regard. Une angoisse qui était là le reste du temps mais qu'elle dissimulait, par amour pour sa famille. Sans lui laisser le temps de finir sa phrase ma sœur a bondi de sa chaise et elle a été prise de spasmes. La douleur contenue dans ses cris m'a tiré de mon état de choc. Elle a quitté la pièce en courant et elle s'est effondrée dans l'escalier. Ma grand-mère est allée la consoler.

Je suis resté assis à côté de la fenêtre, comme frappé par la foudre. J'aurais voulu pleurer, du moins manifester un semblant de chagrin, mais les larmes ne venaient pas. La réaction de ma sœur semblait beaucoup plus spontanée et j'ai commencé à me demander, un peu mal à l'aise, si mon émotion collait avec la situation présente. Combien de fois j'avais souhaité la mort de ma mère… Mon souhait était exaucé et moi j'étais là, calme, la tête froide. Je me souviens de mon soulagement : enfin, ce feuilleton lamentable touchait à son terme. Par « feuilleton », ce n'était pas à sa santé déclinante que je pensais, mais aux épisodes du pur gâchis qu'avait été sa vie : une histoire tragique dans laquelle j'étais un simple figurant – le rôle récurrent du fils en colère, à la périphérie du soap opera qu'avait été son existence, une farce dramatique et triviale stoppée net au bout de trente-six années de rebondissements sans intérêt. Dans quatre ans, je dépasserai l'âge inscrit sur son acte de décès. J'ai beaucoup de mal à me faire à cette idée. À une époque j'en étais même à me dire que je ne tiendrais jamais aussi longtemps – et j'avais de bonnes raisons de le penser. Le destin en a décidé autrement, je suis encore là, l'un des cinq enfants qu'elle a laissés derrière elle, fragiles traces de son passage sur terre.

Sa courte vie puis sa mort ont provoqué une onde de choc dans notre famille, vague puissante qui a rejeté sur le rivage des horreurs qu'on a tous essayé de noyer dans l'alcool.

Le jour des funérailles j'ai fait mon show au crématorium, j'ai sorti des blagues pour passer le temps avant la messe. Mon public : les proches et les amis de la défunte. On nous avait demandé d'attendre dans une serre à une centaine de mètres de l'église. Je me rappelle avoir pensé, avec une certaine arrogance, que je m'en sortais plutôt bien parce que je n'étais pas ému, pas vraiment. Les gens m'observaient, les yeux écarquillés, et moi je les régalais d'anecdotes et d'histoires drôles. Soudain les visages se sont rembrunis et les regards ont dérivé légèrement vers la gauche, derrière mon épaule. On aurait cru qu'un spectre avait surgi du sol. Le besoin irrésistible de me retourner a été bridé par la peur de ce qui allait se présenter à mon regard.

Pendant que je faisais mon petit numéro, le corbillard de ma mère s'était garé derrière moi et m'avait volé la vedette. J'ai eu le souffle coupé et mes yeux se sont remplis de larmes. Je ne rêvais pas. Elle n'était plus là, elle était partie pour de bon.

Après la messe, on s'est réunis chez un membre de la famille pour le buffet post-funérailles. Les gens discutaient autour de quelques verres et j'ai senti au plus profond de moi que j'étais devenu un homme quand mon oncle m'a tendu une bouteille de lager bien fraîche. Je me tenais droit comme un i en costard-cravate noir, dans un long pardessus de la même couleur, gentleman jusqu'au bout des ongles. On venait de me donner une bière alors que j'avais à peine 17 ans et ça m'a étonné que personne ne hausse un sourcil. Ce n'était pas la première fois que je consommais de l'alcool mais les fois d'avant je ne m'étais pas senti plus stimulé que ça, ou j'avais été malade comme un chien. En revanche, c'était la première fois qu'on m'autorisait à boire dans le cadre familial.

En avalant les premières gorgées, je me suis dit que je vivais la fin d'une ère. Jusque-là, ma mère avait projeté une ombre sur notre famille. Sa mort était un souci en moins. Un cauchemar enfin arrivé à son terme. La lager était donc tout indiquée. De ma bouche, le soulagement s'est propagé à mon visage avant de se diffuser le long de mes bras et de s'installer au creux de mon estomac.

C'est à l'instant où j'ai vidé la bouteille que tout est devenu clair.

Ce qui a rendu cette période deux fois plus éprouvante, c'est que j'étais brouillé avec ma famille proche et que je squattais chez mes amis et mes grands-parents. Au cours des mois qui ont suivi les funérailles, j'ai enchaîné les insomnies. Ma grand-mère a trouvé une solution : un cachet le soir pour m'aider à m'endormir. Du Co-Proxamol, prescrit par son médecin pour soulager ses douleurs. Super efficace, je le confirme.

28. Trainspotting

La première et seule fois où j'ai vu *Trainspotting,* c'était à travers un brouillard causé par un puissant sédatif à base d'opium. Si j'ai bonne mémoire, mon complice de l'époque avait très envie de visionner ce film avec moi, il savait que je ne l'avais jamais maté. Voir quelqu'un d'autre tester pour la première fois un truc qu'on aime est toujours cool et ce pote-là avait été avec moi pour certaines de mes « premières fois » – toutes en rapport avec la came. À présent il m'initiait à ce film qui brosse un fidèle portrait des effets des stupéfiants mais aussi des conditions sociales qui ont déclenché une véritable catastrophe sanitaire. De temps en temps, aux scènes clés, il me jetait un coup d'œil pour jauger ma réaction. Il a dû être déçu, le pauvre. La représentation hyperréaliste de l'univers sordide des toxicomanes faisait remonter à ma mémoire des souvenirs de ma propre enfance et j'ai été parfaitement incapable d'apprécier le film.

Les rideaux emprisonnaient le soleil et les grains de poussière dansaient sur les rayons filtrés par les accrocs du tissu qui pendouillait, immobile, masquant les carreaux sales. Une lumière ambrée baignait la pièce, créant une ambiance chaleureuse. Une ceinture faisant office de garrot, une seringue qui plonge dans un avant-bras. Il n'est pas donné à tout le monde d'être témoin de ce genre de scène, encore moins si la personne qui tient la seringue est sa propre mère. La majorité des gens est incapable de concevoir l'attraction que peut exercer ce style de vie. En fait, à l'époque où *Trainspotting* est sorti dans les salles, nos pontifiants experts n'ont rien trouvé de mieux que de s'écharper autour de deux questions essentielles : ce film est-il trop vulgaire ? Présente-t-il la drogue sous un jour positif ? Difficile de faire plus à côté de la plaque. Comme la plupart des films et des clips qui décrivent la violence et la toxicomanie sans filtre, *Trainspotting* m'a laissé une impression mitigée parce qu'il parlait de mon passé. Un passé auquel j'essayais d'échapper à tout prix, dans l'appart de mon pote, en proie à une euphorie fébrile tandis que le soleil incendiait ces magnifiques rideaux orange.

La première fois que j'ai consommé de l'ecstasy, c'est aussi la première fois que j'ai réussi à me libérer de la peur. La molécule a pris d'assaut mon organisme, le purgeant de toutes les émotions négatives – amertume, angoisse, appréhension – pour les remplacer par un amour profond pour mon prochain, et j'ai ressenti une paix que je n'avais jamais connue. Avec mon pote – celui qui m'avait donné mon premier cachet, le fournisseur officiel de notre groupe –, on a discuté, rigolé, bu et fumé jusqu'au bout de la nuit et, le matin venu, l'aventure a continué. Mon pote avait l'air de savoir précisément ce qu'il fallait faire, et surtout quelles substances absorber. On est retournés chez lui et on a bu de la bière bien froide, clopé comme des malades et écouté l'audio de *La Nuit des morts-vivants*. On s'est imaginé qu'on était les derniers survivants d'une apocalypse zombie et que les gens infectés, agglutinés dehors, pouvaient défoncer la porte d'un instant à l'autre pour nous bouffer le cerveau. Il ne nous est pas venu à l'esprit une seule fois que c'était nous qui avions un problème.

L'une des raisons qui expliquent pourquoi on devient accro si rapidement, c'est que décrocher est une expérience atroce. Et pas besoin d'être hyperdépendant pour que le sevrage soit une épreuve. Je ne parle pas ici de l'état de manque. Le terme « descente » ne rend pas justice à ce calvaire. « Descendre » suggère une certaine douceur, une progression par étapes. En réalité, on a l'impression de se disloquer dans l'atmosphère d'une planète qui serait composée de terreur pure. Cette « descente » est proportionnelle aux illusions dont on se nourrit quand on se met à la came. Certains, ceux qui ne considèrent pas la drogue comme une échappatoire, ne s'en sortent pas trop mal. Pour eux, planer est une extension de leur bonheur. Dans mon cas, l'alcool et la drogue me permettaient de sortir de ma tête, de fuir un mental ravagé par l'angoisse, la peur, la rancœur et le doute. L'hypervigilance qui m'avait permis de survivre à une enfance difficile fonctionnait à présent comme un tournevis vrillé à l'arrière de mon crâne. La drogue me libérait de ce fardeau, elle m'apaisait et elle remplissait parfaitement sa fonction première : gommer la douleur. Avec une efficacité telle que, très vite, vivre sans elle m'est devenu intolérable. Impossible de me passer d'alcool, et du reste.

La semaine qui a suivi mon initiation à l'ecstasy, on est sortis en boîte et on a attendu nerveusement dans un coin que notre dealer se pointe. L'endroit nous semblait vide et glacial, les gens distants, sur la réserve. Certains dealers sont jeunes, de vrais charlots, d'autres des déglingués endurcis par leur vécu ; mais quand on est camé, cela n'a aucune importance. Ce qui compte, c'est que le type ait le matos, peu importe d'où il vient, peu importent les risques. Des tours sordides d'une cité de Paisley aux bâtiments cossus du West End, l'heure n'était jamais trop tardive et le tarif jamais trop élevé quand il nous fallait notre dose. L'envie de revivre ce déferlement d'amour pur, absolu, faisait taire toutes les autres préoccupations.

« Et si le mec ne se ramène pas ? Chez qui je pourrais me fournir ? Comment je vais faire sans mes cachetons ? » Ces questions tournaient non-stop dans mon cerveau. À peine une semaine plus tôt, j'avais goûté à l'ecstasy pour la première fois et j'avais bien cru que j'allais crever tellement la descente avait été rude. La seconde d'après je n'avais plus qu'une idée en tête : y retourner. Comme si mon esprit ne pouvait pas enregistrer l'état calamiteux dans lequel je m'étais trouvé après coup, ni les dommages collatéraux d'une cuite de trois jours.

Sans drogue, j'évoluais dans un monde en noir et blanc, livré à moi-même et à ma peur. En revanche, quand je savais que je n'allais pas tarder à en consommer, ou quand elle commençait à circuler dans mon organisme, les premiers rayons de l'aube, le refrain d'une chanson ou les paroles réconfortantes d'un ami embrasaient mon âme. Planer, c'est se rendre soudain compte de la valeur du moment présent. Que rien n'existe en dehors. Contrairement à pas mal de mythes qui circulent, la drogue peut avoir un impact profond et constructif sur la façon dont on se perçoit, dont on perçoit le monde, et elle peut bouleverser notre système de valeurs. Mais son attrait s'érode au fil du temps. Arrive un stade où il n'y a plus rien d'intéressant à tirer de l'expérience, où la came s'impose sans qu'on l'invite, quelles que soient les sensations qu'elle procure. Et comme la réalité qu'on essaie de fuir prend doucement la forme du chaos, comme les illusions dans lesquelles on a résolu de se perdre s'ouvrent devant soi à la façon d'un gouffre, on se coupe du monde et on ne quitte plus son cercle d'amis – des alcooliques et des toxicos qui acceptent sans broncher ce type d'attitude. Des comportements autrefois réprouvés – mentir, voler de l'argent – deviennent banals et la malhonnêteté tient soudain lieu d'éthique personnelle.

Me revient un dimanche matin particulièrement glauque. Je faisais la rituelle tournée des pubs avec un pote après une nuit à me mettre la tête à l'envers. Je ne sais pas comment je me débrouillais avec mon stock d'alcool le samedi mais je me retrouvais toujours à sec à peu près à la même heure le lendemain matin. On s'est partagé une canette de lager en fumant clope sur clope et en discutant. Comme on avait carburé toute la nuit à la MDMA, aux champignons et à la kétamine, on a décidé de prendre un sédatif avant de sortir faire nos emplettes. Je me suis rendu compte que j'étais stone quand j'ai trébuché et je suis tombé dans une poubelle. J'ai explosé de rire. J'avais une prédilection très marquée pour les opioïdes, ils m'aidaient à me détendre, à réfléchir posément et à m'exprimer de façon claire et précise. Ces substances éteignaient l'incendie qui ravageait ma poitrine, défaisaient les nœuds de mon estomac et me rendaient conscient des tensions et crispations de chaque muscle de mon corps. Grâce à elles, j'avais un aperçu fugace de celui que je pouvais être une fois affranchi de l'appréhension et du stress, et j'étais enfin capable de mettre un couvercle sur mes angoisses et d'accomplir des tâches ultra-simples toujours repoussées à plus tard, faire le ménage ou les courses, passer un coup de fil, ouvrir mon courrier. Tout cela devenait un jeu d'enfant quand je planais. J'ai découvert que j'étais quelqu'un de sociable, pas le misanthrope que je m'étais toujours imaginé être. Je me suis aussi rendu compte que les opiacés et l'alcool donnaient un cocktail sympa.

Mais cette matinée de dimanche illustre parfaitement les contradictions du toxico qui se convainc que tout va bien au moment où il franchit la ligne rouge. Je venais de me vautrer dans une poubelle, mon pote m'avait aidé à me relever et on attendait l'ouverture du pub dans une allée voisine car on avait dix minutes d'avance. On a continué à boire et à fumer, on se voyait plus beaux qu'on l'était en réalité. Je crois même que j'ai vidé ma vessie avant qu'on parte. Enfermés dans notre délire, à nous considérer comme deux rebelles anticonformistes qui remontaient hardiment la marée de salariés esclaves du système, on était infoutus de reconnaître que les morts-vivants, c'était nous. Deux aveugles. On était là, plantés dans l'allée d'un type qui n'avait rien demandé, on avait forcé le portail pour y accéder, on parlait fort, on fumait et on pissait pour passer le temps avant de nous réapprovisionner en alcool. Si j'avais croisé deux crétins comme nous, je les aurais évidemment toisés en mettant leur connerie sur le compte de la drogue. Mais quand il s'agit de soi, bizarrement, ça dérange moins. Quand ça vous concerne directement, là, c'est justifié, là, ça se défend. Il ne vous traverse jamais l'esprit que c'est vous le camé, le voyou, le fils ou le frère égoïste et malhonnête qui a lâché sa famille. C'est toujours quelqu'un d'autre – vous, jamais.

La réalité n'avait rien à voir avec les films que je me faisais. J'étais au chômage, j'étais sorti du système éducatif et mon dernier contact avec ma famille remontait à des semaines, pour ne pas dire des mois. Je touchais les minima sociaux et je préférais me convaincre que je souffrais d'un mystérieux trouble psychologique alors que la majeure partie de mes problèmes s'expliquaient par ma consommation d'alcool et de came. En dehors de mon petit clan de soûlards et de toxicos je ne me souciais de personne et, quand ma pauvre grand-mère m'appelait pour me dire qu'elle s'inquiétait, je pétais un câble et je lui disais de ne pas fourrer son nez dans mes affaires. Une fois je l'ai même accusée de se décharger de sa solitude sur moi. En revanche pour mes potes, qui eux ne trouvaient rien à redire à mes habitudes – à ce moment-là en tout cas –, j'avais tout le temps qu'il fallait. Les autres, j'y pensais quand ça me revenait ; même chose pour mes obligations. Ma mentalité de victime me coupait de la réalité, je me cachais derrière un mur de justifications délirantes. Et je n'écoutais les mises en garde de personne. Trop perturbé par la possibilité très concrète de ressembler à tout ce que je haïssais, je refusais d'y faire face.

Je me suis embourbé dans le déni. Un jour, j'ai introduit de la drogue dans une prison sans m'en rendre compte. J'étais venu travailler au contact de jeunes toxicomanes. Le Valium que j'avais dissimulé dans l'ourlet de mon pantalon, un petit boudin de papier alu, a fait sonner le détecteur de métaux à l'entrée principale. Comme la queue commençait à s'allonger derrière moi, les gardiens ont jeté l'éponge et m'ont laissé passer. En avançant dans le couloir j'ai trouvé les comprimés, complètement par hasard. Pas de stupéfaction, pas de bouffée d'angoisse, pas de sueurs froides en pensant au pétrin dans lequel je venais de me fourrer, non ; à la place, une vague de soulagement. Je suis allé me planquer dans les toilettes et j'ai gobé tous les Valium. Il m'arrivait aussi de boire alors que j'étais censé diriger un atelier : de temps en temps je m'esquivais pendant cinq minutes et j'allais m'envoyer une lampée d'alcool dans les toilettes les plus proches. Peut-être que ça aurait moins posé problème si je bossais dans un entrepôt, mais j'étais en charge de gamins. Que je ne voie pas que je leur offrais un exemple calamiteux – que j'étais une imposture ambulante – montre l'épaisseur des écailles qu'il faut avoir sur les yeux pour continuer à se droguer.

Un matin j'ai reçu un coup de téléphone : ma grand-mère avait été hospitalisée en urgence. À ce moment je travaillais sur une émission de la BBC consacrée, ironie du sort, aux jeunes adeptes des bitures express. Après le boulot je suis allé lui rendre visite et j'ai tout de suite vu qu'elle était mal en point. La fois suivante, je lui ai apporté une lettre dans laquelle j'avais rédigé mes adieux. Personne n'osait se prononcer mais mon intuition me disait qu'elle n'allait pas tenir longtemps. Quelques jours plus tard les médecins ont donné des nouvelles encourageantes, ce qui a réjoui toute la famille. Un peu avant la date prévue pour sa sortie, elle a contracté une infection nosocomiale et son état s'est considérablement dégradé. Ce coup-ci, les médecins nous ont conseillé de venir aussi vite que possible pour lui dire au revoir. Moi, je n'y suis pas allé. Malgré tout le cinéma que j'avais fait quatre ans plus tôt parce qu'on m'avait empêché de tenir la main de ma mère mourante, je ne me suis pas rendu au chevet de ma grand-mère quand j'en avais la possibilité. Cette femme m'avait pratiquement élevé et, tandis qu'elle rendait son dernier souffle entre des draps d'hôpital, je me terrais chez moi, une bouteille à la main, et je me trouvais des dizaines d'excuses pour ne pas y aller. La vérité, c'est que cela m'aurait forcé à arrêter de boire pendant une heure.

Le voilà, le cauchemar de la dépendance. Et ce qu'on trouve à sa racine, ce n'est plus de la douleur ni un traumatisme affectif comme je le répétais souvent, mais un égoïsme pathogène et brutal ainsi qu'une indifférence profonde pour les besoins des autres. Une incapacité à voir au-delà de ma douleur, de ma petite personne. Même mes opinions politiques ont été réduites à un chapelet de rancœurs que j'avais accumulées en moi et qui me tenaient lieu d'arguments. Une désintoxication totale ne serait possible que lorsque j'aurais accepté que tout ce que je tenais pour acquis dans mon identité, y compris mes convictions les plus intimes, ne servait qu'à alimenter mes délires et mes seuls intérêts – au mépris de toute vérité. Toujours sur le fil de l'autodestruction, j'allais devoir prendre mon courage à deux mains et faire face à l'impensable : je faisais fausse route, depuis le début.

29. Le paysage moral

Nous revendiquons nos opinions comme si nous les avions forgées nous-mêmes mais, le plus souvent, elles nous ont été transmises. Nous arborons ce système de valeurs hérité d'un autre comme une médaille, ostensiblement, épinglée comme la preuve indéniable que nous sommes des personnes avisées et que nous avons des principes solides, contrairement au reste – cette bande de minables. Des tocards tout juste bons à tendre un miroir inversé aux individus éclairés que nous sommes. Des termes comme « gauchiasses », « socialopes » ou les plus récents « chevalier blanc » et « défenseur des opprimés » sont entrés dans le langage courant pour caricaturer nos détracteurs et les mettre dans des cases. Balayer les arguments qui ne vont pas dans notre sens nous est aussi naturel que cligner des yeux ou respirer, parce qu'une opinion universellement partagée se défend toute seule. Camper sur nos positions est la chose que nous faisons le mieux, au diable les conséquences !

Mais que se passe-t-il quand notre conviction flanche ? Quand de nouvelles informations émergent ? Quand une expérience modifie en profondeur un point de vue, quand des intérêts personnels se déplacent ? Et si vous traversez une douloureuse remise en question après vous être extirpé des effluves de cannabis et des vapeurs d'alcool qui vous ont embrumé le cerveau de 20 à 30 ans – l'âge de toutes les expériences ? Ou si vous vous mettez en couple, ou venez d'échapper à un cercle d'amis toxiques ? À certains stades, le changement est inévitable. Choisir, c'est déterminer notre niveau de résistance au changement. On sait ce qui se passe quand on s'en tient à ses principes mais qu'en est-il lorsque nos fondations morales subissent une restructuration profonde – quand on atteint l'âge adulte, quand on devient une personne différente ? Certains font des enfants, d'autres vivent une expérience de mort imminente. Machin décroche un nouveau boulot, Bidule rencontre l'âme sœur. Personnellement, décrocher de la came, batailler pour rester sobre et comprendre pourquoi j'étais si mal dans ma peau, cela a bouleversé ma vie de fond en comble. Prétendre que je suis toujours le même serait plus difficile qu'embrasser pleinement les changements que j'ai subis, même si je mentirais en disant que ça ne m'a pas mis en délicatesse avec pas mal de gens que j'avais pourtant rangés dans la catégorie des amis ou des soutiens.

Quand on se soumet à une modification aussi profonde, on passe au scalpel chaque aspect de sa vie, chaque facette de son identité. Je m'y suis obstinément opposé pendant des années et j'ai fini par rendre les armes quand j'ai dû apprendre à avancer sans la béquille de la drogue. Et il est impossible de se connaître soi-même si on ne comprend pas ce qui nous motive au niveau politique.

En retirant une à une ces couches de fierté mal placée et de justifications foireuses que j'avais empilées pendant près de dix ans, j'ai opéré ma mue et mis au jour la vérité : je n'étais pas ce phare d'intégrité et d'altruisme que je me figurais être depuis le début. Loin de là.

J'imagine que je parle au nom de beaucoup quand je dis que j'ai hérité mes opinions de gauche un peu comme on hérite un titre de noblesse. Même si la plupart de ces thèses, qui sont une bonne chose pour la collectivité, m'ont été bénéfiques aussi à titre personnel, il ne fait presque aucun doute que j'aurais adopté une autre idéologie, la foi chrétienne ou l'ultralibéralisme par exemple, si j'avais vu le jour dans un milieu différent – et j'aurais défendu cette autre idéologie bec et ongles.

Le fait que notre manière de voir soit le fruit du hasard autant que de notre libre arbitre ou de notre éthique personnelle ne nous empêche pas de bomber le torse, tout bouffi d'orgueil. À moins que je parle pour moi ? Ce n'est jamais agréable mais, pour aller au fond des choses, il faut gratter le vernis, regarder au-delà des lieux communs qu'on balance en public, lire entre les lignes de l'ego – et ce qu'on découvre n'est pas toujours très joli. On prétend se soucier des intérêts des autres et ces intérêts, par un heureux hasard, vont souvent dans notre sens. Prenons le socialisme. Ce courant de pensée, tel que je le conçois, se propose d'assurer une qualité de vie correcte à chaque citoyen. Bien. Pour être tout à fait honnête, ce n'est pas cette idée qui m'a toujours motivé à voter à gauche, et je me suis longtemps menti à moi-même. La vérité, c'est que ça me gavait d'être pauvre. Je me sentais invisible, alors je me suis trouvé un coupable – la classe moyenne – et j'ai décidé que je voulais réorganiser la société de façon à ne plus stagner sur le dernier barreau de l'échelle. Peut-être ai-je essayé de me convaincre qu'il y avait une histoire de bien commun là-dedans mais au fond, le but, c'était de me sortir de la mouise. Coup de bol, pas mal de monde voulait la même chose et nos intérêts individuels ont convergé, créant l'illusion réconfortante d'un grand élan de générosité et d'humanisme.

J'étais persuadé, au plus profond de moi, que mes idées de gauche faisaient de moi un modèle de vertu et de bonté, supérieur à un social-démocrate ou un libertarien alors qu'en réalité, j'ai adopté la première idéologie qu'on m'a mise sous le nez et je n'ai jamais pris la peine d'explorer ce qui se faisait ailleurs.

Les réseaux sociaux ont fourni aux citoyens une tribune phénoménale. Nos fils d'actualité, nos abonnements et nos statuts, via lesquels nous distribuons les bons et les mauvais points en fonction de nos propres critères, sont à présent archivés et consultables à tout instant. Chacun semble pénétré de ses convictions, convaincu d'avoir raison. Mais ce que l'on voit rarement sur les réseaux sociaux, ce sont des gens qui reconnaissent en toute humilité qu'ils ont eu tort à un moment donné, ou qu'ils ont commis le péché : changer d'avis ou renoncer à une fausse croyance. Le fait qu'il s'agisse d'un phénomène exceptionnel explique sans doute pourquoi nous sommes si peu nombreux à nous raviser ou à faire notre mea culpa le cas échéant. Nous ne savons même pas comment changer d'avis tant nous sommes recroquevillés sur nos positions. Entre nous, vous n'avez jamais tiqué sur des arguments qui vous paraissaient erronés à première vue ? Vous n'avez jamais senti ce doute insidieux vous ronger une seconde après avoir martelé une opinion à laquelle vous teniez mordicus ? Vous n'avez jamais été pris de panique en pensant à tous les domaines dans lesquels vous avez peut-être fait fausse route ?

Dans un monde globalisé, empoisonné par les communautarismes politiques et religieux, prendre du recul sur soi-même et sur ses convictions devient un acte politique radical : un acte citoyen. Pour ceux qui représentent le « camp du bien », c'est un peu facile de se trouver toujours du bon côté de l'histoire, mais aussi du bon côté de chaque débat qui va dans le sens de l'histoire. Dans un univers infini, sur une planète vieille de plusieurs milliards d'années, la probabilité d'avoir raison sur tous les sujets est plutôt mince, non ? La coïncidence ne serait-elle pas énorme ? C'est grotesque, quand on y réfléchit bien. Qu'on m'explique comment quelqu'un de sensé peut croire à de telles sornettes, tout en s'estimant mieux renseigné que la moyenne ! C'est en travaillant sur soi-même et sur ses propres contradictions, sans relâche, qu'on peut prétendre nourrir une réflexion qui ait un semblant de cohérence. Il est infiniment plus respectable de reconnaître ses erreurs en corrigeant le cap que de refuser de sortir d'un schéma de pensée qui n'a pas bougé d'un iota depuis l'adolescence.

Même si camper sur ses positions n'est pas foncièrement un signe de malhonnêteté intellectuelle, il faut manquer sérieusement de recul pour s'attribuer la paternité d'une idéologie empruntée à un tiers et la porter toute sa vie comme un étendard, surtout si l'idéologie en question a été pervertie. À l'instar de ma mère, qui s'est accrochée à l'illusion de pouvoir continuer à consommer de l'alcool quand on lui a diagnostiqué une maladie incurable, j'ai moi aussi eu le plus grand mal à voir au-delà de certains mirages. À une époque, j'aurais pris comme un affront personnel qu'on ose suggérer que j'étais en partie responsable du marasme de mon existence : je n'avais pas encore intégré l'idée, hautement subversive, que je n'étais pas tout blanc dans l'affaire, que j'avais entre mes mains le pouvoir de changer et que je ne pouvais pas faire éternellement porter le chapeau au système – ce qui allait à l'encontre de ce que j'avais toujours cru.

30. La métamorphose

En 1971, le légendaire Jimmy Reid, syndicaliste à Glasgow, a sorti à ses collègues qui occupaient les chantiers navals de la Clyde des paroles passées à la postérité : « Je ne veux pas de hooliganisme. Pas de vandalisme. Pas d'ivrognerie... parce que le monde entier a les yeux braqués qur nous. » À l'époque, cela en avait scandalisé plus d'un. L'un de ses camarades s'en souvient : « Ça nous a tous soufflés quand Jimmy nous a dit ça devant les caméras de télé, parce que ça donnait justement l'impression qu'on était un ramassis de hooligans et de poivrots. »

Reid a pris le risque de se mettre une minorité à dos afin d'exprimer une vérité importante : parfois, il faut appeler un chat un chat et faire face à ses responsabilités ; parfois, nous sommes notre pire ennemi. Reid conseillait à ses camarades de se méfier des stéréotypes : s'ils voulaient atteindre leur objectif, il fallait assumer en plus de s'attaquer au système.

Assumer ses choix – bons ou mauvais – n'est pas une mince affaire. Surtout quand on a un bouc émissaire sous la main. Depuis tout gamin, on me répète que les problèmes au sein de ma famille sont dus au *système*, et mes propres problèmes à ma famille. Cette mentalité a été renforcée par la politique d'assistanat et par nos hommes politiques qui ont tiré profit de mon conditionnement à la soumission.

J'ai pu tourner le dos à l'alcool et à la drogue le jour où j'ai pleinement accepté que j'étais seul responsable d'une grande partie des galères de ma vie d'adulte. Bien entendu, la responsabilité individuelle est un tabou – parmi tant d'autres – à gauche. L'objectif d'assumer ses erreurs aussi souvent que possible et d'en sortir grandi est pour beaucoup une hérésie. Loin de moi l'idée de généraliser à partir de mon cas personnel mais, ce que je peux dire, c'est que mon horizon s'est considérablement éclairci quand j'ai arrêté de chercher des coupables ailleurs – particulièrement mon horizon mental, car j'ai bien manqué devenir fou à cause des fausses croyances liées à mon angoisse, ma solitude et mes problèmes de santé. Tout cela expliquait mon profond mal-être.

À ce stade, j'espère avoir démontré que l'un des plus grands fléaux de notre société est le stress et ses effets sur l'individu, la famille et la société ; le stress qui prend les commandes de notre cerveau et de notre comportement, le stress qui pilote les stratégies d'adaptation qui déteignent sur tous les autres aspects de la vie. Le stress est la passerelle entre les problèmes sanitaires et sociaux contemporains (dépendances, violence, affections chroniques) et les multiples errements des services publics. J'ai établi plus haut que le stress joue un rôle non négligeable dans le registre et le contenu du débat politique, ainsi que dans les orientations prises par la collectivité. Le stress est l'une des variables les plus importantes de l'équation de la pauvreté. Réduire de manière drastique les niveaux de stress, à tous les échelons de la société, permettrait d'améliorer la qualité de vie de millions de gens. La tâche est d'une telle ampleur que la question qui vient à l'esprit n'est pas « Comment on fait ? » mais plutôt « Qui va s'en charger ? »

Qui est le mieux placé pour gérer notre stress ?

Un coup d'œil suffit pour apprécier la qualité déplorable du dialogue entre les partis politiques et pour comprendre qu'en matière de pauvreté, comme sur tant d'autres sujets, la solution doit venir de la base : des citoyens. Pourquoi repousser indéfiniment le moment de nous retrousser les manches, et pourquoi attendre que le gouvernement se bouge (ce qui n'arrivera jamais) ? Surtout quand il y a tant à accomplir ?

Trouver un remède à la misère est largement à notre portée. Rien qu'à observer les avancées technologiques et médicales – pour se limiter à ces deux secteurs –, on se rend bien compte que l'ingéniosité humaine n'a pas de limites. Mais la bêtise dont nous sommes capables en tant qu'espèce non plus, ni cette tendance que nous avons à toujours nous compliquer la vie. Éradiquer la pauvreté nécessiterait un consensus politique global, inédit. Un jour, sans doute ; mais pas demain, ni dans l'immédiat. La conviction pathologique que l'État seul peut régler certains problemes est le plus sûr moyen, à court et moyen terme, de nous lier les mains et d'étouffer notre optimisme. Il ne s'agit pas de baisser les bras mais de reconnaître que le sujet est complexe. Malgré la meilleure des volontés, une question aussi ardue ne sera pas résolue avant plusieurs siècles. Les balles en argent promises par nos dirigeants ne sont que des balles à blanc.

Une fois intégré le fait que les politiques sont totalement démunis face à ce problème, le nombre d'options se réduit. La responsabilité n'incombe plus entièrement à l'État : les citoyens peuvent aussi peser dans la balance. Cela ne veut pas dire qu'il faut jeter l'éponge en politique ou ne plus s'engager, loin de là. Affronter la vérité, aussi brutale soit-elle, permet de rationaliser la situation et de gagner en efficacité, au niveau individuel comme au niveau collectif. Mais il faut le dire et le répéter, les citoyens ont entre les mains une partie de la solution.

Parfois, on ne saisit pas la logique qu'il y a à endosser certaines responsabilités quand la situation tout entière échappe à notre contrôle. C'est encore plus vrai quand on a été un enfant battu, maltraité ou négligé. Mais assumer ses erreurs, ce n'est pas désigner un coupable, c'est essayer d'identifier, avec toute l'honnêteté dont on est capable, les pièces du puzzle qui pourraient nous être utiles. Une approche mille fois plus radicale que d'attribuer chaque fléau social à un « système » ou à une dynamique de pouvoirs – ce qui est devenu une véritable manie chez les partisans de gauche. Prendre ses responsabilités, ce n'est pas fermer les yeux sur les injustices structurelles : c'est reconnaître que nous sommes nous aussi un rouage du système et complice, à notre échelle, de ses dysfonctionnements. Pour reprendre mon exemple, j'ai parlé quelques chapitres plus haut du lien entre mon mal-être et cette façon que j'avais de me jeter sur la bouffe industrielle. Comment régler un problème pareil ? Comment toucher au but le plus rapidement possible ? Supprimer tous les McDonald's ou modifier mon propre style de vie ? McDo répond à la demande de gens comme moi, guidés par leurs besoins affectifs. Ces besoins gouvernent la totalité ou presque de mes démarches en tant que consommateur et citoyen. Oui, les multinationales fondées sur l'exploitation de ces besoins doivent rendre des comptes, parce qu'elles arrosent le marché de produits nocifs destinés à des acheteurs sans défiance. La désinformation délibérée autour des aliments dont on sait qu'ils menacent la santé pose la question du cynisme et de l'éthique. Mais si je ne fais pas l'effort d'examiner mon propre rôle dans le cycle économique et de devenir acteur à part entière de mes choix, à qui vais-je essayer de faire croire que je veux du changement ? Des exemples comme ça, j'en ai à la pelle. Rétrospectivement, je ne compte plus les domaines où je me suis mis tout seul des bâtons dans les roues. Et même si ça fait mal à l'amour-propre, même si ça met mal à l'aise, je préfère regarder mes problèmes en face plutôt que me réfugier dans une mentalité de victime et faire porter le chapeau aux autres. Il est clair que j'aurais pu m'en sortir beaucoup plus tôt sans cet aveuglement. Vu mon manque de recul sur moi-même, la question de ma contribution réelle à la lutte contre l'injustice sociale se pose.

Au plus fort de ma dépendance à l'alcool, ma vie oscillait entre illusions savamment entretenues et inertie permanente – chose qui m'arrive encore. J'aurais pu bouger et j'ai préféré rester dans l'inaction, sous tout un tas de prétextes. Surtout pour ce qui touchait à ma santé psychologique, dont découlaient mes autres problèmes. Je me souviens que je sortais de chez le médecin avec mon ordonnance de Valium pour aller tout droit me prendre une cuite. Une fois je suis entré dans un pub complètement bourré et j'ai commencé à me plaindre auprès de ma copine qui bossait là-bas : le service d'addictologie se foutait de moi, je devais encore attendre deux semaines avant la consultation suivante. Bien sûr, ça m'a servi d'excuse pour continuer à picoler et j'ai raté le rendez-vous quinze jours plus tard. Je m'étais persuadé que je buvais parce que je n'étais pas bien dans ma tête et, entre 20 et 30 ans, j'ai écumé les cabinets médicaux dans l'espoir de tomber sur un toubib qui saurait m'expliquer pourquoi j'étais si abattu, si angoissé, si cafardeux. Mes œillères solidement vissées sur le crâne, j'étais incapable de voir la vérité : j'étais un alcoolique qui vivait dans son délire égoïste. Courir après un diagnostic a dû prolonger de cinq années ma consommation d'alcool.

Cette inertie – ne jamais passer à l'action, rester aveugle à la vérité – peut paraître sans conséquence, mais elle en dit long sur mon aptitude à cohabiter avec ma propre hypocrisie. Je n'étais pas le dernier pour m'exprimer bruyamment et marteler mes opinions, mais ce n'était qu'un trompe-l'œil. Dévoré de l'intérieur par mon stress, j'ai perdu la faculté de profiter de la vie. Je donnais l'impression de vouloir enfoncer le dernier clou dans le cercueil du capitalisme quand ce même système se pliait en quatre pour répondre à mes besoins.

Pendant des années j'ai fait la tournée des services de santé, persuadé que je souffrais de dépression ou que j'étais bon pour la camisole, alors qu'en réalité j'étais juste un poivrot qui carburait à la malbouffe et passait sans transition de l'euphorie maniaque à un désespoir suffocant dû au sevrage et à la menace du découvert permanent. En parallèle, j'attendais que la société se désintègre et j'en jubilais d'avance, sans comprendre que j'étais la caricature de l'assisté. J'avais à ma disposition des dizaines de professionnels, un logement, une aide financière et un soutien sous diverses formes. J'avais accès à des bibliothèques où je pouvais me perfectionner dans tous les domaines, j'avais accès à Internet. Aux quatre coins de la ville fleurissaient des groupes réunissant d'anciens toxicos qui avaient réussi à décrocher. Mais moi, je n'avais pas conscience de tout cela. Ces éléments ne cadraient pas avec le récit que j'avais élaboré dans ma tête, avec cette société qui manquait cruellement d'authenticité et de compassion. Je me suis obstiné sur la voie de l'illusion et de la destruction.

Mon esprit était clairement malade mais l'étendue de cette maladie m'échappait. Je me cachais derrière ma colère et mes griefs, autrefois légitimes, vis-à-vis de la société, pour dire ce qui me passait par la tête, sans filtre, et faire n'importe quoi. J'avais perdu tout sens de la perspective : mon champ de vision se limitait aux blessures qui m'avaient été infligées et excluait celles que j'avais infligées aux autres. Et mon attitude n'a jamais été remise en cause dans les cercles de gauche que je fréquentais, où tout le monde tombait exactement dans le même travers. On m'acclamait, moi, le dingue, pas parce que ma parole était vraie ou salutaire, mais parce que j'allais dans le sens du courant. Ces gens passaient leur temps à dire que tout devait changer – à l'exception d'eux-mêmes.

L'analyse du rôle que l'individu joue dans la construction de son cadre de vie manque cruellement dans les débats à gauche. Si je tombe encore sur un éditorial qui désigne le néolibéralisme comme grand coupable de tous nos maux, je risque de me remettre à boire. Le système économique actuel est pourri de l'intérieur par les contradictions, les inégalités et la corruption ; cela, on ne peut le nier. Mais, dans certains mouvements marqués à gauche, ils sont nombreux à croire qu'il suffirait de renverser le gouvernement vite fait bien fait pour avoir une solution clé en main à tous nos problèmes. Grave erreur. Depuis mon enfance, la gauche m'a fourni des outils idéologiques et des principes solides, qui ont servi de fondations à mon système de valeurs. À ce jour, ce sont les activistes d'extrême gauche qui répondent le mieux aux questions concernant prioritairement les populations les plus vulnérables, qui montent au créneau contre les contrats zéro heure, sensibilisent à la détresse des sans-abri et ne rechignent pas à faire le coup de poing contre les skinheads et les néonazis. La base militante de la gauche fonctionne comme notre conscience : elle nous exaspère quand elle essaie de nous tirer des larmes, elle nous épuise et nous tape sur les nerfs avec ses slogans et sa volonté de faire bouger les lignes. Et elle n'hésite pas à nous secouer quand nous ne sommes pas à la hauteur de ses attentes. Si les puissants ont lâché du lest, c'est grâce à cette frange d'irréductibles.

Pour autant, cela ne l'empêche pas de se rendre coupable de complaisance. Notre système a beau être vérolé par des incohérences, il est aussi très dynamique et il offre un large éventail de libertés. Un exemple flagrant : il fournit de la nourriture, des logements et des emplois, mais aussi un bagage scolaire, des formations et des subsides aux disciples de ces mêmes mouvements qui tentent de le renverser. Une chance pareille ne doit pas être tournée en ridicule, ni considérée comme allant de soi. Tous n'y ont pas accès. Lorsqu'un nouveau paradigme économique s'imposera, le bond civilisationnel que nous accomplirons aura été facilité par ce système tant décrié.

L'émergence de l'extrême droite ne doit pas servir d'alibi pour rester aveugle aux hypocrisies et aux facilités de notre propre démarche politique. Ni pour promouvoir un radicalisme de gauche qui encouragerait le dogmatisme ou, au contraire, le laxisme à l'égard d'une certaine violence. Il faut résister à la tentation de projeter nos échecs sur des épouvantails. Examinons à la loupe le modèle que nous proposons avant d'espérer rebâtir nos quartiers et nos communautés, ou encore une société viable. Ça n'est pas pour le plaisir de s'admirer le nombril, non, mais pour rétablir les faits, rien que les faits. Et nous soumettre au même traitement que celui auquel nous soumettons nos opposants politiques. À une époque je pensais que la colère seule, alimentée par une indignation profondément enracinée, suffirait à transformer mon cadre de vie, mais j'ai commencé à remarquer une évolution quand j'ai accepté cette réalité : je suis le seul à pouvoir régler mes problèmes. Avant de transformer la société en profondeur, reconnaissons la nécessité de nous transformer d'abord nous-mêmes.

Autre avantage à passer au crible son comportement et sa mentalité ainsi que la façon dont l'un et l'autre modèlent notre vécu : pas d'intermédiaire ou d'ONG pour venir s'incruster chez vous et vous dicter votre conduite. Ça ne coûte pas un centime, et vous pouvez commencer tout de suite.

31. La vie est un long fleuve tranquille

Au tout début de l'année 2016, je me suis retrouvé à la tête d'une foule en colère. Ellie Harrison, militante et artiste encensée par la critique, a présenté sur les réseaux sociaux son nouveau projet, L'Effet Glasgow, et presque aussitôt elle est devenue la risée d'Internet. Les ambitions de ce projet, qui devait s'étaler sur une année, étaient exposées dans les grandes lignes sur une page Facebook illustrée d'une photo censée synthétiser visuellement l'esprit de son projet et représentant... un paquet de chips. Il n'en a pas fallu plus pour que pas mal de gens se sentent insultés.

Ellie Harrison s'inspirait d'une étude de l'Agence de santé publique qui avait fait grand bruit à l'époque de sa parution en 2010 et qui s'était fixé pour but d'expliquer pourquoi Glasgow était bonne dernière en matière de statistiques sanitaires et sociales par rapport à d'autres zones défavorisées au Royaume-Uni. Glasgow avait un profil économique très semblable à celui de Liverpool ou Manchester, mais les morts prématurées y étaient plus nombreuses de 30 %. Le taux de mortalité était supérieur de 15 % dans presque toutes les catégories de la population.

Les taux de mortalité à Glasgow comptent parmi les plus élevés au Royaume-Uni – et en Europe. Avec plus d'un million d'habitants, l'espérance de vie est de 71,6 ans pour les hommes et de 78 ans pour les femmes – respectivement sept ans et quatre ans en dessous de la moyenne nationale. En 2008, l'Organisation mondiale de la santé a estimé que l'espérance de vie pour les habitants de sexe masculin du quartier de Calton était de 54 ans. Pour que ce soit plus parlant : si j'étais né à Calton, à 33 ans j'aurais déjà vécu plus de la moitié de ma vie. Fauché plus de dix ans avant l'âge de la retraite.

Après la publication de l'étude, l'expression « effet Glasgow » est devenue un raccourci pour désigner des conditions d'extrême dénuement. La découverte essentielle portait sur le lien entre le développement cérébral des enfants qui passaient les toutes premières années de leur vie dans la misère et les problèmes de santé qui apparaîtraient chez eux plus tard. Il est spécifié dans cette étude que « les réactions de stress activées de façon systématique, en particulier chez les enfants, modifient la structure de certaines zones des lobes frontaux du cerveau, des zones qui agissent sur les réactions physiques en situation de stress, entraînant des troubles chroniques ». Harry Burns, médecin-chef de l'Agence de santé publique, a également laissé entendre que les individus qui sont maîtres de leurs conditions de vie et bénéficient d'un environnement favorable sont généralement en meilleure santé.

Pour ceux qui se sentent directement concernés par l'effet Glasgow (je me compte parmi eux), l'étude apporte la preuve qu'ils ne sont ni fous ni paranos – pas complètement, en tout cas. C'est la confirmation que le cadre de vie peut être nocif, sans négliger pour autant le rôle de la responsabilité personnelle. L'Effet Glasgow est une présentation éloquente et rigoureuse de notre réalité : des journées qui s'enchaînent, passées à négocier les obstacles de toute sorte qui se dressent du début à la fin d'une existence écourtée. Il explique pourquoi l'ascenseur social est si lent, l'horizon si limité et le stress si destructeur. Le projet d'Ellie Harrison, symbolisé par un sachet de chips huileux, donnait l'impression de moquer le sérieux et la complexité du problème.

Même si ses intentions étaient floues au début, l'artiste s'était fixé pour contrainte de rester dans les limites d'une seule zone géographique, en l'occurrence Glasgow, une année durant, afin d'explorer les éventuelles retombées sur sa vie et sur son œuvre. Elle a donc passé une année à coucher sur papier et à étudier l'effet de cette contrainte dans divers secteurs : sa vie sociale, son identité, sa santé psychologique, sa carrière et même son empreinte carbone. Le projet reflétait ses centres d'intérêt en tant que militante, artiste et citoyenne. Des centres d'intérêt qui, bien que légitimes, n'étaient malheureusement pas partagés par la majorité de ses voisins, pour qui l'effet Glasgow était moins un concept qu'une matrice asphyxiante, un trou noir de misère. En présentant son projet dans le jargon nébuleux du professeur d'université, Ellie n'a pas aidé sa cause, bien au contraire : elle a braqué tous ceux qui associent ce langage à l'exclusion et à la récupération politicienne.

Sur une page Facebook créée pour le projet, elle expliquait :

> L'Effet Glasgow est une performance/étude de « recherche-action » étalée sur un an durant laquelle l'artiste Ellie Harrison se propose de vivre dans l'enceinte du Grand Glasgow sans jamais en sortir (sauf en cas de maladie/décès d'un parent ou d'un proche).
>
> En s'imposant cette simple restriction, elle projette de mettre à l'épreuve le cadre des « démarches durables », et d'interroger l'exigence de mobilité formulée à l'égard de l'artiste/universitaire « à succès ». L'expérience lui permettra de limiter son empreinte carbone et de développer son sentiment d'appartenance à la communauté en favorisant la recherche et la création d'« opportunités locales » qui ouvriront un nouveau champ des possibles dès lors qu'elle investira ses idées, son temps et son énergie dans sa ville.

Ce court descriptif concentre, consciemment ou non, tout ce que les plus modestes regardent d'un mauvais œil. La culture, la démarche participative, l'art, c'est-à-dire des domaines que l'on prétend largement accessibles mais qui semblent être la chasse gardée d'une minorité qui se gargarise de formules telles que « performance de recherche-action » ou « démarches durables » – un langage très marqué socialement qui déclenche toutes les alarmes. Il y avait la question de l'argent, aussi. Non seulement Ellie allait toucher 15 000 £ pour étudier les tribulations de l'« artiste à succès », mais elle allait aussi « créer des opportunités locales » à titre bénévole. Ses questionnements, si pertinents soient-ils, passaient à côté des préoccupations de ces gens qui ont peu de temps, et encore moins d'espace mental, à accorder à l'empreinte carbone ou aux sacrifices personnels des artistes contemporains. Cette approche dont la maladresse révèle une incompréhension profonde de la fracture culturelle à l'œuvre dans la ville a provoqué sur les réseaux sociaux une tempête devenue très vite incontrôlable.

L'impression générale, c'était qu'une « pseudo-artiste » « venue d'Angleterre » « palpait 15 000 £ » pour « moisir à Glasgow pendant un an » et étudier les effets de l'isolement géographique. Honnêtement, il y avait du vrai là-dedans, malgré ce qu'ont pu dire certaines voix. Les gens trouvaient scandaleux, et comment leur donner tort, qu'on puisse être grassement payé pour faire semblant de végéter à Glasgow. Sur le principe, le projet semblait se moquer de ceux qui n'avaient pas la mobilité d'Ellie, artiste de profession et maître de conférences à l'université, en parodiant les difficultés qu'ils rencontraient.

Pour une immense majorité, L'Effet Glasgow était un symbole fort de ce que les gens vivaient au quotidien et qu'on appelle les inégalités de classe. Pour Ellie et ses partisans – ainsi que ses mécènes –, c'était un slogan recyclé par un projet d'art contemporain qui s'adressait à une clique d'initiés, illustré par un sachet de chips avachi. Dans un autre contexte, face à un public différent, les mêmes qui applaudissaient Ellie auraient poussé des cris d'orfraie et hurlé à l'instrumentalisation d'une population victimisée et marginalisée.

Ici ils s'en moquaient royalement, en tout cas c'est l'impression qu'ils donnaient.

On m'a donné pour mission de réconcilier tout ce petit monde et j'ai décidé de m'adresser à Ellie directement, épaulé par mes innombrables alliés virtuels qui comptaient sur moi pour faire entendre la voix de la classe ouvrière. Je ne comptais pas me taire tant que tout le monde n'aurait pas compris en quoi ce projet était une erreur monumentale. Une insulte aux habitants de Glasgow. Et ceux qui ne voyaient pas en quoi cela posait problème allaient devoir faire tomber les écailles de leurs yeux. Il fallait que mes arguments soient entendus. Ma première démarche a été de publier un article dans lequel j'expliquais sans mâcher mes mots que la colère dirigée contre le projet de Harrison était légitime et qu'elle ne faisait que refléter les fractures qui traversent la société :

> Réveillez-vous. L'objectif n'a jamais été d'attaquer un projet sous prétexte qu'il a un intitulé pourri.
>
> Si seulement les branches influentes de la communauté artistique étaient aussi futées et convaincantes qu'elles l'imaginent. Si seulement elles arrivaient à comprendre que les gens, au fond, s'en foutent d'Ellie et de l'art contemporain. Si seulement elles arrivaient à capter, même si ce n'est pas donné à tous les intellects, que ce qui les gonfle, c'est ce que tout le monde essaie de ne pas voir alors que c'est gros comme le nez au milieu de la figure : les injustices sociales criantes et la façon dont elles s'expriment sur le terrain culturel.
>
> Cessons de nous voiler la face sur les origines de la défiance que suscitent certaines formes d'art et de

culture. Cette défiance s'explique par le fait que la société est clivée en deux mondes qui ne se croisent jamais. Les symboles de la culture et de l'identité de la classe ouvrière sont détruits, débaptisés, bradés, ravagés par de mystérieux incendies ou désossés – au nom du progrès.

Alors quand l'organisme public Creative Scotland prend la décision de financer les aventures d'une artiste à Glasgow, il faut être c** pour s'étonner que les gens aient un peu les nerfs.

Ce coup de gueule a touché un large lectorat et généré pas mal de réactions en l'espace de vingt-quatre heures. Le *Daily Record* m'a contacté pour une déclaration et j'ai volontiers accepté, saisissant l'occasion de déplacer la polémique sur le terrain social. J'ai longuement réfléchi à la meilleure façon de recadrer le projet d'Ellie.

Le lendemain, j'ai publié ce post : « Des milliers d'artistes racontent la pauvreté dans leurs œuvres. Ces artistes-là restent souvent dans l'ombre. Une récente étude du *Guardian* a démontré l'hégémonie culturelle de la classe moyenne. Le projet d'Ellie incarne parfaitement cette domination. C'est absolument dégueulasse d'envoyer quelqu'un se faire son petit safari chez nous autres, les crevards. »

Pas mal de gens se sont gratté la tête en se demandant ce que je voulais dire. J'ai tenté d'exprimer mon ressenti sur les causes de cette explosion de rage. Mon objectif était de la remettre dans son contexte, car je voyais bien que le message ne passait pas et que les malentendus s'empilaient. Ce problème, j'essayais depuis longtemps de le mettre en mots, moi qui avais bénéficié d'une tribune modeste dans un monde médiatique dirigé par une poignée de privilégiés aux idées libérales. J'avais l'habitude qu'on vienne m'expliquer la vie à chaque fois que j'osais donner mon opinion, alors je me suis dit que le moment était venu d'inverser les rôles – à eux d'ouvrir grand leurs oreilles, pour changer. J'ai estimé qu'il était de ma responsabilité de jeter un pont entre les deux camps et de m'assurer qu'on comprenne bien que le projet d'Ellie n'était pas l'unique pomme de discorde. Une grande partie de la colère exprimée recouvrait des thèmes disparates : l'enfance, l'éducation, le mode de vie, la misère, la mobilité sociale, la mise à l'écart du débat politique. La pauvre Ellie ne faisait qu'incarner ce qui indignait la majorité de la population : les inégalités systémiques. Sans surprise, il n'a pas fallu longtemps pour que je me trouve muselé par les commentateurs habituels et les acteurs influents de la sphère artistique – des gens concernés au premier chef par cette dénonciation.

La tempête soulevée par le projet d'Ellie Harrison – et la suspicion entretenue vis-à-vis de la politique, de l'art, des médias et de la culture en général – n'était que le symptôme d'un mal plus profond. L'artiste apportait de l'eau au moulin de ceux qui clamaient depuis des années que dans les hautes sphères, leurs besoins et aspirations étaient foulés aux pieds, raillés ou détournés. L'expression « safari des crevards » n'avait rien d'un coup bas, c'était surtout un moyen de résumer mon expérience, moi qui avais tenté d'échapper à ma condition en explorant des paysages culturels aux antipodes l'un de l'autre. Avec ce « safari des crevards », je tendais un miroir à Ellie et j'essayais de lui montrer qu'elle ne pouvait pas échapper à la controverse. C'était ma réponse à « Mais pourquoi vous êtes énervé comme ça ? »

Là aussi une partie du public y a vu une insulte, ou une façon d'éviter le vrai problème.

Il y a une suite à l'histoire. Comme souvent dans ces cas-là, un autre enjeu avait échappé à mon attention alors que je me jetais la tête la première dans la fosse aux lions. Nombre de mes arguments visaient juste et je n'avais pas failli dans mon rôle de porte-parole des sans-voix, mais mes propres motivations étaient moins honorables.

Mes a priori et mes idées reçues sur la personne d'Ellie contaminaient le sentiment que m'inspirait son projet car elle était issue d'une classe aisée. Je l'étudiais par le petit bout de la lorgnette, celui de ma catégorie sociale. En toute franchise, je ne savais rien de L'Effet Glasgow, hormis ce que j'avais lu sur les réseaux sociaux. Et si je suis monté au créneau, c'est qu'on l'attendait de moi. « 15 000 £ pour vivre à Glasgow pendant un an ? Scandaleux, je me demande ce que Loki [mon nom de scène] penserait de ça. » Le micro était tendu, je l'ai pris, sans m'arrêter cinq minutes pour étudier la situation. En toute honnêteté, je me suis jeté sur l'occasion de déverser mon fiel sur la société par le truchement d'Ellie. Son projet avait soulevé une telle bronca qu'on parlait d'elle partout et je crois qu'inconsciemment, une partie de moi lui reprochait cette soudaine célébrité. J'étais jaloux, même, que tout se cristallise autour d'elle, les débats et les échanges d'idées. À mes yeux elle poursuivait une entreprise déconnectée du peuple, imbue de sa supériorité, élitiste ; le fait qu'elle attise autant les passions me semblait un gâchis terrible.

Au fil des jours, j'ai commencé à ausculter mes motivations et le résultat de cet examen m'a mis un gros coup au moral. Sous toute cette belle rhétorique sur la lutte sociale et sur mon expérience des inégalités coulait un fleuve d'amertume qui se répandait dans mes veines comme une drogue. Cette rancœur avait embrumé mon cerveau alors que je me croyais parfaitement lucide. Je m'étais fourré le doigt dans l'œil, et jusqu'au coude, par rapport à mes mobiles réels. D'instinct j'avais montré les crocs et je m'étais jeté sur ma proie pour la démembrer et la dévorer, mais je n'avais pas essayé de comprendre les aspects fondamentaux du problème. Dans mon esprit, il ne faisait aucun doute que mon intervention était justifiée, qu'il fallait faire capoter le projet d'Ellie et trouver un moyen de la discréditer, elle, en tant qu'artiste.

Dans certaines situations cette approche est sans doute la bonne mais j'ai fini par admettre que j'étais animé par un esprit de revanche – trop tard, malheureusement, pour faire machine arrière. Ce n'est pas contre Ellie que j'en avais – je ne l'avais jamais rencontrée – mais contre une entité aux contours flous, fuyante et indéfinissable. Sous cette façade de mec arrogant que j'affectais, je me sentais tellement désarmé que j'ai sauté sur l'occasion, apportée sur un plateau, de me déchaîner sur une jeune femme que je percevais comme une ennemie – et je n'ai reculé devant aucun coup bas. Ce que j'ai refusé de voir, c'est que j'avais réduit Ellie à une caricature, de façon à pouvoir la dégager d'un revers de main. J'ai tiré parti de sa classe sociale pour les disqualifier, elle et ses soutiens, et ne pas bousculer mes fausses croyances. Je lui ai collé l'étiquette « privilégiée » alors que je ne savais rien d'elle et je m'en suis servi pour plomber son projet. En agissant ainsi, j'ai cédé à la tentation de me retrancher derrière la pratique du « règlement de comptes », si bien implantée au sein de la gauche, et même si mes arguments étaient valables je savais en mon for intérieur que je me mentais à moi-même. Je n'étais plus dans la lutte d'idées, pas telle qu'on se l'imagine. En réalité, je voulais rendre coup pour coup à ceux qui m'avaient exclu de leur petit club, en mode vengeance personnelle. Le problème, c'est qu'Ellie correspondait au profil de l'oppresseur mais dans ma tête seulement, car en réalité il n'en était rien. Par conséquent, les critiques que j'avais à lui formuler étaient battues en brèche par la stratégie que j'employais.

J'ai saboté l'occasion d'intervenir dans un débat à l'échelle nationale en confondant militantisme et récriminations. J'étais coutumier du fait. Depuis, il m'est arrivé de me retrouver à la place d'Ellie et les premiers mots qui me sont venus à l'instant où une foule prête à me lyncher s'est manifestée sur les réseaux sociaux étaient : « S'il vous plaît, on se calme. » On appréciera l'ironie. Je le reconnais même si ça ne me fait pas plaisir, j'aurais mieux fait de me poser cinq minutes et de prendre le temps de mûrir ma réaction. On m'avait élevé dans l'idée que la colère que j'éprouvais était légitime parce que je venais d'un milieu modeste ; sauf que la colère n'est payante que si on l'exprime au moment opportun, en termes pertinents. Elle se justifie si et seulement si les intentions sont bonnes et, même dans ce cas, elle a une durée de vie limitée. Comme l'alcool, les clopes, la drogue et la malbouffe, l'effet de nouveauté d'une colère vertueuse s'érode très vite et ne reste bientôt plus que l'envie de péter les plombs, alors que la solution se trouve souvent juste sous notre nez. L'opinion que je viens d'exprimer ne remporte pas une adhésion franche et massive à gauche, mais elle a le mérite d'être honnête. Dans le cas d'Ellie Harrison, j'avais converti ma colère en un écran de fumée qui camouflait des intentions pas très propres. J'avais aussi exploité le concept de « classe ouvrière » pour avancer mes propres pions, convaincu de ma totale bonne foi et de mon autorité en la matière alors que, depuis le début, c'était la rancœur qui me pilotait.

Je suis sûr que vous ne voyez pas du tout de quoi je parle.

Si j'avais pris la peine de faire mes devoirs, je me serais découvert pas mal d'atomes crochus avec Ellie. C'était une militante connue qui s'intéressait tout particulièrement à la renationalisation du réseau de transports urbains – un sujet pas assez bouillant pour faire l'actualité et enflammer les plateaux de télévision. Et même si son souci pour les questions environnementales avait initialement pu m'apparaître hors-sol ou égocentrique, le fait est que ses convictions politiques recoupaient celles qu'avait professées l'État libre de

Pollok, un mouvement qui me fascinait depuis l'adolescence et que je considérais comme l'apothéose de la mobilisation citoyenne. En me renseignant sur son approche artistique, je me suis rendu compte qu'Ellie était extrêmement attachée à l'égalité, à la participation civique et à l'écologie. Ce n'était pas une posture ni des slogans ânonnés sans conviction mais des principes authentiques, choisis en toute conscience, qui guidaient chaque aspect de sa vie. De son régime alimentaire aux transports qu'elle empruntait, du tri sélectif à ses choix de carrière, Ellie s'imposait une discipline très stricte pour vivre en accord avec ses valeurs : prendre sa part de responsabilité dans le monde actuel. J'ai commencé à la voir sous un jour nouveau, même si cela m'a pris un peu de temps, car il a d'abord fallu que je me dépouille de mes préjugés et que je fasse de la place en moi pour accueillir d'autres idées. Au fond, les snobismes exaspérants des classes aisées – le véganisme, les « transports doux » ou la tendance locavore – ont une utilité concrète malgré les connotations qui s'y rattachent. Alors que la population générale y voit des luxes hors d'atteinte, une grande partie de ces options pèsent moins sur le budget que leurs pendants traditionnels et s'accordent avec les besoins de la collectivité et l'environnement tout en s'inscrivant dans une démarche durable. Ces tendances et produits, que j'imaginais réservés à une caste de hipsters ultra-privilégiés, proposaient souvent une alternative plus pratique et plus respectueuse de la santé et de la nature face à des marchandises qui ne s'embarrassaient pas d'éthique ou d'exigence. La rigueur dont faisait preuve Ellie et son ambition de mener une vie conforme à sa morale, au nom de l'intérêt commun, étaient indéniables. Elle donnait de sa personne afin de découvrir s'il lui était possible, en tant qu'artiste, de rester dans une ville une année entière et de se consacrer à plein temps à un seul quartier tout en réduisant au maximum son empreinte écologique.

Il y avait pas mal de points communs entre sa démarche et mon exploration de la pauvreté. Là où moi, je m'efforçais d'identifier des causes et de les remettre dans leur contexte, Ellie, pour sa part, se projetait vers l'avenir. Elle réinventait à son échelle cette société qui avait tourné le dos à ses membres les plus vulnérables. Mais mes œillères m'empêchaient de le voir, de saisir toutes les subtilités de ce scénario. Ma petite vendetta m'avait aveuglé au point de ne pas réaliser que nous luttions contre le même ennemi. Quand j'ai pris conscience de l'étendue de mon erreur, ma perception des classes sociales et par extension de la pauvreté a été bouleversée. Après avoir reconnu que mon approche n'était pas la bonne, je me suis astreint à un réexamen complet de mon raisonnement. Et, surprise, quand j'ai arrêté de camper sur mes positions, ceux qui n'étaient pas sur la même longueur d'onde que moi ont eux aussi commencé à mettre de l'eau dans leur vin.

Au lieu de laisser les fausses croyances et le dogmatisme déguisés en philanthropie prendre la réalité en otage, je me suis rendu en disant « Désolé, j'ai fait fausse route ». Au lieu de réorganiser les faits autour de mes pulsions, de ma mesquinerie et de mes haines recuites en essayant de me faire passer pour un observateur lucide et impartial, j'ai décidé d'observer ma propre personne sous le microscope.

Qui aurait pu croire que j'étais motivé par la jalousie ? Qui aurait pensé que mon souhait de contribuer au débat ne faisait que le rendre plus opaque ? D'autant que ce débat comptait beaucoup à mes yeux – c'était mon champ d'expertise, il occupait une place fondamentale dans mon développement personnel et dans le sens que j'avais donné à ma vie. Ma crédibilité en prenait un sacré coup. En attendant j'étais l'instigateur d'une chasse aux sorcières qui avait totalement échappé à mon contrôle.

Peut-être que rien de tout cela n'a sa place dans le débat. Peut-être que ceux qui se considèrent comme « pauvres », victimisés, opprimés ou relégués aux marges devraient être exonérés de toute introspection. Pourtant, je me suis rendu compte qu'une grande partie de mon cheminement intellectuel depuis toujours est empreint d'hypocrisie, ce qui m'a permis de fuir mes responsabilités quand j'affichais la même attitude que les gens que je critiquais, étonné que le dialogue aboutisse systématiquement à une impasse. À la racine, j'ai trouvé de la rancœur, beaucoup de rancœur. Et une jalousie validée par mon idéologie politique – qui m'avait été transmise sans le moindre effort de ma part et qui me servait d'arme à la moindre occasion.

Là aussi, vous vous demandez sans doute de quoi je suis en train de vous parler.

Le scandale autour de L'Effet Glasgow a fini par retomber et quelques semaines plus tard, j'ai été convié à une rencontre où Ellie devait s'exprimer. À mon arrivée, je l'ai repérée à l'entrée de la salle : elle arborait une veste fluorescente, de celles que portent les dames qui font la circulation à la sortie des écoles. Je pensais me retrouver devant quelqu'un qui dégoulinait de prétention, mais pas du tout. De toute évidence, elle se prenait moins au sérieux que moi. Mon pouls s'est accéléré, je savais que ce moment viendrait et soudain le hasard me mettait face à elle à l'instant où je m'y attendais le moins. Par chance elle était prise d'assaut par ses admirateurs et j'ai pu m'introduire dans la salle et reprendre mes esprits en remerciant ma bonne étoile. J'avais l'intention de présenter des excuses à Ellie avant le début de la table ronde mais c'était tellement le bazar que j'ai laissé tomber.

Je suis allé m'asseoir à côté d'un ami, auteur de l'une des nombreuses réactions qu'avait suscitées mon premier texte. Son intervention m'avait forcé à modifier mon regard. À ma droite, Ellie saluait des amis et des membres du public. Face à elle, j'ai pu voir à quel point elle avait souffert des attaques dont elle était la cible depuis le début de l'année. Elle avait l'air à bout de nerfs, vulnérable, épuisée. Un retour brutal à la réalité. La violence du jeu de massacre auquel se livre la meute numérique m'a fait l'effet d'une gifle. Ellie avait traversé une épreuve terrible. Elle s'était retrouvée dans l'œil du cyclone pendant des semaines, au point que ses mécènes et ses employeurs avaient dû intervenir publiquement pour clarifier certains points sur son travail et sa démarche. Sa vie privée avait été passée au crible. En plus de se prendre les réprimandes plus ou moins virulentes des médias dits classiques, Ellie avait vu des torrents de boue et de haine misogyne se déverser sur sa tête. Carrière, physique, orientation sexuelle, rien n'avait échappé aux crachats de nos critiques de canapé bien au chaud derrière leur écran – qui avaient agi sous mon impulsion. J'étais assis là, dans mes petits souliers, et je méditais sur le rôle que j'avais tenu dans ce désastre quand un ami d'Ellie est arrivé.

Ils se sont serrés l'un contre l'autre et l'étreinte a duré un peu plus longtemps qu'un simple bonjour. Je me suis demandé s'ils se revoyaient après une longue séparation, ou si c'était la première fois que leurs chemins se recroisaient depuis qu'Ellie était devenue l'ennemie publique n° 1.

Malgré l'agitation ambiante, j'ai entendu un petit sanglot. J'ai coulé un regard vers Ellie, toujours blottie contre son ami, et j'ai vu ses épaules se soulever, puis retomber. Elle sanglotait. Devant la réalité de cette femme, si éloignée de la caricature que j'en avais faite, il était difficile de m'accrocher à mes convictions. J'avais sous les yeux un être humain fragile, honnête, sans mauvaises intentions, qui pleurait à chaudes larmes. Une femme presque brisée. L'argumentaire que j'avais développé sur les classes sociales, la culture, le système à renverser, tout cela s'est dégonflé d'un coup. Certes, son projet était immature, maladroit, mal goupillé. Oui, ses préjugés sur les quartiers populaires méritaient un recadrage. Et oui, des questions capitales exigeaient une réponse urgente. Mais, tandis qu'Ellie s'essuyait les yeux et que je faisais celui qui n'avait rien vu, il m'est apparu que mon idéologie était devenue destructrice. Ma colère et mes convictions me dévoraient au point que je n'avais pas compris qu'Ellie Harrison, dans toute sa splendeur de représentante de la classe moyenne, était une alliée dans la guerre que je menais. Et je suis arrivé à la conclusion que si l'envie me reprenait de « déboulonner les puissants », je devrais m'assurer à deux fois que je ne me trompais pas de cible.

32. Manuel pragmatique pour radicaux réalistes

« Pour qui sait l'employer, la vie est assez longue »[1], a écrit le stoïcien Sénèque il y a près de deux mille ans ; une de ces formules de génie dont étaient coutumiers les philosophes de la Rome antique. On imagine qu'il n'était pas le premier à méditer sur la question mais on peut se réjouir qu'il ait trouvé le temps de noter cet aphorisme avant qu'il lui sorte de la tête. On se sent un peu moins seul quand on sait qu'à une époque où on mourait beaucoup plus jeune qu'à l'heure actuelle – autour de 40 ans –, des gens gâchaient déjà des après-midi entiers à s'arracher les cheveux sur d'insolubles problèmes existentiels. Je me demande ce que Sénèque aurait pensé s'il avait pu prévoir que deux millénaires plus tard, avec à notre disposition deux fois plus de temps que lui, on ne serait pas plus avancés.

1. Sénèque, *De la brièveté de la vie*, trad. Jean-Pierre Charpentier, 1860.

Des penseurs de l'étoffe de Sénèque ont édifié une immense partie de l'échafaudage intellectuel sur lequel nous avons pu nous appuyer et baser notre propre compréhension du monde, avec ses différentes strates et ses différents angles d'approche. Cela ne nous vient pas aussi naturellement qu'on pourrait le croire. À leur époque, ces philosophes ont forgé leurs conclusions au terme d'échanges tumultueux, dont la plupart ont provoqué chez leurs contemporains un grand émoi et des réactions scandalisées avant de devenir une grille de lecture universelle qui nous sert encore aujourd'hui. Une grille de lecture tellement entrée dans les mœurs qu'elle nous semble être un ramassis de poncifs.

Récitez-vous quelques-uns de ces adages pleins de sagesse et imaginez-les énoncés pour la première fois. Ce que nous prenons pour des truismes est venu jusqu'à nous sans le moindre effort de notre part, ainsi que la plupart des idées dont nous nous attribuons le mérite. Les proverbes, comme la majorité du savoir qui nous sert de monnaie d'échange, sont le fruit du travail d'un autre. Ce qui fait de nous des plagiaires, des imposteurs et des escrocs qui mentons sur nos lectures. Nos esprits vagabonds foisonnent de mèmes répliquant le comportement de ceux qui nous ont précédés – des aînés à qui nous rendons rarement hommage, sauf quand il s'agit d'étaler notre culture. Ces vérités, distillées par des précurseurs et revendiquées ensuite par de simples mortels, tentent d'aller au cœur du sujet en déchirant le voile de l'hubris de la société moderne, sans se préoccuper des mythes en vogue. Et il y a aussi quelques banalités récurrentes, du style : « la vie est trop courte », un thème que Sénèque le Jeune a déjà traité dans *De la brièveté de la vie*.

« La vie est assez longue, écrit-il, elle suffirait, et au-delà, à l'accomplissement des plus grandes entreprises, si tous les moments en étaient bien employés. Mais quand elle s'est écoulée dans les plaisirs et dans l'indolence sans que rien d'utile en ait marqué l'emploi, le dernier, l'inévitable moment vient enfin nous presser : et cette vie que nous n'avions pas vue marcher, nous sentons qu'elle est passée. »[1]

J'ai foutu en l'air une grande partie de mon existence à cause de choix aussi stupides que regrettables. Je revois de vieilles disputes et des victoires qui n'existaient que dans ma tête, je me replonge dans des délires qui frisaient l'absurde ou le grotesque. À force, j'ai sombré dans une profonde dépression. Incapable d'en identifier les raisons, j'ai adopté de fausses croyances qui donnaient l'impression de l'expliquer.

Je me suis tourné vers mon passé avec l'objectif d'exhumer la vérité, mais ma véritable intention, tout au long de ce simulacre d'enquête, n'a pas été de comprendre le rôle que je jouais dans une querelle ou un quiproquo – bien au contraire. Avant tout je cherchais à me blanchir et à rejeter libéralement la faute sur autrui. Je me demande comment les choses auraient tourné si j'avais laissé aux personnes que je ciblais autant de marge de manœuvre qu'à moi-même. Peut-être est-il naturel de se voir comme le héros de sa propre histoire.

1. *Idem.*

De ne pas dépasser sa propre perspective. Mais réaction « spontanée » ne veut pas forcément dire « conforme à la morale ». Encore aujourd'hui, je déblaie les ruines d'une vie basée sur la poursuite du plaisir immédiat. J'ai choisi de tourner le dos à la sagesse de mes aïeux et j'en ai payé le prix fort.

Beaucoup diraient que rien n'est plus déconcertant, ou agaçant, que les leçons de morale des parents. Pour ma part, la relation que j'entretiens avec mon père s'est apaisée au fil des années, à mesure que je prends de l'âge. Le temps guérit tout, pour citer un autre aphorisme galvaudé, et c'est encore plus vrai quand on prend une certaine distance. Dans une famille bousillée par le stress, incapable de préparer ses membres au fracas de la vie, parfois il ne reste plus qu'une seule solution : se donner de l'air. De cette manière, on crée un espace nécessaire à l'introspection et au développement de soi ; dans le cas de mon père, l'éloignement géographique a permis d'engager le dialogue et de rétablir l'écoute.

La vie semble repartir sur ses rails quand l'harmonie revient entre les membres d'une famille qui se font la guerre. On réalise que les disputes sont inutiles, futiles, et on apprend à les éviter. En se mordant la langue pour certains, en espaçant les visites pour d'autres. L'idéal serait d'oublier et de pardonner, chose plus facile à dire qu'à faire. On peut se rendre malade à force de ruminer sa colère, même si elle est mille fois justifiée. Il arrive fréquemment que ceux qui nous ont fait souffrir aient eux aussi souffert par le passé ; et les victimes peuvent à leur tour devenir bourreaux. On a tendance à rester fixé sur les mauvais moments que l'on a vécus et à occulter les bons. Une disposition innée pour le malheur.

Ma mère, par exemple. Son destin était tracé d'avance. Abusée très jeune, rejetée par sa propre mère après qu'elle a dénoncé son violeur, elle a cherché à établir le contact avec ses semblables via le sexe, l'alcool, la drogue et, plus tard, les enfants. Mais chacune de ces tentatives a lamentablement échoué, tout comme ses stratégies d'adaptation. Ses parents ont succombé à leurs propres démons, son cercle familial et amical s'est rétréci à mesure que ses proches devenaient clean ou crevaient une seringue fichée dans le bras, et elle s'est coupée de la réalité. Faute d'élément de comparaison, elle n'a jamais eu la chance de se rendre compte que ce qu'elle vivait n'était pas normal, qu'il existait une autre façon de penser et d'exister dans la société. Moi, j'étais gagné par l'angoisse à chaque fois que je côtoyais des gens d'une catégorie soi-disant supérieure ; elle, elle se dérobait à tout contact humain, même celui de ses propres enfants – sauf quand elle était ivre. Cela traduit l'image désastreuse qu'elle avait d'elle-même. La haine que je voyais enfant dans les yeux de ma mère était en réalité une profonde souffrance, causée par sa totale incapacité à tisser des liens avec les gens. Dans ses yeux, je me vois moi. Dans cette vie fauchée trop tôt, je vois ce qui m'attend si jamais je me laissais replonger dans cet univers de mirages et de mensonges. L'âge m'a permis de prendre conscience des difficultés rencontrées par mes parents, qui n'étaient que des gamins au moment où ils m'ont conçu, et je considère à présent leurs dictons réchauffés comme de sages préceptes.

Tandis que je me remets petit à petit du passé et que je m'adapte au rythme souvent trépidant du monde actuel, les vieilles rancunes enracinées dans mes idéaux de jeunesse ont été remplacées par un pragmatisme inédit. J'arrive à prendre du recul sur moi-même et à ne pas m'appesantir sur mon parcours ; pas uniquement par souci de mon prochain mais aussi par intérêt personnel : plus je vis longtemps et plus le risque s'accroît de reproduire les erreurs commises par ceux que j'ai passé une grande partie de ma vie à condamner. Autant éviter.

Enfant, je fustigeais ma mère pour son alcoolisme et pour ses absences. Arrivé à l'adolescence, il fallait que je sois ivre pour arriver à cohabiter avec les membres de ma famille. Je n'arrivais pas à comprendre qu'elle ait pu nous abandonner comme elle l'avait fait mais quand j'ai moi-même commencé à lever le coude, je suis devenu indifférent à la vie de mes frères et sœurs, sauf quand ils venaient à mes fêtes. Bien entendu, moi, ce n'était pas pareil. Je trouvais toujours une façon de tordre le raisonnement à mon avantage, d'effectuer un retourné acrobatique me confortant dans ma bonne opinion de moi-même, mais j'ai toujours su au fond de moi que j'étais un hypocrite, un imposteur et un menteur. Et j'ai appris à faire attention à cette tendance à l'autopersuasion, de peur d'y retomber un jour – si je n'y prends pas garde.

J'ai réalisé que le regard que je portais sur le monde et dont je me réclame aujourd'hui était en réalité un calque parfait de celui de mon père ; c'est à lui que j'avais emprunté mes valeurs, mon état d'esprit et mes convictions tout autant que mes failles, mes bêtes noires et mes excentricités. À un moment – sans doute quand il m'a mis à la porte avant le décès de ma mère –, j'ai commencé à le considérer comme le méchant de l'histoire. Encore un film que je me faisais. J'étais un fils ingrat, et trop immature pour m'en rendre compte. La preuve de ma malhonnêteté intellectuelle peut se trouver dans l'empressement que je mettais à attribuer mes échecs et mes problèmes à mes parents tout en revendiquant mes succès, et dans l'idée puérile que j'arriverais à échapper au champ d'attraction de la pauvreté malgré eux, pas grâce à eux.

L'opinion que j'avais de mes parents, je l'ai appliquée à la société dans son ensemble.

Mon arrogance et ma naïveté m'ont empêché de voir que l'influence de mon père s'est exercée dans tous les compartiments de ma vie – jusqu'à mon choix de devenir artiste. À l'instar des philosophes antiques qui ont défriché les terrains les plus accidentés, j'ai méprisé et écarté la sagesse paternelle en la taxant d'obsolescence et de ringardise alors qu'en vérité, elle m'a équipé de fondations d'une solidité à toute épreuve. Quand j'ai quitté le foyer familial, je me suis rué pendant un an sur l'alcool, la malbouffe et les cigarettes – j'avais enfin un accès illimité aux produits sur lesquels il avait posé un embargo strict et c'est là que ma vie est partie en vrille.

Mon père m'a toujours enseigné l'importance de n'être financièrement redevable à personne, et le respect des rêves et de la propriété d'autrui. Pourtant, dès qu'il m'a mis à la porte, j'ai jeté ses leçons aux orties. Il a essayé de nous apprendre à surveiller notre alimentation et à faire du sport en s'assurant qu'on avait tous des vélos en bon état et en nous traînant à la piscine une fois par semaine. Il me rabâchait aussi que je ne devais jamais, sous aucun prétexte, me résigner à un boulot sans intérêt si j'avais l'ambition d'être écrivain.

Les vertus qu'il a tenté d'instiller en moi m'auraient sans doute épargné pas mal d'années de souffrance et de stress si j'avais eu la sagesse de m'y conformer plus tôt. Mais je lui ai manqué de respect et j'ai effacé ses leçons de mon cerveau pour les remplacer par les foutaises d'amis en carton et de mes potes de beuverie. Je pensais tout savoir alors que je ne connaissais rien à rien, et cela me rendait vulnérable aux manipulateurs qui croisaient mon chemin. J'en frémis encore. Je crois que je vais douter de tout jusqu'à la fin de ma vie – hormis de ma capacité à gober tout ce qu'on me raconte.

C'est aujourd'hui que je mets le point final à ce livre. Si j'avais su que j'en baverais autant, je crois que je ne me serais jamais embarqué dans cette galère. La matinée est bien entamée et je me suis posé au Starbucks, celui qui surplombe le patio du Silverburn, presque neuf ans jour pour jour après l'ouverture de la galerie marchande. Le dernier endroit où on penserait me trouver. Pendant des années, j'ai levé les yeux au ciel dès qu'on me parlait du Silverburn et je lui ai adressé un beau doigt d'honneur à chaque fois que je passais devant. Le Silverburn, comme tant d'autres endroits, était devenu le symbole de tout ce qui allait de travers dans la société. Mais les choses changent, et moi aussi. En mieux, j'espère. J'ai peur de m'être coupé de mes racines, d'avoir été absorbé par ce système que j'ai passé ma vie à dénoncer. Parfois, il me semble qu'il n'y a pas d'autre solution que de changer et que le problème, si l'on peut qualifier ça de problème, ce sont les gens qui s'obstinent à ne pas évoluer dans un monde en évolution constante. Je ne saurai jamais vraiment si j'ai changé parce que j'ai changé de mentalité ou parce que j'ai gagné en expérience. Peu importe, au fond : ma chance, c'est de ne plus avoir le temps de me prendre la tête sur ces questions.

À côté de moi, dans une poussette orange vif à la capote relevée, un bambin d'un an dort à poings fermés, ronflottant comme un bienheureux. Il s'appelle Daniel, c'est mon fils. J'ai appris que j'allais devenir père au printemps 2016, alors que je venais de décider d'arrêter de fumer, et j'ai accueilli cette nouvelle la peur au ventre, après avoir passé des années à me convaincre que je ferais un père catastrophique si jamais un enfant avait le malheur d'entrer dans ma vie. Le genre de monologue intérieur qui a fini par me convaincre que la reproduction devrait être interdite aux types dans mon genre. J'ai fait mienne l'idée délirante que mon plus beau cadeau à l'univers serait de ne pas y disséminer mon ADN défectueux. J'étais terrorisé par la perspective de transmettre mes fausses croyances à mon enfant, d'entraver son développement par une souffrance inutile, un tiraillement intérieur et un doute handicapant.

À sa naissance, il n'avait pas une tête de bébé. On aurait plutôt dit un petit extraterrestre écarlate contenu dans un sac transparent. Jusque-là, mon expérience de l'accouchement se résumait aux séries médicales que je regardais gamin avec mes grands-parents, qui se mettaient à toussoter dès qu'un personnage prononçait le mot « vagin ». Du coup, je pensais que mon fils allait arriver clé en main, avec une chaise haute et une grenouillère *Le Livre de la jungle*. Je me suis pris la réalité en pleine face. Il y avait du sang partout et ma compagne délirait tellement elle avait mal, attendant que le bébé donne un signe de vie. Ce court silence m'a semblé durer une éternité, et j'ai commencé à avoir des crampes tant mon inquiétude était grande.

Enfin le petit a poussé un cri. Sa peau de nouveau-né est passée du violet au rose, ses paupières se sont lentement ouvertes et il s'est mis à hurler à pleins poumons. Je ne pensais pas que je pouvais être aussi soulagé d'entendre un bébé pleurer. Avec le temps, je l'avoue, ça a perdu de son charme. Un an plus tard, ma vie était sens dessus dessous. Il était devenu nécessaire de changer mon mode de fonctionnement. Aujourd'hui je me rends compte qu'apporter ma pierre à l'édifice, c'est élever un enfant en bonne santé, heureux, bien dans sa peau. La façon la plus concrète de transformer la société, c'est en premier lieu de me transformer moi-même et de partager mon expérience avec un maximum de gens.

Certains m'objecteront que ce travail sur moimême traduit une autre forme de servitude au système néolibéral, lequel encourage l'individu à rester aveugle aux injustices structurelles et à se focaliser sur sa petite personne. D'autres y verront un pis-aller qui ne présente aucune menace pour le pouvoir. À ceux-là, je répondrai que vous ne serez d'aucune utilité à votre famille, vos voisins, à votre cause ou votre idéologie si vous n'êtes pas d'abord capables d'étudier et de préserver la mécanique de votre propre existence, de vous emparer de vos propres moyens de production avant d'enclencher un changement à plus vaste échelle. Cela ne veut pas dire qu'il faut arrêter de contester l'ordre existant, ni accepter sans moufter la corruption et les injustices ; cela signifie simplement qu'en parallèle, il faut soumettre ses propres idées et ses propres agissements à un examen rigoureux. C'est tout sauf un pis-aller : c'est le radicalisme du XXIe siècle.

Je me suis trouvé toutes les excuses, j'ai condamné tous les boucs émissaires possibles et imaginables, j'ai fait la sourde oreille à toutes les vérités. Le grand thème de ma vie n'était pas la pauvreté, comme je l'avais toujours imaginé, mais les fausses croyances adoptées par mon inconscient pour ma simple survie, ces mythes auxquels je m'accrochais pour ne pas avoir à faire face à mon ennemi réel. Pour une raison qui m'est encore inconnue, je me suis commodément dispensé de tout examen intérieur alors que j'étais absolument impitoyable avec les autres. J'ai dû apprendre une nouvelle façon de penser, de ressentir, de vivre ; j'ai dû déchirer le voile du stress, de la rancœur et des préjugés pour voir au-delà. Tout ça au risque de devenir un paria au sein de ma propre communauté.

Toute ma vie un sentiment d'impuissance s'est collé à mes semelles. L'incapacité à lire un livre, à apprécier la poésie, à décrocher un emploi. L'incapacité à me détacher de relations toxiques ou à dire non à la malbouffe, à l'alcool, à la drogue. Ma réponse à chaque fois, c'était d'attendre qu'*un autre intervienne pour moi* : la nourriture industrielle devrait être restreinte, la publicité encadrée et l'alcool interdit, pareil pour la came. J'ai rêvé de voir le système imploser, naïvement convaincu que son effondrement annoncerait l'avènement d'une société plus morale, plus juste, plus égalitaire, où tous mes problèmes seraient réglés. Pire, je croyais si fermement à mon utopie que je me sentais insulté par tout avis contraire. Que d'énergie gaspillée dans le tissage de cette pelote de mensonges… Mais il est souvent plus facile de voir la paille dans l'œil de son adversaire que la poutre dans le sien.

Assis au Starbucks, cimetière de mes idéaux adolescents, je me console en me disant que l'horizon est peut-être moins sombre que je le crains. Loin de se perdre dans les limbes du temps, le souvenir de l'État libre de Pollok est perpétué grâce au GalGael Trust, géré par la veuve de Colin Macleod et par Gehan Macleod, militant écologiste.

Le GalGael est un projet local, basé à Govan, qui offre un « refuge à ceux qui ont bravé des tempêtes comme la perte d'un emploi, une dépression ou une addiction ». Un environnement inspirant qui crée des conditions favorisant l'apprentissage, un espace où les gens assument leurs erreurs et se prennent en charge, où ils se délestent de leurs vieux problèmes pour se forger une nouvelle identité. L'éthique de GalGael consiste à leur mettre le pied à l'étrier et à les encourager à avancer malgré les obstacles.

Les jeunes socialistes démoralisés par la débâcle de leur mouvement au milieu des années 1990 sont à présent des militants influents, des syndicalistes, des journalistes et des figures de proue de leur communauté qui dirigent subtilement le débat national vers une variété de sujets – les droits de l'homme, l'égalité et, bien entendu, la pauvreté. À Castlemilk, Cathy n'a pas remporté les élections mais l'expérience acquise lors de sa campagne s'est avérée précieuse et CAA continue de s'étendre, conformément à ses idéaux de participation et d'émancipation citoyennes.

Et la semaine dernière, ma sœur, au terme d'années de galère, a été acceptée à l'université de Glasgow, où elle suivra un cursus en politique – le premier membre de la famille à faire des études.

Aujourd'hui, alors que je m'empresse de coucher mes idées sur le papier en profitant de la sieste de mon fils, je me vois obligé d'accepter l'idée, autrefois inconcevable, que la société dans laquelle je vis n'est pas cet appareil à broyer les corps et les âmes que j'ai passé tant d'années à dénoncer. Accepter cette idée, ce n'est pas faire injure aux plus démunis. J'ai en moi une reconnaissance infinie pour ce système dans lequel le hasard m'a fait naître et qui a gardé assez d'humanité pour m'aider à surmonter mes difficultés et à mener une vie plus intègre, plus utile. Depuis que je suis père, la possibilité d'une révolution me remplit de crainte. Les jeunes militants sont à mon goût trop virulents, trop jusqu'au-boutistes. Les mouvements sociaux favorisent une frange d'extrémistes qui étouffent les autres expressions de la colère citoyenne et se servent de cette colère pour faire avancer leurs pions. Quand j'observe la gauche, je vois une inquiétante absence de recul sur soi et un ressentiment pathologique qui commencent à ébranler les fondements de la justice sociale. Je vois une classe ouvrière qui ne rentre plus dans le moule mis en place par les militants professionnels, les artistes et les politiciens censés la défendre et la guider. Pire, j'ai l'impression que des opinions semblables aux miennes reçoivent un accueil de plus en plus froid. Parfois il me semble que la gauche n'offre plus un environnement favorable à l'expression de mes idées – mais il m'est déjà arrivé de me tromper. Quoi qu'il en soit, tout cela éveille en moi un instinct dont j'ignorais l'existence : celui de protéger ma famille, de préserver le cadre de vie de mon fils. La prochaine étape, à l'approche de la quarantaine, consistera à réconcilier cette nouvelle réalité – mes soucis de parent responsable – avec les chimères du passé. J'imagine que je ne vais pas me faire que des amis en écrivant cela. Je pense à ceux qui attendaient de ce bouquin un appel à la révolution, ou une descente en flammes de tel ou tel parti politique. Si vous en faites partie, désolé de vous décevoir.

J'étais comme ça avant. J'ai changé. Peut-être que se donner la permission d'évoluer, c'est trahir sa condition ou tourner le dos à son héritage. Peut-être qu'il est blasphématoire de suggérer que nous devons, à notre échelle, endosser un certain degré de responsabilité dans notre façon de penser, de percevoir la réalité et de vivre, et qu'une société bâtie sur d'autres fondations n'en vaut pas la peine. Peut-être que suggérer cela, c'est courber l'échine, c'est se soumettre. Ou se vendre au plus offrant. Qui peut le dire ? Moi ? Je n'ai aucun avis tranché sur la question. Ce que je pense, c'est que je me trahirais et je trahirais les miens si je refusais d'admettre que j'ai changé, alors que rien ne m'y disposait. Voilà l'acte le plus radical qu'on puisse accomplir.

Remerciements

Sans la bienveillance, la patience et l'appui d'une quantité de gens, et sans le soutien sans faille de ma compagne, Rebecca, jamais ce livre n'aurait vu le jour. Afin d'y mettre le point final j'ai dû m'éloigner deux bonnes semaines et je l'ai laissée se débattre seule avec les affaires courantes à une époque où notre vie était sens dessus dessous. Par chance nous avons toujours pu compter sur notre réseau, en particulier ses parents, les phénoménaux Linda et Edward Wallace, et sur le reste de sa famille, toujours là dans les coups durs. Je ne sais pas ce que nous aurions fait sans vous. Merci pour votre générosité et l'exemple que vous donnez aux autres. J'en profite pour remercier ma tante Rosie et ma sœur Sarah Louise, sans qui notre famille serait déjà partie en quenouille, et mon oncle Thomas, qui répond présent dès qu'il faut se retrousser les manches. Merci à tous de m'avoir appris à me rendre utile et à exprimer mes opinions haut et fort. N'allez pas croire que je ne vois pas tout ce que vous faites pour moi.

À mes amis proches, que je vois trop rarement : je vous garde toujours dans un coin de ma tête quand j'écris. Une fois que les ruines de nos 20 ans seront déblayées, j'espère que nous passerons à nouveau des bons moments ensemble, sans le chaos suspendu audessus de nos têtes.

Salut à David Burnett, Big Div de son surnom, le premier à avoir repéré et nourri mes talents à l'époque où j'étais un gamin en quête de repères ; le hip-hop m'a offert la chance d'un parcours hors du commun et une large part de ce que j'ai accompli peut remonter à mes débuts à Ferguslie Park. Un immense merci à Sace Lockhart et à David « Defy » Roberts, qui ont été les grands frères que je n'avais pas et qui m'ont toujours soutenu.

Une reconnaissance particulière à Gavin, chez Luath Press, qui a eu foi en ma vision et s'est mis à l'écoute de mes besoins d'écrivain en herbe (j'aimerais dire « jeune auteur », mais j'ai passé l'âge). Je n'oublie pas Jennie Renton, pour sa précieuse contribution à la fin du processus éditorial (je rougis de honte quand je repense au manuscrit que je m'apprêtais à rendre avant son passage), ni Hilary Bell, qui a su m'aiguiller quand j'hésitais sur la direction à prendre.

Mes remerciements chaleureux à Neu ! Reekie !, l'un des rares espaces de libre expression qui me sont ouverts à l'heure actuelle dans le paysage culturel écossais. Une grande partie de ce que j'aborde dans ces pages est issue d'investigations personnelles menées dans le cadre d'événements organisés par Neu ! Reekie ! (c'est toujours sympa quand les gens vous présentent au public sans s'excuser par avance). Je dois des remerciements aux éditeurs, directeurs, journalistes, professionnels et maîtres à penser dont le soutien, les conseils et les critiques constructives m'ont fait faire des pas de géant dans le processus d'écriture : Mike Small, Paul McNamee, Claire Stewart, Stephen Daisley, sans omettre Karyn, Graham et June à la Violence Reduction Unit (Centre de réduction de la violence). J'aimerais également saluer mes maîtres de conférences à la fac, Kathleen, Felicity, Karen, Mary et Charles, qui m'ont appris à faire la distinction entre subjectivité et journalisme, et mes congénères, en particulier Cat, Conor et Anna-Roisin, qui ont été d'une patience à toute épreuve et m'ont remis le pied à l'étrier la fois où j'ai replongé dans l'alcool.

J'ai une dette immense envers les écrivains et artistes écossais, professionnels ou non, qui m'ont fourni une source intarissable d'inspiration et de secours, tout spécialement Tom Leonard, qui m'a rappelé contre quoi je me battais en tant qu'aspirant écrivain originaire de Pollok. Merci pour ton soutien, ta sagesse et ton authenticité, et merci de m'avoir autorisé à faire allusion au poème « Liason Co-ordinator », extrait du recueil *Ghostie Men*.

Un grand coup de chapeau à la Poverty Truth Commission, promotion de 2009 – la toute première, la crème de la crème. Le temps passé ensemble a bouleversé le cap qu'ont pris mes idées et, par conséquent, ma vie. J'espère avoir écrit un livre qui reflète nos espoirs, nos peurs, nos cas de conscience et nos paradoxes. Un immense merci à Paul Chapman pour sa sollicitude et son empathie ; quand on me demande si je suis croyant, je fais toujours la même réponse : « Est-ce que j'ai vraiment le choix ? » Dans le même ordre d'idée, merci à mon parrain, James, qui m'a montré une nouvelle façon de mener ma vie. Rien de tout cela n'aurait pu se concrétiser si je n'avais pas lâché la bouteille.

Ce livre a vu le jour grâce à la générosité des 228 personnes qui m'ont fait un don sur Internet pour me permettre de me consacrer à l'écriture pendant un an l'esprit tranquille et sans avoir à me justifier à longueur de temps. Je remercie chacune de ces personnes de m'avoir aidé à créer un espace propice à la composition de ces *Fauchés* – votre soutien a été un phare dans l'obscurité, et il m'a permis de retrouver mon chemin à travers l'impénétrable forêt du doute alors que je venais d'accueillir mon fils Daniel, le plus grand des cadeaux.

Enfin, merci à mon père, qui a toujours cru que je deviendrais écrivain. Peut-être as-tu raison. Je t'embrasse.

Darren McGarvey,
juillet 2017

Imprimé en France par CPI
en février 2019

NORD COMPO
multimédia

Composition et mise en pages
Nord Compo à Villeneuve-d'Ascq

Dépôt légal : mars 2019
N° d'édition : L.69EHAN001148.N001
N° d'impression : 151349